古典文獻研究輯刊

三九編

潘美月・杜潔祥 主編

第 34 冊

梅村詩清人注之二
——吳詩集覽（第三冊）

陳 開 林 整理

國家圖書館出版品預行編目資料

梅村詩清人注之二──吳詩集覽（第三冊）／陳開林 整理 --
初版 -- 新北市：花木蘭文化事業有限公司，2024〔民 113〕
目 6+194 面；19×26 公分
（古典文獻研究輯刊 三九編；第 34 冊）
ISBN 978-626-344-954-1（精裝）
1.CST：（清）吳偉業 2.CST：清代詩 3.CST：作品集
011.08   113009886

ISBN-978-626-344-954-1

9 786263 449541

古典文獻研究輯刊
三九編　第三四冊　　　　　　　ISBN：978-626-344-954-1

梅村詩清人注之二
──吳詩集覽（第三冊）

作　　者　陳開林（整理）
主　　編　潘美月、杜潔祥
總 編 輯　杜潔祥
副總編輯　楊嘉樂
編輯主任　許郁翎
編　　輯　潘玟靜、蔡正宣　美術編輯　陳逸婷
出　　版　花木蘭文化事業有限公司
發 行 人　高小娟
聯絡地址　235 新北市中和區中安街七二號十三樓
　　　　　電話：02-2923-1455／傳真：02-2923-1400
網　　址　http://www.huamulan.tw 信箱 service@huamulans.com
印　　刷　普羅文化出版廣告事業
初　　版　2024 年 9 月
定　　價　三九編 65 冊（精裝）新台幣 175,000 元

梅村詩清人注之二
——吳詩集覽（第三冊）

陳開林 整理

目

次

吳詩集覽　卷五下

七言古詩二之下

壽總憲龔公芝麓《大清一統志》：「龔鼎孳，字孝升，合肥人。累遷左都御史，再謫再起，歷刑、兵、禮三部尚書。」《感舊集補傳》：「孝升生時，庭產紫芝，因號芝麓。」按：梅村丙子典試湖廣，為崇禎九年。又十八年而甲午，則順治十一年也。詩當作於此時。

丈夫四十致卿相，努力公孤方少壯。握手開尊話疇昔，故人一見稱無恙。本壽詩也，故用「四十致卿相」語。然已為「三公袞戟」、「王掾黑頭」作提綱矣。「話疇昔」引起下文。○《晉書・王珣傳》：「謝掾年四十，必擁旄仗節。」《戰國策》：「安有說人主不能出其珠玉錦繡取卿相之尊者乎？」努力，見《送周子俶》。《書》：「立太師、太傅、太保，茲惟三公；少師、少傅、少保，曰三孤。」握手，見《六真歌》。開尊，見《後東皋歌》。疇昔，見《六真歌》。無恙，見《下相懷古》。當初海內苦風塵，解褐才名便絕倫。官守蘄春家近楚，賊窺江夏路通秦。書生年少非輕敵，擐甲開門便迎擊。詩成橫槊指黃巾，戰定磨崖看赤壁。此話芝麓在楚之事。○杜詩：「海內風塵諸弟隔。」解褐、絕倫，並見《哭志衍》。《魏志・賈詡傳》：「臨菑侯甚有才名。」《一統志》：「蘄州在黃州府東一百八十里。漢置蘄春縣。大業初，改蘄州為蘄春郡。」袁子才曰：「芝麓初任湖廣蘄水知縣。」《一統志》：「廬州府，戰國屬楚，西南至黃州府治八百里。」按：此則芝麓之家與服官之地皆楚分也。《一統志》：「江夏城在蘄州境，晉江夏王築。」按《明史・流賊傳》：

－389－

「李自成攻荊州，偪漢陽，改襄陽曰襄京，湖廣、江北諸賊莫不聽命。」然不紀其犯武昌事。張獻忠陷漢陽，從鴨蛋州渡，陷武昌，改武昌曰天授府，江夏曰上江縣，蘄、黃等州縣皆附。似此詩應指獻賊。然獻賊陷武昌，則不得謂之窺矣。且闖賊攻荊襄，獻賊陷武昌，事皆在崇禎十年以後。而梅村於九年典試湖廣，此句所詠應指九年以前之事。《流賊傳》：「崇禎九年，高迎祥由鄖襄趨興安、漢中，於路通秦為合。」迎祥，自成舅也。詩蓋指其事與？《後漢書・袁安傳》：「道逢三書生，為指一處。」《戰國策》：「蘇子謂秦王曰：『任大功者不以輕敵。』」《左傳・成二年》：「擐甲執兵。」《楚辭》：「令昭明兮開門。」《史記・吳太伯世家》：「吳迎而擊之。」杜詩：「詩成覺有神。」《南史・垣榮祖傳》：「曹操、曹丕上馬橫槊，下馬談論。」黃巾，見《雒陽行》。《唐書・李光弼傳》：「謀定而後戰。」磨崖，見《哭志衍》。《一統志》：「赤鼻山在黃州府黃岡縣西北一里，一各赤壁山。」**我同宋玉適來遊，多士名賢共校讎。此地異才為亂出，論文高話鎖廳秋。別後相思隔江水，黑山鐵騎如風雨。聞道黃州數被兵，讀書長嘯重圍裏。**此話與芝麓在楚相遇及楚中別後之事。○宋玉，見《宮扇》。來遊，見《謝鹽官僧》。梅村《盧公神道碑》：「丙子歲，偉業被命，偕給諫萊陽宋公九青典校湖廣鄉試。」《詩》：「思皇多士。」名賢，見《送何省齋》。校讎，見《汲古閣歌》。按：詩意是芝麓為同考官也。《漢書・終軍傳》：「太守聞其有異才。」論文，見《東萊行》。高話，見《送周子俶》。《宋史・選舉志》：「凡命士應舉，謂之鎖廳試。」黑山，見《哭志衍》。鐵騎，見《琵琶行》。《戰國策》：「戰如雷霆，解如風雨。」《一統志》：「黃州府在湖北布政司東北一百八十里。」《戰國策》：「淳于髡曰：『百姓無被兵之患。』」按《明史》：崇禎十三年，賊魁賀一龍、藺養成等萃蘄、黃間。十五年，左良玉潰兵南下。明年，張獻忠大舉兵，攻陷蘄州。見《許文岐傳》。十六年，黃州城陷。見《郭以重傳》。十六年，獻忠陷廣濟、蘄州、蘄水，入黃州。見《流賊傳》。然芝麓在前明已官御史、給事中，則「數被兵」指十三年以前事。《後漢書・孔融傳》：「建安元年，為袁譚所攻，流矢雨集，戈才內接，隱几讀書，談笑自若。」《晉書・劉琨傳》：「嘗為胡騎所圍數重，琨乃乘月登樓清嘯。」左太沖詩：「長嘯激般清風。」**荏苒分飛十八年，我甘衰白老江邊。那知風雪嚴城鼓，重謁三公棨戟前。即君致身已鼎足，正色趨朝勤補牘。異書捫腹五千卷，美酒開顏三百斛。月明歌舞出簾櫳，刻燭分題揮灑中。談笑阮生青眼客，文章王掾黑頭公。**此段與「故人一見稱無恙」相應，即「四十致卿相」之事。○荏苒，見《送何省齋》。《本事詩》：「張郎中詞：雲雨分飛二十年。」衰白，見《送何省齋》。嚴城，見《石公山》。《古今注》：「棨戟，殳之遺象也。《詩》所謂『伯也執殳，為王前驅』之器也。以木為之。

後世滋僞，無復典刑。以赤油韜之，亦謂之油戟，亦謂之棨戟，王公以下通用之。」　杜詩：「富貴應須致身早。」鼎足，見《壽王鑑明》。　正色，見《哭志衍》。《宋史・趙普傳》：「太祖怒，碎裂奏牘，擲地，普顏色不變，跪而拾之以歸。他日補綴舊紙，覆奏如初。」　《抱朴子》：「時人嫌蔡邕得異書，或搜求帳中隱處，果得《論衡》。」捫腹，見《題志衍畫》。盧全詩：「撐腸拄腹文字五千卷。」　李詩：「開顏酌美酒。」《晉書・阮籍傳》：「聞步兵廚人善釀，有貯酒三百斛。」　簾櫳，見《西田詩》。《南史・王泰傳》：「刻燭賦詩，文不加點。」李致堯詩：「長愛覓分題。」杜詩：「揮灑容數人。」　《晉書・阮籍傳》：「籍又能為青白眼。」　又，《王珣〔註1〕傳》：「王掾當作黑頭公。」**卻思少小經離亂，銅駝荊棘尋常見。側身天地竟何心，過眼風光有誰羨。楚水吳山思不禁，朝衫欲脫主恩深。待看賀監歸來歲，勾漏丹砂本易尋。**此段與「話疇昔」處相應，有小山招隱之意。「勾漏丹砂」，暗喻壽字。○曹詩：「少小去鄉邑。」《北史・蕭圓肅傳》：「《離亂志》四卷行於世。」　《晉書・索靖傳》：「指洛陽宮門銅駞歎曰：『會見妝在叢棘中耳。』」杜詩：「岐王宅裏尋常見。」　又：「側身天地更懷古。」　夏子喬詩：「年光過眼如車轂。」　賈幼鄰詩：「楚水吳山道路難。」按：合肥，戰國屬楚，三國時為魏吳分界處。　朝衫，見《東萊行》。〔註2〕崔顥詩：「歲月主恩深。」《唐書・賀知章傳》：「授秘書監，還鄉里。」　《晉書・葛洪傳》：「聞交趾出丹砂，求為勾漏令。帝從之。」

王郎曲 杜有《贈王郎司直詩》。

王郎十五吳趨坊，覆額青絲白皙長。孝穆園亭常置酒，風流前輩醉人狂。先寫王郎在吳為人傾倒。○《文選・吳趨行》注：「趨，步也。此曲吳人以歌其土風也。」　李詩：「妾髮初覆額。」王子淵詩：「岸柳被青絲。」白皙，見《臨頓兒》。　《南史・徐陵傳》：「字孝穆。」按：此比勿齋。置酒，見《永和宮詞》。　孔融《與曹操書》：「今之少年喜謗前輩。」醉人，見《鴛湖曲》。**同伴李生柘枝鼓，結束新翻善財舞。鎖骨觀音變現身，反腰貼地蓮花吐。蓮花婀娜不禁風，一斛珠傾宛轉中。此際可憐明月夜，此時脆管出簾櫳。王郎水調歌緩緩，新鶯嘹嚦花枝暖。慣拋斜袖卸長肩，眼看欲化愁應懶。摧藏掩抑未分明，拍數移來發曼聲。最是轉喉偷入破，殢人腸斷臉波橫。**此段亦主王郎在吳之事，而以李生夾敘也。「蓮花婀娜」，指李生。「一斛珠」以下，指王郎，所謂「同伴」

〔註1〕「珣」，乙本誤作「均」。
〔註2〕「朝衫，見《東萊行》」，乙本作「脫朝衫，詳補注」。

也。「王郎水調」，又用單敘。○同伴，見《彈琴歌》。《魏書・李彪傳》：「高祖常呼彪為李生。」張如哉曰：「顧景星有《閱梅村〈王郎曲〉襍書絕句》詩云：『西京舊日知名者，籍隸中山供奉臣。一自龜年零落後，岐王第宅屬何人。』自注：『李小大善歌。』或『同伴李生』，即李小大乎？」白詩：「柘枝隨畫鼓。」　杜詩：「結束多紅粉。」新翻，見《鴛湖曲》。《華嚴經》：「善財童子問法於五十三善知識。」　張如哉曰：「《傳燈錄》：『延州有婦人，甚有姿色，少年子悉與狎。數歲而沒，葬之道左。大曆中，有胡僧敬禮其墓，曰：此乃鎖骨菩薩。開墓，視其骨，鉤結皆如鎖狀。』」《北史・徐之才傳》：「初見空中有五色物，食頃，變為觀世音。」《歷代名畫記》：「尹琳畫西方變。」《法華經》：「現女人身而為說法。」　《釵小志》：「梁羊侃妾孫荊玉能反腰貼地，銜席上玉簪，謂之弓腰。」按：《小名錄》作孫景玉。王元長詩：「井蓮當夏吐。」　子建《洛神賦》：「容華婀娜。」楊孟載詩：「細骨輕軀不耐風。」　《梅妃傳》：「明皇封珍珠一斛，密賜妃，妃不受，以詩謝使者。上令樂府以新聲度之，號一〔註3〕斛珠。」隋煬帝《樂府》：「清歌婉轉繁絃促。」　劉希夷詩：「此日遨遊邀美女，此時歌舞入娼家。」顧仲瑛詩：「共此可憐夜。」　脆管，見《鴛湖曲》。簾攏，見《西田詩》。　水調，見《琵琶行》。蘇詩：「游女長絲緩緩歸。」注：「吳越王妃春遊，王遺書曰：『陌上花開，可緩緩歸矣。』」　李詩：「還過芭若聽新鶯。」《集韻》：「嚛嚛，鳴也。嚦嚦，聲也。」元詩：「紅粧逼坐花枝暖。」　摧藏，見《琵琶行》。白詩：「絃絃掩抑聲聲思。」杜詩：「妾身未分明。」　《唐書・曹確傳》：「優人李可及能新聲，自度曲，少年爭慕之，號為拍彈。」《列子》：「秦青曰：『昔韓娥為曼聲長歌。』」　繁休伯《與魏文帝牋》：「都尉薛訪車子〔註4〕，年始十四，能囀喉引聲，與笳同音。」郭茂倩《樂府》：「水調凡十一疊，前六疊為歌，後五疊為入破。」　曲名有《殢人嬌》。韋端己詩：「臨岐無限臉波橫。」十年芳草長洲綠，主人池館惟喬木。王郎三十長安城，老大傷心故園曲。誰知顏色更美好，瞳神剪水清如玉。五陵俠少豪華子，甘心欲為王郎死。寧失尚書期，恐見王郎遲。寧犯金吾夜，難得王郎暇。坐中莫禁狂呼客，王郎一聲聲頓息。移床敧坐看王郎，都似與郎不相識。此寫王郎入京，人為傾靡也。○馬虞臣詩：「此地芳草歇，舊山喬木多。」《一統志》：「長洲苑在蘇州府長洲縣西南。」　池館，見《哭志衍》。　老大，見《贈家侍御》。故園，見《送何省齋》。　《論衡》：「妖氣生美好，故美好之人多邪惡。」李長吉《唐兒歌》詩：「一雙瞳人剪秋水。」鮑詩：「清如玉壺冰。」　班孟堅《兩都賦》：「北眺

〔註3〕「一」，乙本作空格。
〔註4〕「子」，乙本誤作「了」。

五陵。」陳後主詩:「黃金彈俠少。」庾詩:「金穴盛豪華。」《左傳·莊九年》:「鮑叔帥師來言曰:『管召讎也,請受而甘心焉。』」又,襄二十五年:「為社稷死則死之。」杜《聽楊氏歌》詩:「智愚心盡死。」應德璉〔註5〕《與滿公琰書》:「孟公不顧尚書之期。」《漢書·陳遵傳》:「字孟公。」杜詩:「醉歸應犯夜,可怕執金吾。」金吾,見《行路難》。〔註6〕坐中,見《送徐次桓》。狂呼,見《行路難》。張如哉曰:「《太平樂府》:『開元中,大酺於勤政樓,觀者喧聚,莫得魚龍百戲之音。高力士請命永新出歌,可以止喧。永新出奏曼聲,至是廣場寂寂,若無一人。』」庾詩:「就水更移床。」杜詩:「軟沙欹坐穩。」王詩:「遙遙不相識。」**往昔京師推小宋,外戚田家舊供奉。只今重聽王郎歌,不須再把昭文痛。時世工彈白翎雀,婆羅門舞龜茲樂。梨園子弟愛傳頭,請事王郎教絃索。恥向王門作伎兒,博徒酒伴貪歡謔。君不見康崑崙、黃幡綽,承恩白首華清閣。古來絕藝當通都,盛名肯放優閒多,王郎王郎可奈何!**此段〔註7〕亦王郎入京時事,先以小宋夾寫,後更感慨無限。○《詞林海錯》:「宋祁為學士,一日遇內家車子於繁臺街中,有搴簾呼小宋者。祁作《鷓鴣天》,傳唱達禁中。」此借用。程迓亭曰:「小宋見《觚賸》。其文多為庾詞,不知何宦所蓄也。」鈕玉樵《秦觚》:「罄玉之山,有麗人焉,姓曰宋氏,小字粟兒。隨隴西刺史至長安,贈歸貴公子曰:『公子情賢也。』」《史記》有《外戚世家》。田家,見《遇劉雪舫》注。《北史·宇文述傳》:「述善於供奉。」《世說》:「王曇首善歌,謝公欲聞之。而王名家,少年無由得聞。後出東府,山上作伎樂,遇曇首出庾家墓竹中,作一曲。諸伎白謝公曰:『此乃王郎歌也。』」《莊子·齊物論》:「昭文之鼓琴也,師曠之枝策也,惠子之據梧也,三子之知幾乎。」張如哉曰:「小宋蓋以琴供秦者。」時世,見《二十五日詩》。《元史·太祖紀》:「白翎雀寒暑常在北方。」《竹垞詩話》:「陶九成云:『白翎雀者,教坊大麯也,始甚雍容和緩,終則急躁繁促,殊無有餘不盡之意。虞伯生有《白翎雀歌》,楊廉夫有《白翎雀辭序》。』」《南史·林邑傳》:「其大姓曰婆羅門。」《唐書·禮樂志》:「睿宗時,婆羅門國獻人倒行以足舞,仰植銛刀,俯身就鋒,歷臉下,復植於背,矯簀者立腹上,終曲而不傷。又伏伸其手,二人躡之,周旋百轉。」龜茲,見《琵琶行》。梨園子弟,見《鴛湖曲》注。絃索,見《琵琶行》。《晉書·戴逵傳》:「逵對使者破琴,曰:『戴安道不為王門伶人。』」《南齊書·沈文季傳》:「沈文季不能作伎兒。」《史記·信陵君傳》:「公

〔註5〕按:《與滿公琰書》實為應瑒(字德璉)之弟應璩(字休璉)所作。
〔註6〕此空格,讀秀本作墨丁。
〔註7〕「段」,讀秀本作墨丁。

子聞趙有處士毛公，藏於博徒。」孟詩：「列筵邀酒伴。」歡謔，見《臨江參軍》。　康
崑崙，見《琵琶行》。黃幡綽，見《哭志衍》。　《史記‧佞幸傳‧贊》：「傅粉承恩。」
《一統志》：「華清宮在西安府臨潼縣南。」　《唐書‧選舉志》：「絕藝奇伎，莫不兼
取。」通都，見《送何省齋》。　盛名，見《攀清湖》。《唐書‧姜蕘傳》：「南陽故人，
並以優閒自保。」　《世說》：「桓子野每聞清歌，輒呼奈何。」

　　原跋：王郎名稼，字紫稼。於勿齋徐先生二株園中見之，髫而
晢，明慧善歌。今秋遇於京師，相去已十六七載。風流儇巧，猶承
平時故習。酒酣，一出其伎，坐上為之傾靡。余此曲成，合肥龔公
芝麓口占贈之曰：「薊苑霜高舞柘枝，當年楊柳尚如絲。酒闌卻唱梅
村曲，腸斷王郎十五時。」勿齋，見《清風使節圖序》。《蘇州府志》：「徐
文靖公汧宅在周五郎巷宅後，有二株園，一名尹氏園。」　《〈後漢書‧伏湛傳〉
注》：「髫髮謂童子垂髮也。」《說文》：「晢，人色白也。」　明慧，見《永和宮
詞》。　《集韻》：「儇，慧利也。」　《漢書‧食貨志》：「今累世承平。」《金史‧
劉煥傳》：「母怵於故習。」　酒酣，見《題高士圖》。　《史記‧項羽紀》：「置之
坐上。」又，《司馬相如傳》：「一坐盡傾。」又，《淮陰侯傳》：「燕從風而靡。」
《一統志》：「廬州府合肥縣附郭。」按：王郎於辛卯春盡北遊倚龔太常。辛卯為
順治八年。此詩編次於十一年《壽芝麓》後，則王郎倚龔最久矣。　《後漢書‧
陳遵傳》：「憑几口占，書數百封。」　按《禮記》：「封黃帝之後於薊。」「薊苑」，
蓋亦如梁苑、哭苑之類。歐陽永叔《醉翁亭記》：「風霜高潔。」舞柘枝，見《鴛
湖曲》。　《南史‧張緒傳》：「益州刺史獻蜀柳數株，條狀如深縷，武帝置於靈和殿
前，賞玩諮嗟，曰：『此楊柳風流可愛，似張緒當年。』」　酒闌，見《行路難》。
文通《別賦》：「行子腸斷。」

　　尤展成《艮齋雜說》：「予幼所見王紫稼，妖艷絕世，舉國趨之若狂。年已三
十，遊於長安，諸貴人猶惑之。吳梅村作《王郎曲》云云，而龔芝麓復題贈云云，
其傾靡可知矣。後李琳枝御史按吳，錄其罪，立枷死，識者快之，然當時尚有惜
其殺風景者。」　此詩末句或云即「如此粲者何」、「虞兮虞兮奈若何」、「才薄將
奈石鼓何」之意，若於王郎有不啻口出者。予謂自「康崑崙」以下乃梅村自悼之
詞耳。蓋梅村晚年出山，原非得已，故《送何省齋》云「可體扶杖走，尚逐名賢
隊。遜子十倍才，焉能一官棄」，《攀清湖》云「天意不我從，世網將人驅。親朋
盡追送，涕泣登征車」，《將至京師》云「今日巢由車下拜，淒涼詩卷乞閒身」，
又云「匹馬天街對落暉，蕭條白髮悵誰依」，《寄周芮公》云「但若盤桓便見收，

詔書趣迫敢淹留」，尚論其世，當非虛語。此詩跋云「今秋遇於京師」，而編次於
《壽芝麓》後，蓋正在涕泣登車之後，白髮誰依之日也。故「承恩白首」、「絕藝」、
「盛名」皆梅村自為寫照。而「盛名肯放優閒多」，即《送何省齋》所謂「薄祿
貪負閒，憂責仍不細」也。末句慨乎言之，長歌之悲甚於痛哭矣，而豈真為王郎
作傾倒哉！　或疑梅村不肯以王郎自況。然白傅《琵琶行》云：「同是天涯淪落
人，相逢何必曾相識。」白當遷謫之日，且自比於商婦。吳當易世之後，何妨寓
意於伎師哉！以意逆志，是為得之。　或問：梅村以「可奈何」三字悲悼身世，
然則梅村固無罪與？曰：《明史·倪元璐傳》極斥楊維垣無可奈何之非。夫梅村
《病中絕筆》所謂「一錢不值何須說」者，益不以「可奈何」自解也。不以自解
而不能不時寓其可奈何之悲，於梅村愈有恫焉。

楚兩生行並序

　　蔡州蘇崑生、維揚柳敬亭，其地皆楚分也，而又客於楚。左寧南駐
武昌，柳以談、蘇以歌為幸舍重客。寧南沒於九江舟中，百萬眾皆奔潰。
柳已先期東下，蘇生痛哭，削髮入九華山，久之出從武林汪然明；然明
亡，之吳中。吳中以善歌名海內，然不過嘽緩柔曼為新聲。蘇生則於陰
陽抗墜，分刌比度，如崑刀之切玉，叩之栗然，非時世所為工也。嘗遇
虎丘廣場大集，生睨其旁，笑曰：某郎以某字不合律。有識之者曰：彼
傖楚乃竊言是非。思有以挫之，間請一發聲，不覺屈服。顧少年耳剽日
久，終不肯輕自貶下，就蘇生問所長。生亦落落難合，到海濱，寓吾里。
蕭寺風雪中，以余與柳生有雅故，為立小傳，援之以請曰：吾浪跡三十
年，為通侯所知，今失路憔悴而來過此，惟願公一言，與柳生並傳足矣。
柳生近客於雲間帥，識其必敗，苦無以自脫，浮湛敖弄，在軍政一無所
關，其禍也幸以免。蘇生將渡江，余作《楚兩生行》送之，以之寓柳生，
俾知余與蘇生遊，且為柳生危之也。兩生，見《讀史雜詩》。　按梅村《贈蘇
崑生絕句》自注：「蘇生，固始人。」而此書蔡州。《明史·地理志》：「汝寧府領州二、
縣十二。上蔡及光州所領之固始皆屬焉。」光州，今直隸布政司。梅村作詩時，光領
於汝。汝寧府在唐曰蔡州，春秋為沈、蔡二國地。蔡為楚所滅。而揚州府，戰國屬楚，
故云「其地皆楚分也」。摩詰《哭浩然》詩：「借問襄陽老，江山空蔡州。」則楚地多
可稱蔡矣。　梅村《柳敬亭傳》：「柳敬亭者，揚之泰州人，蓋曹姓。年十五，獷悍無
賴，名已在捕中。久之過江，休大柳下，生攀條泫然，已撫其樹，顧同行數十人曰：

『嘻！吾今氏柳矣。』後三〔註8〕十年，金陵有善談論柳生，所到皆驚，有識之者曰：
此固向年過江時休樹下者也。」又，左兵者，寧南伯良玉。《明史·左良玉傳》：「寧崑
山，臨清人。」武昌，見《遇南廂園叟》。 《史記·孟嘗君傳》：「孟嘗君遷之幸舍。」
《左良玉傳》：「傳檄討馬士英，疾已劇，至九江，嘔血數升，是夜死，時順治二年四
月也。」 《大清一統志》：「元江州路，明為九江府。」 楊巨源詩：「春來削髮芙落
寺。」太白《九華山聯句詩序》：「青陽縣南有九子山，高數千丈，上有九峰，如蓮華
子，乃削其舊號，加以九華之目。」《一統志》：「九華山在池州府青陽縣西南四十里。」
《漢書·地理志》：「會稽郡錢塘縣武林山，武林水所出。」《一統志》：「杭州府城門北
曰武林。」《汪然明墓誌》：「然明諱汝謙。」 吳中，見《攀清湖》中吳注。《禮》：「其
樂心感者，其聲嘽以緩。」《漢書·佞幸傳·贊》：「柔曼之傾意。」新聲，見《琵琶行
序》。 《宋史·麗安時傳》：「定陰陽於喉手。」《禮》：「上如抗，下如墜。」 《漢書·
元帝紀·贊》：「自度曲，被歌聲，分刌節度，窮極幼眇。」《注》：「刌，切也。」按：
梅村似通作寸。《唐書·禮樂志》：「自一黍之廣，積而為分寸。」 崑刀，見《二十五
日詩》「昆吾切」注。 子瞻《石鐘山記》：「叩之硿硿焉。」《禮》：「縝密以栗。」「時
世，見《二十五日詩》。 《吳越春秋》：「闔閭冢在閶門外虎丘，專諸魚腸之劍在焉，
葬三日而白虎踞其上，故曰虎丘。」《一統志》：「虎丘山在蘇州府元和縣。」 張平子
《西京賦》：「臨迴望之廣場。」 《齊書·王融傳》：「招集江西傖楚數百人。」 《漢
書·朱博傳》：「亦獨耳剽日久。」 《後漢書·耿弇傳》：「常以為落落難合。」 海
濱，見《送徐次桓》。《杜陽雜編》：「梁武帝好佛，造浮屠，命蕭子雲飛白大書，曰
蕭寺。」 《漢書·谷永傳》：「無一日之雅，左右之介。」又，《〈張禹傳〉注》：「師古
曰：『雅素故也。』」 江詩：「浪跡無蚩妍。」 《史記·李斯傳》：「封為通侯。」 《板
橋雜記》：「柳敬亭，寧南已敗，又遊松江馬提督軍中，鬱鬱不得志，年已八十餘矣。」
按：「雲間帥」即馬提督，詳《茸城行》。 《集韻》：「湛同沈。」阮詩：「俯仰乍浮沉。」
《漢書·東方朔傳》：「朔皆敖弄，無所為屈。」《集韻》：「敖同傲。」

　　黃鵠磯頭楚兩生，征南上客擅縱橫。將軍已沒時世換，絕調空隨流
水聲。以兩生總說起。然詩本為崑生而作，故用「絕期」字也。○《明史·地理志》：
「武昌府江夏倚東有黃鵠山，下為黃鵠磯，臨大江。」 《晉書·羊祜傳》：「咸寧初，
除征南大將軍。」上客，見《行路難》。縱橫，見《哭志衍》。 鮑詩：「將軍既下世。」
絕調，見《琵琶行》。《列子》：「伯牙鼓琴，志在流水。」一生拄頰高談妙，君卿
唇舌淳于笑。痛哭長因感舊恩，詼嘲尚足陪年少。途窮重走伏波軍，短

衣縛褲非吾好。抵掌聊分幕府金，褰裳自把江村釣。此段寫柳生。○《晉書‧王徽之傳》：「以手版拄頰。」高談，見《哭志衍》。　《漢書‧游俠傳》：「樓護，字君卿，齊人，與谷永俱為五侯上客，長安號曰：『谷子雲筆剳，樓君卿唇舌。』」《史記‧滑稽傳》：「淳于髡仰天大笑，冠纓索絕。」《綏寇紀略》：「柳生者，善談笑，以客將出入臥內，罷親信。」　賈誼《陳政事疏》：「可為痛哭者一。」《漢書‧宣帝紀》：「思顧舊恩」。〔註9〕　《漢書‧東方朔傳》：「朔常與枚皋、郭舍人俱在左右，詼啁而已。」《注》：「啁同嘲。」　途窮，見《行路難》。按：路博德、馬援皆為伏波將軍。然《茸城行》末句「此亦當今馬伏波」當指馬提督也。　杜詩：「短衣防戰地。」《南史‧沈慶之傳》：「慶之戎衣履鞈，縛袴入見。」《漢書‧敘傳》：「在於綺襦紈袴之間，非其好也。」　《戰國策》：「蘇泰抵掌而談。」駱賓王詩：「陸賈分金將燕喜。」幕府，見《讀西臺記》。　《詩》：「褰裳涉溱。」江村，見《鬐清湖》。一生嚼徵與含商，笑殺江南古調亡。洗出元音傾老輩，疊成妍唱待君王。一絲縈曳珠盤轉，半黍分明玉尺量。最是大堤西去曲，累人腸斷杜當陽。此段寫蘇生。○張渠詞：「嚼徵含商，振金敲玉，塤篪相和。」　李詩：「武陵桃花笑殺人。」杜必簡詩：「忽聞歌古調。」　李遐叔詩：「黃鍾即元音。」老輩，見《題志衍畫》。　張茂先詩：「妍唱出西巴。」王少伯詩：「空懸明月待君王。」　王起《魚街珠賦》：「長絲縈岸如掣曳。」白詩：「大珠小珠落玉盤。」按：此句即《禮記》「累累乎如貫珠」之意。《世說》：「荀勗正雅樂，阮咸心謂之不調。後有一老父耕於野，得周時玉尺，便是天下正尺。荀試以校己所訂鍾鼓金石絲竹，皆覺短一黍，於是服阮神識。」　《古今樂錄》：「《清商西曲‧襄陽樂》云：『朝發襄陽城，暮至大堤宿。大堤諸女兒，花艷驚郎目。』梁簡文帝由是有《大堤曲》。」李義山詩：「東來西去人情薄。」　《晉書‧杜預傳》：「以功進爵當陽侯。」按《良玉傳》，崇禎十六年八月，乃入武昌。當陽屬安陸府，與武昌俱隸湖北，故以「大堤」引出杜預，以比良玉，而下文遂接敘良玉之盛衰也。又，《良玉傳》：「馬士英、阮大鋮用事，慮東林倚良玉為難，築阪磯城為西防。良玉歎曰：『今西何所防，殆防我耳。』」「大堤」二句暗包此意。憶昔將軍正全盛，江樓高會誇名勝。生來索酒便長歌，中天明月軍聲靜。將軍聽罷據胡床，撫髀百戰今衰病。一朝身死豎降旛，貔貅散盡無橫陣。祁連高冢泣西風，射堂賓客嗟蓬鬢。羈棲孤館伴斜曛，野哭天邊幾處聞。草滿獨尋江令宅，花開閒弔杜秋墳。鷗絃屢換尊前舞，鼉鼓誰開江上軍。楚客祇憐歸未

得，吳兒肯道不如君。此段就蘇生而詳言之，是作詩本意。○全盛，見《遇劉雪舫》。《大清一統志》：「黃鶴樓在江夏縣西。」江樓，見《送志衍》。高會，見《遇劉雪舫》。《北齊書·韓晉明傳》：「飲美酒，對名勝。」杜詩：「指點銀瓶索酒嘗。」古樂府有《長歌行》。杜詩：「中天懸明月，令嚴夜寂寥。」《世說》：「庾太尉在武昌，因便據胡床，與諸人詠謔。」《漢書·馮唐傳》：「乃捫髀。」師古曰：「髀音陛。」按：此兼用蜀先主髀裏肉生事。見《東萊行》注。百戰，見《瀘洲行》。孟詩：「衰病恨無能。」韓詩：「降幡夜豎。」《良玉傳》：「諸將秘不發喪，共推其子夢庚為留後。時大清兵已下泗洲，逼儀真矣。夢庚偕黃澍以眾降於九江。」《禮》：「前有摯獸則載貔狼。」何承天《樂府》：「橫陣亙野若屯雲。」《漢書·霍去病傳》：「為冢象祁連。」《〈後漢書·竇固傳〉注》：「天山即祁連山也。」杜詩：「苑邊高冢臥麒麟。」子山《春賦》：「分朋入射堂。」賓客，見《行路難》。杜詩：「只今蓮鬢改。」羈棲，見《送杜弢武》。秦少游詞：「可堪孤館閉春寒，杜鵑聲裏斜陽暮。」陳眾仲詩：「晴窗展玩到斜曛。」《禮》：「孔子惡野哭者。」岑參詩：「輪臺客舍春草滿。」《大清一統志》：「江總宅在江寧府上元縣東北。」韋端己詩：「殘花舊宅悲江令。」杜牧之《杜秋娘詩序》：「有花堪折君須折，莫待花落空折枝。李錡妾杜秋常唱此詞。」按：此二句皆用金陵事，即《序》所謂「之吳中」也。鶗絃，見《琵琶行》。《詩》：「鼉鼓逢逢。」《史記·淮陰侯傳》：「水上軍開入之。」錢仲文詩：「楚客不堪聽。」杜詩：「故林歸未得。」《北史·李業興傳》：「何意為吳兒所笑。」按：此即《序》中「少年耳剽〔註10〕日久」，終不肯輕自貶下也。**我念邗江頭白叟，滑稽幸免君知否。失路徒貽妻子憂，脫身莫落諸侯手。坎壈繇來為盛名，見君寥落思君友。**此段再及柳生，而「君知否」、「思君友」仍帶定蘇生說。○《左傳·哀九年》：「吳城邗〔註11〕溝通江淮。」《注》：「今廣陵邗〔註12〕江也。」白詩：「愁生垂白叟。」《楚辭》：「突梯滑稽。」知否，見《琵琶行》。失路，見《蕩子行》。脫身，見《又詠古》。《金史·撒離喝傳》：「若遲緩分毫，猜疑必落他手也。」杜詩：「但看古來盛名下，終日坎壈纏其身。」元詩：「寥落故行宮。」按：《晉書·劉毅傳》：「世說袁宏語俱作遼落。」**老去年來消息稀，寄爾新詩同一首。隱語藏名代客嘲，姑蘇臺畔東風柳。**點出作詩，蘇、柳平收，與起四句相應。○賈閬仙詩：「往來消息稀。」陶詩：「貽爾新詩。」《漢書·東方朔傳》：「舍人因曰：『臣願復問朔隱語。』」

〔註10〕「剽」，讀秀本作墨丁。
〔註11〕「邗」，乙本誤作「邦」。
〔註12〕「邗」，乙本誤作「邦」。

—398—

李詩：「酒肆藏名三十春。」按：詩意當指藏蘇、柳字於一句中耳。揚子雲《解嘲》：「客嘲揚子曰：『意者元得毋尚白乎？』」　蔣穎叔《日錄》：「蘇有姑蘇臺，故蘇州謂之蘇臺。」韓君平詩：「寒食東風御柳斜。」白詩：「不似蘇州柳最多。」

　　　　冒辟疆《贈柳敬亭》詩：「憶昔孤軍鄂渚秋，武昌城外戰雲愁。如今衰白誰相問，獨對西風哭故候。」　毛大可詩：「流落人間柳敬亭，消除豪氣鬢星星。江南多少前朝事，說與人間不忍聽。」　王貽上《分甘餘話》：「左良玉自武昌稱兵東下，破九江、安慶諸屬邑，殺掠甚於流賊。東林諸公快其以討馬、阮為名，而並諱其作賊。左幕下有柳敬亭、蘇崑生者，一善說平話，一善度曲。良玉死，二人流寓江南。一二名卿遺老左袒良玉者，賦詩張之，且為作傳。余曾識柳於金陵，試其技，與市井之輩無異。」

茸城行 《大清一統志》：「吳王獵場在婁縣西，又名陸機茸。縣有五茸城，即此。」

　　朝出胥門塘，暮泊佘山麓。旁帶三江襟扈瀆，五茸城是何王築。泖塔霜高稻葉黃，澱湖雨過蒪絲綠。百年以來誇勝事，丹青圖卷高珠玉。學士揮毫清秘樓，徵君隱几逍遙谷。前輩風流書畫傳，後生賢達聲華續。給事才名矯若龍，山公人地清如鵠。汗簡銷沉又幾秋，滄江屢建高牙纛。

此首刺馬逢知而作。袁子才曰：「為將軍馬進寶作。」按：進寶、逢知疑一人也。　起處從茸城山水說到茸城人物，與逢知作反襯也。建牙引出逢知。○《吳越春秋》：「越王追吳王，欲入胥門。」盧公武《蘇州府志》：「西門也。」《一統志》：「胥塘水在吳縣西南。」　又：「佘山在松江府青浦縣南。」　《滕王閣序》：「襟三江而帶五湖。」三江，見《林屋洞》。《一統志》：「扈瀆在上海縣東北松江下流也。」　《漢書·鄒陽傳》：「何王之門不可曳長裾乎？」　《一統志》：「泖湖在金山縣西北，一名三泖。」「霜高，見《王郎曲》跋。蘇子由詩：「來時稻葉針鋒細。」　《一統志》：「澱山湖在青浦縣西三十里。」李有中詩：「遙天疏雨過。」杜詩：「絲絲理細蒪。」　勝事，見《二十五日詩》。　丹青，見《西田詩》。　《明史·文苑傳》：「董其昌，字元宰，華亭人。擢太常寺卿兼侍讀學士，拜南京禮部尚書。」按：學士應指元宰。杜詩：詩成珠玉在揮毫。清秘，見《汲古閣歌》。　徵君，見《高士圖》。《明史·隱逸傳》：「陳繼儒，字仲醇，華亭人。屢奉詔徵用，皆以疾辭。」按：徵君應指仲醇。詳《九峰草堂歌》及《佘山》·《唐書·隱逸傳》：「潘師正者居逍遙谷。」　風流前輩，見《王郎曲》。書畫傳，見《觀萬歲通天帖》。　賢達聲華，見《送何省齋》。　《明史·陳子龍傳》：「華亭人。以定亂功，擢兵科給事中。」才名，見《壽龔芝麓》。《晉書·王羲之傳》：「矯若遊龍。」

山公，見《鴛湖曲》。《南齊書·謝朓傳》：「卿人地之美，無忝此職。」蘇詩：「兩翁相對清如鵠。」《明史·夏允彝傳》：「子龍同邑。福王立，擢吏部考功司事。」按：給事山公應指陳夏。 《〈後漢書·吳祐傳〉注》：「以火炙簡，令汗，取其青易書，復不蠹，謂之殺青，亦謂汗簡。」陸務觀詩：「人事銷沉渺莽中。」 滄江，見《讀西臺記》。《南史·宋孝武帝紀》：「帝建牙於軍門。」歐陽永叔《晝錦堂記》：「高牙大纛，不足為公榮。」**不知何處一將軍，到日雄豪炙手薰。羊侃後房歌按隊，陳豨賓客劍成群。刻金為漏三更箭，錯寶施床五色文。異物江淮嘗月進，新聲京雒自天聞。承恩累賜華林宴，歸鎮高談橫海勳。未見尺書收草澤，徒誇名字得風雲。**此言逢知幕府之盛，猶是豪華常態。○《國語》：「十旄一將軍。」《搜神記》：「到日請話之。」范希文詩：「林下雄豪先鬥美。」崔顥詩：「莫言炙手手可熱。」 《南史·羊侃傳》：「字祖忻，泰山梁父人也。姬妾列侍，窮極奢靡。」張平子詩：「得充君後房。」吳師道詩：「采女遙分隊。」 《史記·陳豨傳》：「賓客隨之者千餘乘。」又，《平準書》：「阡陌之間成群。」 梁簡文帝詩：「金壺漏已催。」《後漢書·律曆志》：「孔壺為漏，浮箭為刻。」《西京雜記》：「武帝為七寶床。」《晉書·鄧粲傳·論》：「施床連榻之上。」《禮》：「五色成文而不亂。」 《書》：「不貴異物賤用物。」江淮，見《楚兩生行》邗江注。《唐書·食貨志》：「江西觀察使李兼有月進。」《光祿寺志》：「光祿寺大門內，左為茶葉庫月進房，右為錢鈔庫月進房。」 新聲，見《琵琶行序》。陸士衡詩：「京雒多妖麗。」杜詩：「此曲祇應天上有，人間能得幾回聞。」 承恩，見《東萊行》。■〔註13〕《南史·王儉傳》：「高帝幸華林宴集，使各效伎。於時王敬則奮臂拍張，叫動左右。」 《晉書·杜預傳》：「預既還鎮。」《一統志》：「上海鎮，今松江府上海縣治。宋紹興中曰上海鎮，以地居海之上洋，故名。」《漢書·武帝紀》：「東越王反遣橫海將軍韓說出會稽擊之。」 尺書，見《送何省齋》。《史記·仲尼弟子傳》：「原憲在草澤中。」左太沖詩：「何世無奇才，遺之在草澤。」《〈三國志·虞翻傳〉注》：「華子魚自有名字。」風雲，見《又詠古》。**此地江湖縜鎖鑰，家擅陶朱戶程卓。千箱布帛運輜車，百貨魚鹽充邸閣。將軍一一數高貲，下令搜牢遍墟落。非為仇家告併兼，即稱盜賊通囊橐。望屋遙窺室內藏，算緡似責從前諾。敢信黔婁脫網羅，早看猗頓填溝壑。窟室飛觴傳箭催，博場戲責橫刀索。**叶蘇各切。**縱有名豪解折行，可堪小戶勝狂藥。將軍沉湎不知止，箕踞當筵任頤指。拔劍公收伍伯妻，鳴髀射殺良家子。**髀，盧交切。**江表爭猜張敬兒，軍中思縛盧從史。柱破城南十萬**

家，養士何無一人死。貪財好色英雄事，若輩屠沽安足齒。此言其貪虐之
形，備極橫暴情狀。○鎖鑰，見《哭志衍》。　陶朱，見《攀清湖》。程卓，見《哭志
衍》。　《詩》：「乃求千斯倉，乃求萬斯箱。」輨車，見《行路難》。　《禮》：「行於社
而百貨可極焉。」程大昌《演繁露》：「為邸為閣，貯糧也。」《通典・漕運門》：「後魏
於水運處立邸閣八所，俗名為倉也。」　《漢書・地理志》：「從吏二千石高貲富人及豪
傑併兼之家。」《後漢書・董卓傳》：「卓縱放兵士，剽虜資物，謂之搜牢。」《唐書・
鄧處訥傳》：「焚樓船，殘墟落。」《史記・平準書》：「摧浮淫併兼之徒。」　《漢書・
張敞傳》：「冀州部中有大賊。天子引見敞，拜為冀州刺史，誅其渠帥。廣川王姬昆弟
及王同族宗室劉調等通行，為之囊橐。敞自將郡國吏圍守王宮，搜索調等，果得之殿
屋重轑中。」　賈誼《過秦論》：「望屋而食。」　算緡、黔婁，並見《行路難》。網羅，
見《松鼠》。　猗頓，見《行路難》。《史記・范雎傳》：「使臣卒然填溝壑。」　《左傳・
襄三十年》：「鄭伯有嗜酒，為窟室夜飲。」庾闡詩：「輕舟沉飛觴。」傳箭，見《遇南
廂園叟》。　高達夫詩：「千瑒〔註14〕縱博家仍富。」《正韻》：「責與債同。」《三國志・
袁紹傳》：「橫刀長揖而去。」　又，《公孫度傳》：「郡中名豪大姓。」《宋史・李方子
傳》：「學官李道傳折官位輩行，具刺就謁。」　小戶，見《哭志衍》。《晉書・裴楷傳》：
「足下飲人狂藥，責人正禮，不亦乖乎？」　《書》：「沉湎冒色。」　箕踞，見《行路
難》。當筵，見《永和宮詞》。《漢書・賈誼傳》：「頤指如意。」　《史記・樊噲傳》：「拔
劍切肉，食之盡。」《後漢書・曹節傳》：「節弟破石為越騎校尉。越騎營五百妻有美色，
破石從求之，五百不敢違，妻執意不肯行，遂自殺。」韋昭《辨釋名》曰：「五百字本
為伍伯。伍，富也。伯，道也。使之導引，當道陌中，以驅除也。」《古今注》：「伍伯，
一伍之伯也。」《唐書釋音》：「骿鳴鏑。」杜詩：「我本良家子。」《晉書・虞溥傳》：
「溥撰《江表傳》，元帝詔藏於秘府。」《南齊書・張敬兒傳》：「南陽冠軍人也，封襄
陽侯。太祖崩，敬兒心疑，遣使與蠻中交關。世祖疑其有異志。」《唐書・盧從史傳》：
「擢拜昭義節度副大使。即得志，寢恣不道，至奪部將妻。帝用裴垍謀，敕崔璀圖之。
承璀伏壯士幕下，伺其來，與語，士突起，捽持出帳後，縛內車中。」　柳文暢詩：
「城南斷車騎。」杜詩：「城中十萬戶。」　《漢書・賈山傳》：「君之美者善養士。」
《史記・項羽紀》：「沛公居山東時，貪於財貨，好美姬。」《漢書・刑法志》：「高祖躬
神武之才，總攬英雄。」　《宋史・尹谷傳》：「若輩必當從吾死耳。」《後漢書・禰衡
傳》：「吾焉能從屠沽兒耶？」安足齒，見《蟋蟀盆歌》。君不見夫差獵騎何翩翩，
五茸春草城南天。雉媒飛起發雙矢，西施笑落珊瑚鞭。湖山足紀當時勝，

〔註14〕「瑒」，高適《邯鄲少年行》作「場」，稿本、天圖本、讀秀本同。

歌舞猶為後代傳。陸生文士能為將，勳名三世才難量。河橋雖敗事無成，睥睨千秋肯誰讓。代有文章占數公，煙霞好處偏神王。兵火燒殘萬卷空，大節英聲未凋喪。此言茸城舊事，與起處一段相應。「夫差歌舞」回映「胥塘」等句。「文士千秋」回映「前輩風流」等句。「代有文章」，合陸生、董陳、陳夏言之，見茸城地靈人傑，兵火之後，名蹟猶存也。○《史記・吳太伯世家》：「闔閭使立太子夫差。」崔顥詩：「獵騎何翩翩。」陸魯望詩：「五茸春草雉媒嬌。」城南天，見《東皋歌》注。《北史・斛律光傳》：「見雁雙飛來，以二矢，俱落焉。」《吳越春秋》：「越得苧蘿山鬻薪之女曰西施，而獻於吳。」崔國輔詩：「遺卻珊瑚鞭。」《史記・陸賈傳》：「賜陸生橐，中裝值千金。」此借用。勳名，見《東萊行》。《晉書・陸機傳》：「祖遜，吳丞相。父抗，吳大司馬。抗卒，領父兵，為牙門將。少有異才，文章冠世。太安初，成都王穎假機後將軍、河北大都督。機以三世為將，道家所忌，固辭，不許。列軍自朝歌至於河橋，鼓聲聞數百里。長沙王又奉天子與機戰於鹿苑，機軍大敗。」《〈史記・魏其武安侯傳〉注》：「睥睨，邪視也。」煙霞，見《讀西臺記》。神王〔註15〕，見《汲古閣歌》。兵火，見《遇南廂園叟》。蘇詩：「絳燭燒殘玉斝飛。」《漢書・司馬相如傳》：「蜚英聲，騰茂實。」杜詩：「忍使驊騮氣凋喪。」一朝遽落老兵手，百里溪山復何有。已見衣冠拜健兒，苦無丘壑安窮叟。茸城楊柳鬱婆娑，欲係扁舟奈晚何。盤龍浦上行人少，唳鶴灘頭戰艦多。我望嚴城聽街鼓，鱸魚沽酒扣舷歌。側身回視忽長笑，此亦當今馬伏波。此段為茸城寄忱，以自己作結。「馬伏波」三字是畫家點睛手也。○老兵，見《鴛湖曲》。落手，見《楚兩生行》。王詩：「萬國衣冠拜冕旒。」《古樂府》：「健兒須快馬。」《晉書・簡文帝紀》：「棲遲丘壑。」又，《殷仲文傳》：「此樹婆娑，無復生意。」《松江府志》：「盤龍浦在崧子浦東，其入江處曰盤龍匯，介華亭、崑山之間。步其徑，纔十許里，而洄沆迂緩，逾四十里，如龍之蟠，故名。」高達夫詩：「村墟日落行人少。」《松江府志》：「西湖在府西南二里，周圍三里，一名瑁湖。東有灘，曰唳鶴。鶴飲此水，其聲則清。」庾詩：「荊門戰艦浮。」嚴城，見《石公山》。姚合詩：「今朝街鼓何人聽。」《一統志》：「鱸魚出松江中。」《宋史・隱逸傳》：「松江漁翁者，不知其姓名。扣舷飲酒，酣歌自得。」側身，見《壽龔芝麓》。劉文房詩：「向風長笑戴紗巾。」《後漢書・馬援傳》：「璽書拜授伏波將軍。」

　　《居易錄》：「馬逢知提督松江，恃恩驕恣，所為多不法。然好延致文士。會生日，賓客雲集為壽。一書生預為逢知代製詩數百篇，偽撰名公卿序數篇，又代

刻之，裝潢百本，卷軸粲然。是日赴賓筵為獻，馬大喜，贈之千金，吳人傳為笑柄。」

贈吳錦雯兼示同社諸子《杭州府志》：「吳百朋，字錦雯，錢塘人。崇禎壬午舉於鄉。司李蘇州，中考功法，得白，補肇慶會司李職，裁補南和令。」

　　吾家季重才翩翩，身長七尺虯鬚髯。投我新詩百餘軸，滿床絹素生雲煙。從錦雯起。此詩大意重在著述，故開手便說新詩百軸也。○杜詩：「詩是吾家事。」《魏略》：「吳質，字季重。」魏文帝《與吳質書》：「元瑜書記翩翩，致足樂也。」《晉書·陸機傳》：「身長七尺。」虯髯，見《琵琶行》。《獨異記》：「陳子昂初入京，不為人知。以其文百軸遍贈會者，一日之內，聲華溢都。」滿床，見《六真歌序》。《繪妙》：「唐人五代絹素麄厚。宋絹輕細。」雲煙，見《西田詩》。**自言里中有三陸，長衫拂髁矜豪賢。弟先兄舉致身早，我亦挾策遊長安。其餘諸子俱嶽嶽，感時上策愁祁連。會飲痛哭岳祠下，聞者大笑驚狂顛。**此段「自言」二字與後幅「吾聞其語」是通篇眉目。「三陸諸子」，指同社言之。「我亦挾策」，以錦雯夾序，感時痛哭，尚在明季，見同社才氣過人。○《晉書·陸雲傳》：「字士龍。少與兄機齊名。雲弟耽為平東祭酒，亦有清譽，與雲同遇害。大將軍參軍孫惠與淮南內史朱誕書曰：『不意三陸相攜闇朝。』」長衫拂髁，見《馬草行》。楊慎原《晉說》：「登進豪賢。」《後漢書·列女傳》：「袁隗曰：『弟先兄舉，世以為笑。』」致身，見《壽龔芝麓》。《莊子》：「臧與谷牧羊，而俱亡其羊。問臧奚事，則挾策讀書。」《漢書·朱雲傳》：「五鹿嶽嶽。」感時，見《東萊行》。祁連，見《楚兩生行》。會飲，見《六真歌》。《西湖志》：「忠烈廟祀宋少保鄂國忠武王岳飛。」《一統志》：「在錢塘縣棲霞嶺墓側。宋孝宗時，以舊知果院建祠。」《老子》：「下士聞道，大笑之。」張文昌詩：「對花歌詠似狂顛。」**皋亭山頭金鼓震，萬騎蹴踏東南天。貽書訣別士龍死，嗚呼吾友非高官。餘或脫身棄妻子，西興潮落無歸船。**此亦就同舍諸子言之，見鼎革以後同社節義甚多。○《大清一統志》：「皋亭山在仁和縣東北。」《左傳·僖二十二年》：「金鼓以聲氣也。」崔亭伯詩：「戎馬鳴兮金鼓震。」杜詩：「霜蹄蹴踏長楸間。」《後漢書·范冉傳》：「以展訣別。」《論衡》：「名生於高官。」脫身，見《又詠古》。《一統志》：「西興塘在紹興府蕭山縣西十里。五代時，錢鏐始築以遏海潮，內障江水。」陰子堅詩：「潮落稱如蓋。」孟詩：「余欲泛歸船。」**我因老親守窮巷，買山未得囊無錢。息心掩關謝時輩，五年不到西溪邊。比因訪客過山寺，故人文酒相盤桓。手君詩篇令我讀，使我磊落開心顏。**

豈甘不死愧良友，欲使奇字留人間。跳刀拍張雖將相，有書一卷吾徒傳。此段是錦雯自述，而「手君詩篇」就錦雯口中說到梅村，極賓主變化之妙。起處「新詩百軸」是錦雯之詩，此處「有書一卷」是梅村之書也。○老親，見《閬州行》。《史記·陳丞相世家》：「家乃負郭窮巷。」 買山，見《東萊行》。《何氏語林》：「于頔鎮襄陽，廬山符戴齋書就於，乞買山錢百萬。」《後漢書·趙壹傳》：「不如一囊錢。」 白〔註16〕詩：「風竹煙松畫掩關。」岑參詩：「息心謝時輩。」 《一統志》：「西溪鎮在錢塘縣西北二十七里。」 《南史·蕭介傳》：「文酒賞會，時人以比謝氏焉。」盤桓，見《贈家待御》。 磊落，見《西臺慟哭記》。李詩：「使我不得開心顏。」 奇字，見《行路難》。 《南史·王儉傳》：「王敬則奮臂拍張，叫動左右，曰：『臣以拍張，故得三公，不可忘拍張。』」■〔註17〕將相，見《觀法帖》。 《法言》：「一卷之書，必立之師。」**吾聞其語重歎息，平生故舊空茫然。不信扁舟偶乘興，丁儀吳質追隨歡。酒酣對客作長句，十紙諛諛松風寒。後來此會良不易，況今海內多艱難。安得與君結廬住，南山著述北山眠。**此段是梅村自述平生故舊，連同舍諸子在內。「與君結廬」，則專指錦雯也。「長句」、「著述」，點出贈詩。○白詩：「我聞琵琶已歎息。」 乘興，見《河渚圖》。 《三國志》：「沛國丁儀等亦有文采。」又：「吳質，濟陰人。以文才為帝所善。」曹詩：「飛蓋相追隨。」 酒酣，見《題高士圖》。黃魯直詩：「對客揮毫秦少游。」杜詩：「近來海內為長句。」 諛諛松風，見《讀西臺記》。 此會，見《揖山樓》。 結廬，見《河渚圖》。 《後漢書·法真傳》：「若欲吏之，真將在北山之北，南山之南矣。」著述，見《送周子俶》。

《大清一統志》：「陸培，字鯤庭，錢塘人。少負俊才，有文名，行誼修謹。舉進士，為行人。奉使事竣歸省，南都覆，謀結壯士保鄉土。聞潞王降，遂自縊死。兄圻亦有才名。國變後，遁入武當，不知所終。」按：「弟先兄舉」、「貽書訣別」等語，於鯤庭為合。又，《錢塘縣志》：「陸堦，字梯霞。父運昌與叔鳴時、鳴煒有名當世，號龍門三陸。而堦兄圻及培並以文章領袖一時，復號三陸。」《一統志》：「陳潛夫，字元倩，錢塘人。從魯王於紹與興及江上。師潰，走山陰化龍橋，偕妻妾二孟氏赴水死。」按：「西興潮落」應指潛夫，而用「餘或」二字者，以潛夫曾為培兄弟所逐也。 季重、吳質復見，何也？

〔註16〕「白」，乙本誤作「自」。按：白居易《長安閒居》：「風竹松煙畫掩關。」
〔註17〕自「南史」至此，天圖本、讀秀本作「《南史·王敬則傳》：『敬則跳刀高出白虎幢五六尺，接無不中，仍撫髀拍張，甚為儇捷』」。

蕭史青門曲《列仙傳》：「蕭史者，秦穆公時人也。善吹簫，能致孔雀、白鶴於庭。穆公有女，字弄玉，好之，公遂以女妻焉。日教弄玉作鳳鳴。居數年，吹似鳳聲，鳳凰來止其屋，公為作鳳臺。夫妻止其上，不下數年。一旦皆隨鳳凰飛去。」《三輔黃圖》：「長安霸城門，其色青，故曰青門。秦東陵侯邵平隱居於此。」按：李長吉詩「玉瑟調青門」，則青門曲名也。

　　蕭史青門望明月，碧鸞尾掃銀河闊。好時池臺白草荒，扶風邸舍黃塵沒。當年故後婕妤家，槐市無人噪晚鴉。卻憶沁園公主第，春鶯啼殺上陽花。此詩為寧德公主而作。然不以秦女命題而以蕭史標目者，婦必從夫之義也。又詩中直書其事，而命題寄託古人，是梅村不肯迫切處。起四句悲蕭史之邸舍，後四句側重公主。○李詩：「舉頭望明月。」　黃清老詩：「銀河橫空白鸞去。」《史記索隱》：「扶風有好時縣。」杜詩：「梁苑池臺雪欲飛。」岑參詩：「北風吹沙卷白草。」《漢書·地理志》：「武帝更名主爵都尉為右扶風。」《南史·蔡興宗傳》：「興宗以王公妃主多立邸舍。」楊炯詩：「千里暗黃塵。」　按：故后指周后。婕妤指田、袁二妃也。見《永和宮詞》。　槐市，見《行路難》。錢仲文詩：「丹鳳城頭噪晚鴉。」《後漢書·竇憲傳》：「遂以賤直請奪沁水公主園田，主逼畏，不敢計。」《注》：「沁水公主，明帝女。」　雍國鈞詩：「宮鶯銜出上陽花。」杜詩：「啼殺後棲雞。」《一統志》：「上陽宮在陝州閡鄉縣東。」鳴呼先皇寡兄弟，天家貴主稱同氣。奉車都尉誰最賢，鞏公才地如王濟。被服依然儒者風，讀書妙得公卿譽。大內傾宮嫁樂安，光宗少女宜加意。正值官家從代來，王姬禮數從優異。上文側入公主，似可直說寧德矣。忽先從鞏都尉與樂安公主敘述一番，蓋都尉能死而劉郎夫婦不能死，兩相比照，寄託遙深，然卻似閒敘家常者。詩筆之妙，令人不可思議也。○《檀弓》：「子路有姊之喪，可以除之矣，而弗除，曰：『吾寡兄弟而弗忍也。』」《後漢書·竇憲傳》：「今貴主尚見枉奪。」《明史·職官志》：「凡尚大長公主、長公主、公主，並曰附馬都尉。」　又，《公主傳》：「光宗女樂安公主下嫁鞏永固。永固字鴻圖，宛平人。好讀書，負才氣。」詳見《遇劉雪舫》。《晉書·王恭傳》：「自負才地高華。」《王濟傳》：「字武子，少有逸才，風姿英爽。尚常山公主。」　《宋史·道學傳》：「李燔被服布素。」　杜詩：「妙譽朝元老。」《雍錄》：「唐都城有三大內。」《後漢書·周舉傳》：「出傾宮之女。」《明史·光宗紀》：「諱常洛，神宗長子也。」歐陽永叔《劄子》：「陛下最官，加意訪問。」　官家，見《行路難》其十二。《史記·文帝紀》：「孝文帝從代來。」接：此以漢文之由代王為天子比莊烈之以信王即帝位也。　《詩》：「王姬之車。」禮數，見《蘆洲行》。《後漢書·陰興傳》：「賢者子孫，宜加優異。」先是朝廷

啟未央，天人寧德降劉郎。道路爭傳長公主，夫婿豪華勢莫當。百兩車來填紫陌，千金楗送出雕房。紅窗小院調鸚鵡，翠館繁箏叫鳳皇。白首傳璣阿母飾，綠幘大袖騎奴裝。用「先是」二字入寧德，極敘其盛。○啟未央，見《遇南廂園叟》。　天人，見《讚佛詩》。《明史·公主傳》：「光宗女寧德公主下嫁劉有福。」胡身之《通鑑注》：「江陵府石首縣沙步有劉即浦，蜀先王納吳女處。」《明史·公主傳·論》：「明制：皇姑曰大長公主，皇姊妹曰長公主。」《古詩》：「夫婿居上頭。」豪華，見《王郎曲》。《詩》：「百兩將之。」謝希逸詩：「紫陌協笙鏞。」《西京雜記》：「八月四日，出雕房北戶，竹下圍棋。」　蘇詩：「紅窗小泣低聲怨。」小院，見《彈琴歌》。李長吉詩：「禿襟小袖調鸚鵡。」　張憲詩：「翠館行廚雪乍消。」李長吉《箜篌引》：「崑山玉碎鳳皇叫。」《史記·李斯傳》：「傅璣之珥。」又，《〈扁鵲傳〉注》：「阿母是王之嬭母也。」《漢書·東方朔傳》：「董君綠幘傅韝。」《後漢書·馬廖傳》：「城中好大袖。」《史記·田叔傳》：「任安、田仁居門下。衛將軍過平陽公主，主家令兩人與騎奴同席而坐。」灼灼夭桃共穠李，兩家姊妹驕紈綺。九子鸞雛鬥玉釵，釵工百萬恣求取。屋裏薰爐瀋若雲，門前鈿轂流如水。此一段亦是拯敘其盛，然總承上兩段而言之，故不犯復。○《詩》：「桃之夭夭，灼灼其華。」又：「何彼穠矣，華如桃李。」　謝靈運詩：「紈綺無報章。」《杜陽編》：「同昌公主九玉釵上刻九鸞，其上有字曰玉兒。」《小名錄》：「東昏侯潘淑妃常市琥珀釵，一隻直百七十萬。」《左傳·僖七年》：「予取予求，不女疵瑕也。」　梁簡文帝詩：「薰爐滅復香。」《漢書·揚雄傳》：「泰山之高不嶕嶢，則不能浡瀋雲而散歊烝。」　白詩：「曲江碾草鈿車行。」《後漢書·馬皇后紀》：「外家問起居者，車如流水。」外家肺腑數尊親，神廟榮昌主尚存。話到孝純能識面，抱來太子輒呼名。六宮都講家人禮，四節頻加戚里恩。同謝面脂龍德殿，共乘油壁月華門。上文以樂安引出寧德，兩人皆長公主也。此又引一大長公主，極風雨離合之奇。○外家，見《永和宮詞》。《史記·武安侯傳》：「蚡得為肺腑。」　《明史·公主傳》：「神宗女榮昌公主，萬曆二十四年下嫁楊春元。四十四年，春元卒。久之，主薨。」　孝純，見《遇劉雪舫》。　《明史·諸王傳》：「太子慈烺〔註18〕，莊烈帝第一子。」《宋書·范叔孫傳》：「莫有呼其名者。」　《周禮》：「以陰禮教六宮。」《漢書·齊悼惠王傳》：「如家人禮。」　劉公幹詩：「四節相推斥。」《史記·萬石君傳》：「徙其家長安中戚里。」　王仲初詩：「公主人家謝面脂。」《太平御覽》：「《盧公家範》：『臘日上澡豆及頭膏、面脂、口脂。』」《日下舊聞》引《蕪史》：「皇史宬之西過觀心殿，射箭處稍

〔註18〕按：《明史卷》一百二十《諸王列傳五》作「烺」。

南則嘉樂館也。其北曰丹鳳門，內有正殿曰龍德。」　陸魯望詩：「空登油壁車。」《唐會要》：「人自月華門列位於正衙。」《春明夢餘錄》：「東暖閣曰昭仁殿，西暖閣曰宏德殿，左曰日精門，右曰月華門。」**萬事榮華有消歇，樂安一病音容沒。莞蕢桃笙朝露空，溫明秘器空堂設。玉房珍玩宮中賜，遺言上獻依常制。卻添駙馬不勝情，至尊覽表為流涕。金冊珠衣進太妃，鏡奩鈿合還夫婿。**此段言樂安先沒也。○《史記・外戚世家》：「光耀榮華。」鮑詩：「容華坐消歇。」　按：《明史》於樂安公不書其薨日，但云「甲申春，都城陷，時公主已薨，未葬」而已。以「明年鐵騎」句推之，蓋薨於崇禎十六年也。　莞蕢桃笙，見《行路難》。朝露，見《永和宮詞》。　《後漢書・鄧后紀》：「新野君薨，贈以長公主赤綬、東園秘器。」《南齊書・竟陵王子良傳》：「及薨，詔給東園溫明秘器。」司馬長卿《長門賦》：「長獨託於空堂。」《漢書・禮樂志》：「神之出排玉房。」《國史補》：「張垍、張均俱在翰林。垍以尚主，獨賜珍玩。」　《晉書・阮瞻傳》：「諷誦遺言。」《三國志・何夔傳》：「以國有常制。」　劉夢得詩：「重聞天樂不勝情。」　《明史・禮志》：「冊公主儀。冊用銀字鍍金。」珠衣，見《宮扇》。《明史・后妃傳》：「康妃李氏，光宗選侍也。時宮中有二李選侍。康妃者，西李也。西李生女，光宗改命東李撫視。」按：光宗九女，見於列傳者，懷淑、寧德、遂平、樂安而已。懷淑七歲而薨。遂平於天啟七年下嫁齊贊元。崇禎末，主前薨。故以樂安主為光宗少女。則太妃云者，不知即康妃否？而樂安主亦不知即皇八妹否耳。　《後漢書・陰后紀》：「視太后鏡奩中物。」鈿合，見《永和宮詞》。**此時同產更無人，寧德來朝笑語真。憂及四方宵旰甚，自家兄妹話艱辛。**此段言樂安亡後，止有寧德也，與寡兄弟等相應。○《漢書・外戚傳》：「傅太后父同產弟四人。」　《詩》：「君子來朝。」　宵旰，見《永和宮詞》。　來鵬詩：「自家夫婿無消息。」李詩：「自古多艱辛。」**明年鐵騎燒宮闕，君后倉黃相訣絕。仙人樓上看灰飛，織女橋邊聽流血。慷慨難從鞏公死，亂離怕與劉郎別。扶攜夫婦出兵間，改朔移朝至今活。粉硾脂田縣吏收，**硾，應作「礑」。**糚樓舞閣豪家奪。曾見天街羨璧人，今朝破帽迎風雪。賣珠易米返柴門，貴主淒涼向誰說。**此假言寧德不死，故於亂後獨存，是作詩本意。○鐵騎，見《馬草行》。《後漢書・董卓傳》：「悉燒宮廟官府。」　訣絕，見《送何省齋》。　《史記・封禪書》：「公孫卿言仙人好樓居。」蘇詞：「檣艣灰飛煙滅。」　《白帖》：「烏鵲填河成橋而渡織女。」李泰和詩：「織女橋邊烏鵲起，仙人樓上鳳凰飛。」　慷慨，見《哭志衍》。鞏公死，見《遇劉雪舫》。　孟東野詩：「歸老相扶攜。」《漢書・光武紀》：「初，帝在兵間，久厭武事。」《江表傳》：「孫皓將敗，日莫以移朝改朔，用損厥志。」《舊

唐書・郭子儀傳》：「曖尚昇平公主。大曆十三年，有詔毀除白渠水支流碾磑。昇平有脂粉磑兩輪，郭子儀私磑兩輪，所司未敢毀撤。公主見代宗訴之，帝謂公主曰：『吾此詔，蓋為蒼生，爾豈不識我意耶？可為眾率先。』公主即日命毀。」《晉書・安帝紀》：「罷臨沂湖熟皇后脂澤田。」《漢書・夏侯嬰傳》：「嬰試補縣吏。」 沈雲卿詩：「糀樓翠幌教春住，舞閣金鋪借日懸。」《史記・呂不韋傳》：「子楚夫人，趙豪家女也。」又，《蕭相國世家》：「母為勢家所奪。」 高達夫詩：「列宿煥天街。」《晉書・衛玠傳》：「乘羊車入市，見者皆以為玉人。」按：《衛玠別傳》作「璧人」。 蘇詞：「破帽多情卻戀頭。」《古詩》：「前日風雪中。」 杜詩：「侍婢賣珠回。」《晉書・陶璜傳》：「商賈去來，以珠貨米。」柴門，見《避亂》。 劉元叔詩：「夢度陽關向誰說。」**苦憶先皇涕淚漣，長平嬌小最堪憐。青萍血碧它生果，紫玉魂歸異代緣。盡歎周郎曾入選，俄驚秦女遽登仙。青青寒食東風柳，彰義門邊冷墓田。**此段從寧德意中目中敘出長平始末，與上文樂安、樂昌若相蒙，若不相蒙。然長平亦以弱不勝悲，早致夭折，與寧德之青門終老者不同，直書之而意在言外。○杜詩：「天涯涕淚一身遙。」 《明史・公主傳》：「長平公主年十六，帝選周顯尚主。將婚，以寇警暫停。城陷，帝入壽寧宮，主牽帝衣哭。帝曰：『汝何故生我家？』以劍揮斫之，斷左臂。又斫昭仁公主於昭仁殿。越五日，長平主復甦。大清順治二年上書言：『九死臣妾，踽踽高天，願髡緇空王，稍申罔極。』詔不許。顯復尚故主，土田邸第金錢車馬錫予有加。主涕泣。踰年病卒。賜葬廣寧門外。」李詩：「憶昔嬌小姿。」 陳孔璋《與臨淄王牋》〔註19〕：「秉青萍干將之器。」《莊子》：「萇弘死於蜀，藏其血，三年化為碧。」元詩：「重吟前日他生句，豈料逾旬便隔生。」《梁書・江革傳》：「革精信因果。」《搜神記》：「吳王夫差女名紫玉，以未得童子韓重而死，後魂歸省母，母抱之，成煙而散。」 周郎，謂顯也。借用《三國志・周瑜傳》。 江詩：「畫作秦王女，乘鸞向煙霧。」《晉書・顧愷之傳》：「亦猶人之登仙也。」 韓君平詩：「寒食東風御柳斜。」 徐原一《日下舊聞序》：「今廣寧門即金彰義，今人只稱彰義，何也？曰：金正西門為彰義，特與今廣寧相近耳。」《晉書・嵇紹傳》：「賜墓田一頃。」按：張宸《長平公主誄》：「三月之吉，葬於彰義門之賜莊。」故用「寒食東風」字。**昨夜西窗仍夢見，樂安小妹重歡讌。先後傳呼喚捲簾，貴妃笑折櫻桃倦。玉階露冷出宮門，御溝春水流花片。**此段回縈樂安。然用「小妹」字，既回縈兩家妹妹語，而「先後」、「貴妃」又回縈故後、婕妤等語，將后妃諸主俱以一夢收之，吾不能名言其妙。○李義山詩：「昨夜星辰昨夜風，畫樓西畔桂堂東。」蔡伯喈詩：「夙昔夢見之。」 《魏

〔註19〕按：語出《與東阿王牋》。吳翌鳳已更正。

書》有《李波小妹歌》。《晉書‧張光傳》:「引與歡讌彌日。」　《漢書‧蕭望之傳》:「傳呼甚寵。」梁簡文帝詩:「迎春試捲簾。」　《唐書‧百官志》:「內官:貴妃正一品。」李長吉詩:「下階自折櫻桃花。」　李詩:「玉階生白露。」李長吉詩:「空將漢月出宮門。」　《古今注》:「長安御溝,謂之楊溝,謂植楊於其上也。」元詩:「等閒弄水浮花片。」花落回頭往事非,更殘燈炧淚沾衣。休言傅粉何平叔,莫見焚香衛少兒。何處笙歌臨大道,誰家陵墓對斜暉。只看天上瓊樓夜,烏鵲年年它自飛。此段即「城郭是,人民非」之意,如聽千年鶴語也。○皇甫茂政詩:「終日屢回頭。」唐莊宗詞:「往事思量著。」　張文潛詩:「郵亭稱束問殘更。」■韓致光詩:「小檻移燈炧。」李巨山詩:「山川滿目淚沾衣。」《〈三國志〉注》:「何晏,字平叔,尚主。」《世說》:「何平叔美姿儀,面至白,魏明帝疑其傅粉。正夏月,與熱湯餅。既噉,大汗出,以朱衣自拭,色轉皎然。」　杜詩:「芙蓉別殿滿焚香。」《史記‧衛將軍驃騎傳》:「衛媼長女衛孺,次女少兒。」　白詩:「笙歌歸院落。」江總持詩:「寂寂青樓大道邊。」　杜詩:「漢家陵墓對南山。」斜暉,見後《東皋草堂歌》。　蘇詞:「不知天上宮闕,今夕是何年。我欲乘風歸去,又恐瓊樓玉宇,高處不勝寒。」　它自飛,見《避亂》。

　　張如哉曰:「《後漢書‧耿弇傳》:扶風茂陵人也。建武二年,封好畤候。子忠嗣。忠卒,子馮嗣。馮卒,子良嗣。延光中,尚安帝妹濮陽長公主。又,耿援尚桓帝妹長社公主,耿襲尚顯宗女隆慮公主。又,《竇融傳》:扶風平陵人也。長子穆,尚內黃公主。穆子勳,尚東海王彊女沘陽公主。友子固亦尚光武女涅陽公主。好畤、池臺、扶風、邸舍,俱用尚主事。」

董山兒赤菫山,見《行路難》。

　　菫山兒,兒生不識亂與離。父言急去牽兒衣,母言乞火為兒炊作糜。父母忽不見,但見長風白浪高崔嵬。此首全仿古樂府而得其神似。《臨頓兒》是訴略賣之苦,此首則寫忕離之狀也。首段言初遇亂時。○李詩:「出門妻子強牽衣。」　《淮南子》:「乞火不若取燧。」曹孟德詩:「斧冰持作糜。」《晉書‧宗愨傳》:「願乘長風破萬里浪。」白浪,見《鴛湖曲》。崔嵬,見《行路難》其七。將軍下一令,軍中那得聞兒啼。樓船何高高,沙岸多崩摧。榜人不能移,舉手推墮之。上有蒲與崔,下有濘與泥,十步九倒迷東西。身無褲襦,足穿蒺藜,叩頭指口惟言饑。此段言其顛連水側也。○杜詩:「令下不敢議。」又「婦人在軍中,兵氣恐不揚。」《漢書‧溝洫志》:「猶止兒啼而塞其口。」　《史記‧

平準書》:「治樓船,高十餘丈。」曹詩:「高高上無極。」 杜詩:「沙虛岸只摧。」 岸崩,出《史記·外戚世家》。 榜人,見《鬱清湖序》。《後漢書·王霸傳》:「舉手耶揄之。」《史記·項羽紀》:「漢王急推墮孝惠、魯元車下。」《詩》:「有蒲與荷。」又:「八月萑葦。」左太沖《吳都賦》:「流汗霡霂,而中逵泥濘。」 李詩:「十步九不行。」袁景文詩:「十步九倒何由立。」杜詩:「居人不自解東西。」《後漢書·廉范傳》:「昔無襦,今五袴。」 杜詩:「行人避蒺藜。」《後漢書·劉盆子傳》:「見盆子叩頭言饑。」**將船送兒去,問以鄉里記憶還依稀。父兮母兮哭相認,聲音雖是形骸非。傍有一老翁,羨兒獨來歸。不知我兒何處喂遊魚,或經略賣遭鞭笞。垂頭涕下何纍纍。**此段言兒得歸家也。父母字與起處相應。老翁兒,用旁襯法。○《木蘭詩》:「送兒還故鄉。」《漢書·疏廣傳》:「廣既歸鄉里。」退之《祭十二郎文》:「吾時雖能記憶。」依稀,見《卞玉京歌》。《詩》:「父兮母兮。」《莊子》:「今子與我遊於形骸之內。」 老翁,見《遇南廂園叟》。 蔡文姬詩:「羨我獨得歸。」《梁書·扶南國傳》:「有罪者輒以餵猛獸及鱷魚。」按:字典無餵字。《玉篇》:「餧,飼也。」張景陽《七命》:「遊魚濜溳於綠波。」《漢書·外戚傳》:「家貧,為人所略賣。」鞭笞,見《蘆洲行》。 韓詩:「低佪但垂頭。」《禮》:「纍纍乎端如貫珠。」**吾欲竟此曲,此曲哀且悲。茫茫海內風塵飛,一身不自保,生兒欲何為。君不見董山兒。**以作詩結,用進一步法。○吾欲竟此曲,見《閬州行》。 嵇叔夜《琴賦》:「其聲音則以悲哀為主。」 海內風塵,見《壽龔芝麓》。《〈三國志·魏武紀〉注》:「當紹之強,孤猶不能自保。」阮詩:「一身不自保。」《古樂府》:「十六生兒字阿侯。」

吳詩補注

卷五

東萊行

危涕唐茂業詩：「旅愁危涕兩爭禁。」上書《戰國策》：「上書諫寡人者晉受巾賞。」奉母《唐書·柳宗元傳》：「父鎮，天寶末遇亂，奉母隱王屋山。」勳名蘇詩：「勳名將相今何限。」孺卿也向龍沙死按：《池北偶談》「戀第母徐」，《山東通志》「戀第母陳歿於燕」，則《通志》是也。惟《明史》以戀泰為從弟，而《通志》以戀泰為從兄，《池北偶談》又與史合耳。程《箋》：「《漢書·蘇武傳》：『宦騎與黃門駙馬爭舡，推墮駙馬河中溺死。宦騎亡，詔使孺卿逐捕，不得，飲藥死。』戀泰入國朝漸向，用此只反言。設使戀泰亦死，則何人收戀第骸骨乎？柴市者，戀第同其副五人陳用極、王一斌、張良佐、王廷佐、劉統駢斬順城門也。」■■■■■■■■海天柳子厚詩：「海天愁思正茫茫。」求名《顏氏家訓》：「忘名者體道合德，享鬼神之福祐，非所以求名也。」

鴛湖曲

笑語《詩》：「燕笑語兮。」朝來《晉書·王徽之傳》：「西山朝來。」王駕，字大用。蕭蕭曰影悲風動《古詩》：「白楊多悲風，蕭蕭愁殺人。」前注引《答蘇武書》，未是。沒縣官《南史·始興王伯茂傳》：「其書並沒縣官。」一葉危李義山詩：「一夕南風一葉危。」釣叟知程《箋》：「原稿是『鴛湖』，今訛刻『江湖』，相去天壤。」

項黃中家觀萬歲通天法帖

勳名見《東萊行》。則天《唐書‧武后紀》：「則天順聖皇后武氏，諱曌，并州文水人也。」從官方慶拜表進《史記‧封禪書》：「從官在山下聞若有言萬歲云。」白詩：「和暖春城拜表還。」帛百疋《漢書‧東方朔傳》：「賜帛百疋。」用寶《宋史‧輿服志》：「秦制，天子有六璽，又有傳國璽，歷代因之。唐改為寶。」《明史‧職官志》：「其所用寶，二十有四。」江東張如哉曰：「今稱江南為江東，古謂浙江之東為江東，如《語林》云：『王充《論衡》，中士未有傳者。蔡中郎至江東得之。』充，會稽上虞人。李太白《懷賀監》詩：『欲向江東去，定將誰舉杯。稽山無賀老，卻棹酒船回。』亦指會稽言。《晉書》：『王羲之徧遊東中諸郡。』謂會稽也。」累代見《汲古閣歌》補注。故主《後漢書‧鮑永傳‧論》：「鮑永守義於故主。」

送徐次桓歸胥江草堂

伍相祠梁元帝有《祀伍相廟詩》。十年高達夫詩：「論交卻憶十年時。」

畫蘭曲

手撥孟詩：「手撥金翠花。」入毫端蘇詩：「盡驅春色入毫楮。」花亦如人蘇詩：「幽花如處女。」看人朱楚望詩：「翠環光動看人多。」■■■■■■■■■■輕調《玉篇》：「調，和合也。」劉希夷詩：「玉指調真聲。」柳暗桑濃溫飛卿詩：「柳暗桑濃聞布穀。」銀臺按：如霜毫、玉毫之類。杜牧之詩：「粉毫惟畫月前。」注引陸詩，蓋梅村借用字。

送杜公弢武歸浦口《大清一統志》：「浦子口在江浦縣東二十五里，為南北津渡之要有城。」程逆亭曰：「■■■■■■■杜公以大將起家榆林，而其先固崑人也，易世後，因居於崑。未幾，往浦口依其故部曲。」張如哉曰：「《明史‧杜桐傳》：『文煥子宏遇，崇禎中提督浦口營，練兵遏賊，南渡有功。』則浦口其舊轄也，故亦云歸耳。」

氣壓蘇詩：「氣壓群兒凜。」忠勳徐孝穆《進武女帝為長城公詔》：「思所以敬答忠勳。」聞警《宋史‧郭浩傳》：「臣在任，已聞警。」醉裏杜詩：「醉裏從為客。」結婚姻張如哉曰：「上有騎省哀傷初未久，下有掾感曹公，蓋梅村於郁淑人卒後，弢武欲以子妻之也，時梅村尚未有子。」錢戩堂曰：「郁淑人先梅村十五年卒。此首結婚成空，乃梅村自謂，非為子辭婚。丁掾感曹公，言事雖不果，心寔感之也。」欲住難《佛國記》：「欲住便住。」

蘆洲行

田園《漢書‧田蚡傳》：「田園極膏腴。」差官《宋史‧黃洽傳》：「荒政不力，差官按視安集。」豪占《宋史‧元絳傳》：「民有號王豹子者，豪占人田。」早破城中數百家李義山詩：「枉破陽城十萬家。」千車見《贈雪航》補注。

捉船行

程《箋》：「《州乘備採》：『自黃斌卿、沈廷揚輩奉魯藩屯踞舟山，出沒海上，巡撫土國寶亦效舟山人造水車船，封民間船及竹木，又奪耕牛，取皮為舟障。猾吏藉以飽壑，民困不堪。辛卯，舟山破。甲午，張名振死，師散。辛丑，撤姑蘇駐防，兵還京師，始得寧。』」

吏如虎《史記‧酷吏傳》：「王溫舒其爪牙吏虎而冠。」前注非是。

馬草行

遊牝《月令》：「季春，乃合累牛騰馬，遊牝於牧。」

題志衍所畫山水

蒔《博雅》：「蒔，立也。」《方言注》：「為更種也。」想像見《西田詩》。此中去《古詩》：「故人從此去。」

題蘇門高士圖贈孫徵君鍾元

有田一廛《漢書‧揚雄傳》：「有田一廛，有宅一區。」不起《〈後漢書‧嚴光傳〉注》：「光不起。」佃隸《宋史‧劉師道傳》：「以小民役屬者為佃客，使之如奴隸。」一榻王介甫詩：「為子置一榻。」秀色陸士衡詩：「秀色若可餐。」

壽總憲龔公芝麗

少壯詳《感事》。賊窺江夏路通秦程《箋》：「《綏寇紀略》：『崇禎十年，江夏賊呂瘦子等煽動濟安、興國、大冶山中亡命，遏絕行旅。臨藍之賊入湘鄉，以窺衡州。黃州賊攻蘄水甚急。知縣龔鼎孳設守有方略，賊不能陷。』」詩成橫槊指黃巾《湖廣通志》：「孝升，崇禎甲戌進士。令蘄水，值流寇猖獗，籌畫方略，調度兵餉，修城池，登陴防禦不少休。」讀書長嘯重圍裏《湖廣通志》：「賊勢少緩，孝升即進諸生講學。」風光沈卿雲詩：「洛浦風光何所似。」朝衫欲脫薛陶臣詩：「脫卻朝衣便東去。」

王郎曲

鎖骨《續博物志》：「李泌絕粒五六載，身輕，能行於屏風上。引指使氣，可以

吹燭至滅。導引骨，珊然有聲，號鑠子骨。」**不禁風**杜詩：「弱雲狼藉不禁風。」一**斛珠傾**白詩：「何郎小妓歌喉好，嚴老呼為一串珠。」自注：嚴尚書與於駙馬詩云：「莫損歌喉一串珠。」**八破**《唐書·五行志》：「至其曲遍繁聲，皆謂之入破。」〇**傾靡**詳《玉京墓·序》。上「王郎十五時」，《世說》：「王曇首年十四五便能歌，謝公甚欲聞之，而王名家，年少無由得聞。謝後出東土山作伎，王時騎馬往土山，下庾家墓林中，作一曲歌之，伎白謝公曰：『此王郎歌也。』」按：梅村「王郎一聲與孝升」，此句蓋變化用之。

楚兩生行

屈服《南史·馬樞傳》：「必使屈服。」**渡江**《晉書·祖逖傳》：「渡江中流，擊楫而誓。」**嚼徵含商**明遠《樂府》：「含商咀徵歌露晞。」按：張詞本此。**伏波軍**杜詩：「雨來銅柱北，應洗伏波軍。」**軍聲**張平子《東京賦》：「坐作進退，節以軍聲。」**草滿**岑參詩：「輪臺客舍春草滿。」**尊前**詳《老妓行》。

葺城行

幾秋王子安詩：「物換星移幾度秋。」**仇家**《漢書·郭解傳》：「解夜見仇家。」**枉破十萬家**見《蘆洲行》補注。**湖山**杜詩：「湖山合動搖。」**文士**見《送何省齋》。**窮嫛**杜詩：「恐作窮獨叟。」

贈吳錦雯兼示同社諸子程《箋》：「錢塘社名莊社。」

其餘諸子見《哭志衍》補注。**東南天**杜詩：「楚星南天黑。」**貽書**見《贈顧雲·序》補注。**餘或脫身棄妻子，西興潮落無歸船**《漢書·梅福傳》：「一朝棄妻子。」程《箋》：「東軒主人《述異記》：『陸圻，字麗京。削髮棄家，挈一老僕行遊，後併遣還，遂不知所往。子寅，字冠周。求父足跡，幾徧海內。』此承上鯤庭事而別之於三人之中，故用『餘或』字耳。」**山寺**庾詩：「山寺響晨鐘。」**良友**《晉書·周顗傳》：「幽冥之中，負此良友。」

蕭史青門曲

同氣《後漢書·東平王蒼傳》：「同氣之親。」**少女**《易》：「兌三索而得女，故謂之少女。」**爭傳**王介甫詩：「玉堂新樣世爭傳。」**識面**詳《贈劉虛受》。**更無人**詳《老妓行》。

董山兒

　　將軍下一令程《箋》：「乙酉，官兵入浙，縱肆淫掠。總鎮聞之，梟示十數人，令搜各船所掠婦女，給還本夫。兵士畏法，遂以其所掠者沉之江。」

吳詩集覽　卷六上

七言古詩三之上

送沈繹堂太史之官大梁《大清一統志》：「沈荃，字貞蕤，華亭人。順治壬辰廷
對第三人，授編修。十三年，出為河南按察司副使，分巡大梁道，有政績。歷官詹事。
卒諡文恪。書法尤有名。」《感舊集補傳》：「荃號繹堂。」〔註1〕

────────────

〔註1〕（清）王昶《春融堂集》卷六十四《沈荃傳》（清嘉慶十二年塾南書舍刻本）：
　　　　沈荃，字貞蕤，居沈巷。幼孤，事母至孝。順治九年，進士第三人及第，授國
　　　　史院編修，出為河南分巡大梁道按察司副使。時群盜董天祿、牛光天聚眾千餘，
　　　　剽掠許、潁閒，民皆驚竄。荃至，明卒伍，懸購賞，飭軍令，遣中軍王福為前
　　　　鋒，而身督勁兵繼之，殲其渠，餘賊解散。禹州城四十里外有竹園，叢篁密篠，
　　　　陰翳數里，盜窟其中，劫商賈殺而埋之。荃遣吏卒收捕，發土得屍纍纍，盜具
　　　　伏，悉按誅之。久之，以監司入覲，疏陳彰德養馬病民，又禹州糧應分上下等，
　　　　皆中利弊，報可。康熙元年冬，丁母憂，服除，補通薊道。以他事罣誤，部議
　　　　謫寧波府同知，未赴任，召見，特旨復正四品，仍入翰林。其年冬，補翰林院
　　　　侍講。十一年，典試兩浙，未還，轉侍讀。十二年，充日講官起居注。十三年，
　　　　擢國子監祭酒。十五年，進詹事府右少詹事，尋轉左少詹事。明年春，晉詹事。
　　　　十九年，加禮部侍郎。為詹事時，疏言青宮在於豫養，引明臣馬文升言，並霍
　　　　韜聖功十三圖進之。未幾，復疏列出閣四事，奏上，皆報聞。故事，詹事得與
　　　　會議，荃於民生利弊，時政人才得失，剴切詳言，略無瞻狗。十八年，旱，詔
　　　　求直言。時定新例，當流者徙烏喇極北以實邊。廷臣集議，荃謂烏喇距蒙古三
　　　　四千里，地不毛，極寒，人畜凍輒死，罪不至死者，不應驅之死地，獨為一議
　　　　上之。詔令畫一，公堅持前議曰：「此議行，三日不雨，臣願受欺罔罪。」上
　　　　改容納之。越二日，大雨盈尺，例竟罷。先是荃在大梁，巡撫賈漢復屬修《河
　　　　南通志》，既成，上之。後十餘年，詔天下郡縣修志，一以河南為法。康熙二

─417─

　　雲間學士推二沈，布衣召見登華省。多少金閨榜墨新，科名埋沒聲
華冷。青史流傳有弟兄，衣白山人披賜錦。一代才名並玉珂，百年絹素
垂金粉。原注：「宣廟時，雲間有大小沈學士，以布衣善書入翰林，皆著名蹟。大學
士名度，小學士名粲。繹堂為壬辰第三人，官編修，擢授大梁道，亦有書名，小學士
後也。」　此敘繹堂家世。「百年絹素」用正寫，「科名埋沒」用反襯。〇雲間，見《哭
志衍》。《明史·文苑傳》：「沈度字民則，沈粲字民望，松江華亭人。兄弟皆善書。度
以婉麗勝，粲以遒逸勝，號大小學士。」布衣，見《讀史雜詩》其三。華省，見《又
詠古》。　文通《別賦》：「金閨之諸彥。」《摭言》：「進士榜黏黃紙四張，以淡墨壇筆
書禮部貢院四字。」　《宋史·選舉志》：「求賜科名。」埋沒，見《行路難》其六。聲
華，見《哭志衍》。　青史，見《又詠古》。　《新唐書·李泌傳》：「著白者。」山人，
詳《西田賞菊》。《西京雜記》：「相如遂作《大人賦》以獻之，賜錦四匹。」《明史·沈
度傳》：「兄弟並賜織金衣，鏤姓名於象簡，泥之以金。」　才名，見《壽龔芝麓》。張
茂先詩：「乘馬鳴玉珂。」　絹素，見《贈吳錦雯》。皮襲美詩：「半垂金粉知何辭。」
知君門胄本能文，易世遭逢更絕倫。射策紫裘臚唱出，馬蹄不動六街塵。
曲江李杜無遺恨，留取花枝待後人。此承第一段言之，先敘其種第之貴。〇《三
國志·王粲傳》：「父謙，名公之胄。」杜詩：「穉子總能文。」　《漢書·原涉傳》：「易
世矣。」遭逢，見《宮扇》。絕倫、射策，並見《哭志衍》。　盧昇之詩：「青雲蓋兮紫
霜裘。」方回詩：「臚唱曾叨殿上來。」　杜詩：「黃門飛鞚不動塵。」于武陵詩：「徒
染六街塵。」　《國史補》：「進士大宴於曲江亭子，謂之曲江會。」杜詩：「貫穿無遺
恨。」《墨莊漫錄》：「徐遹特奏名魁，戲題云：『留得宮花醒後看。』」《秦中記》：「唐
進士杏園初會謂之探花宴，以少俊二人為探花使。」《明史·選舉志》：「一甲止三人，
曰狀元、榜眼、探花，制所定也。」　按：二句以李、杜之不預曲江宴比二沈，言以科
第待繹堂耳。即今藝苑多供奉，八分草隸清曹重。署額新宮十丈懸，韋郎
體勢看飛動。其餘作者何紛紛，爭來待詔鴻都門。圍棋賭墅王長史，丹
青畫馬曹將軍。此段旁襯，前四句見書法之貴，後四句以雜藝相形。〇韓詩：「藝
苑手秘寶。」供奉，見《王郎曲》。　吾丘衍《學古編》：「八分者，漢隸之未有挑法者
也。」《書輯》：「草書者，後漢徵士張芝所造也。」又：「自程邈以降，謂之秦隸。賈
魴、三倉、蔡邕石經諸作，謂之漢隸。」林寬詩：「門掩清曹曉。」《蜀都賦》：「營新

十三年七月，卒於位，年六十有一，諡文恪。以書名海內三十餘年，被聖祖仁
皇帝特達之遇，日或一再召見，上或自作大書，令題其後，殿庭屏障，皆屬荃
書之。著有《充齋集》。子宗敬，康熙二十八年進士，由翰林院庶吉士累官太
常寺少卿，亦以工書畫名於時。

宮於爽塏〔註2〕。」■《三國志》:「光祿大夫京兆韋誕。」《書斷》:「誕字仲將，善書，題署尤精。魏明帝凌雲臺成，誤先釘榜，未題署，以籠盛誕，轆轤長綆引上，使就榜題，去地二十五丈。」　杜詩:「同病得韋郎。」蔡伯喈《述行賦》:「候風雲之體勢兮。」飛動，見《汲古閣歌》。　杜詩:「晚看作者意。」又:「總角草書又神速，世上兒子徒紛紛。」　待詔，見《讚佛詩》。《後漢書·靈帝紀》:「光和元年春，始置鴻都門學士。」　《晉書·謝安傳》:「苻堅眾號百萬，次於淮肥，京師震恐，安遂命駕出山墅，圍棋賭別墅。」又，《王濛傳》:「王長史語甚不多，可謂有令音。」按:梅村壽余澹心，亦有「賭墅好尋王武子」之句，然濟傳無賭墅事，而亦未為長史也。劉夢得《觀棋歌》:「自從仙人遇樵子，直到開元王長史。」程迓亭曰:「《震澤長語》:『翰林衙門百藝皆可入，故琴工畫史及善奕者皆得待詔其中。』此王長史當指王積薪也。」　杜《丹青引贈曹將軍霸》:「弟子韓幹早入室，亦能畫馬窮殊相。」**君也讀書致上第，傳家翰墨閒遊戲。迸落長空筆陣奇，縱橫妙得先人意。頓挫沉雄類壯夫，雙瞳剪水清矑異。臥疾蕭齋好苦吟，平生雅不為身計。唯留詩句滿長安，清切長宜禁近官。秋雨直廬分手處，忽攜書卷看嵩山。**此正寫繹堂工書能文，克紹家學也。「看嵩山」點出之大梁意。○《唐書·選舉志》:「每問經十條，對策三道，皆通為上第。」傳家翰墨，見《觀通天帖》。遊戲，見《讚佛詩》。　潘安仁《射雉賦》:「倒禽紛以迸落。」唐太宗詩:「夕露結長空。」筆陣，見《觀通天帖》。　縱橫，見《哭志衍》。按:先人謂二沈也。《唐書·杜甫傳》:「至沉鬱頓挫，隨時敏給。」《周書·李弼傳》:「弼性沉雄，有深識。」揚子《法言》:「壯夫不為也。」雙瞳剪水，見《王郎曲》。清矑，見《繁清湖》。　蕭齋，見《後東皋歌》。杜牧之詩:「苦吟誰復聞。」《南史·蕭引傳》:「亦宜少為身計。」　賈閬仙詩:「落葉滿長安。」《宋書·殷浮傳》:「淳居黃門為清切。」《唐書·柳宗元傳》:「引內禁近，與計事。」　直廬，見《汲古閣歌》。沈休文詩:「分手易前期。」　嵩山，見《雒陽行》。**嗚呼！男兒不入即當出，生世諧為二千石。黃紙初除左馮翊，腰間兩綬開顏色。君不見沈侍中，圖書秘閣存家風。匹夫徒步拜侍從，況今淋漓御墨宮袍紅。一麾去聽梁園鐘，軒車路出繁臺東。**繁音婆。**杯酒意氣何雍容，簿領豈足羞英雄。安能低眉折腰事鉛槧，蹉跎白首從雕蟲。**此敘相送之意。○《宋書·劉瑀傳》:「人仕宦，不出當入，不入當出。」《後漢書·周澤傳》:「生世不諧，作太常妻。」《漢書·百官表》:「郡守，泰官，秩二千石。」《南史·羊欣傳》:「人生仕宦，至二千石斯可矣。」　黃紙，見《讚佛詩》。《漢書·百官表》:「右扶風，與左馮翊、

〔註2〕「塏」，乙本作「瑄」。

京兆尹，是為三輔。」　崔顥詩：「腰間帶兩綬，轉盼生光輝。」李詩：「開顏酌美酒。」《梁書・沈約傳》：「字休文。吳興武康人也。遷尚書左僕射，加侍中。」　圖書，見《松鼠》。秘閣，見《汲古閣歌》。家風，見《送杜弢武》。《漢書・公孫弘傳》：「起徒步，數年至宰相，封侯。」按：匹夫徒步，《南史》《齊書》《梁書》皆不載。然史稱其流寓孤貧，則想當然也。侍從，見《東萊行》。　李義山詩：「濡染大筆何淋漓。」張仲舉詩：「詩君留束錦宮袍。」　一麾，見《清風使節圖》。梁園，見《東皋歌》。《莊子》：「軒車不容巷。」繁臺，見《行路難》。　鮑詩：「握君手，接杯酒，意氣相傾死何有。」雍容，見《送施愚山》。《梁書・王瞻傳》：「每飲或竟日，而精神益朗瞻，不廢簿領。」英雄，見《又詠古》。　李詩：「安能摧眉折腰事權貴。」《西京雜記》：「揚子雲好事，常懷鉛提槧。」　蹉跎，見《送何省齋》。雕蟲，見《汲古閣歌》。

通玄老人龍腹竹歌

　　通玄老人來何方，碧瞳頹面拳毛蒼。手披地圖向我說，指點西極天微茫。視彼萬里若咫尺，使我不得悲他鄉。京師公卿誰舊識，與君異國同周行。九州喪亂朋友盡，此道不絕留扶桑。此段點明老人。「異國同周行」是作詩本意。○杜詩：「問我水何方。」　范致能詩：「碧瞳大士何所主。」宋景濂詩：「虬髯頹玉面，九尺長身形。」杜詩：「昔日太宗拳毛騧。」岑參詩：「鬢毛颯已蒼。」《後漢書・鄧禹傳》：「光武舍城樓上，披輿地圖，指示禹。」　李詩：「金鞭遙指點。」《史記》：「《蒲梢天馬歌》：天馬徠從西極。」微茫，見《福源精舍》。《南史・齊竟陵王傳》：「咫尺之間，便覺萬里為遙。」《左傳・襄二十九年》：「吳公子札聘於鄭，見子產，如舊相識。」　李少卿《答蘇武書》：「遠託異國。」《詩》：「示我周行。」　杜詩：「亂離朋友盡。」《山海經》：「暘谷上有扶桑，十日所浴。」床頭示我龍腹竹，夜半風雨疑騰驤。尾燒鱗蛻飛不得，蒼皮倔強膚微張。此中空洞亦何有，得無頷下驪珠藏。漢家使者通大夏，仍來邛蜀搜篔簹。更踰蔥嶺訪異種，攜歸上苑棲鸞皇。此段點名龍腹竹。○床頭，見《宮扇》。　陸務觀詩：「一夜四山雷雨起，滿林無數長龍孫。」《晉書・夏侯湛傳》：「騰驤於四極之外。」　《聞見錄》：「魚躍龍門，雷為燒尾，乃化為龍。」陸士衡《漢高祖功臣頌》：「振威龍蛻。」　蒼皮，見《遇南廂園叟》。《漢書・陸賈傳》：「乃欲以新造未集之越屈強於此。」《集韻》：「強，其亮切。」《宋史・趙鼎傳》：「此老倔強猶昔。」《集韻》：「蓓，渠勿切。」《字典》：「倔強通作屈彊。《史記》作屈彊。」蘇詞：「龍鬚半剪，鳳膺微漲。」　《世說》：「王丞相枕周伯仁郤，指其腹曰：『卿此中何所有？』答曰：『此中空洞無物，然容卿輩數百人。』」　頷下驪珠，見《攀清湖》。《漢

書・張騫傳》:「臣在大夏時，見邛竹枝、蜀布，問安得此。大夏國人曰:『吾賈人往市之身毒國。』」　篔簹，見《清風使節圖》。　《〈漢書・西域傳〉注》:「師古曰:『《西河舊事》云:蔥嶺其山高大，上悉生蔥，故以名焉。』」按:異種字出《後漢書・祭肜傳》。　《史記・始皇紀》:「乃營作朝宮上林苑中。」《南越志》:「羅浮山第三十一嶺半是巨竹，皆七八圍，長有一二丈，有三十九節，葉若芭蕉，謂之龍鍾竹，嘗有鸞鳳棲宿其上。」**我欲裁之作龍笛，水底老蛟吟不得。縱使長房投葛陂，此龍僵臥難扶策。可是天教產竹郎，八荒奇事誰能識。一從海上西南來，中原筱簜多良材。淇園已竭蒼生痛，會稽正採征夫哀。天留異質在無用，任將拋擲生塵埃。**此段是作者詠歎龍腹竹，故與上段不復。○王詩:「樂府裁龍笛。」　劉夢得詩:「照潭出老蛟。」馬季長《長笛賦》:「龍吟水中不見己，伐竹吹之聲相似。」　《後漢書・方術傳》:「費長房者，汝南人也。市中有老翁賣藥，懸一壺於肆頭。及肆罷，輒跳入壺中。長房遂欲求道，於是遂從入深山。長房辭歸，翁與一竹杖，曰:『騎此任所之，則自至矣。既至，可以杖投葛陂中也。』長房乘杖，須臾來歸，即以杖投陂，顧視則龍也。」　僵臥，見《高士圖》。杜詩:「兒扶猶杖策。」　《後漢書・西南夷傳》:「夜郎者，初有女子浣於遯水，有三節大竹流入足間，聞其中有號聲。剖竹視之，得一男兒，歸而養之。及長，有才武，自立為夜郎侯，以竹為姓。」　賈誼《過秦論》:「併吞八荒之心。」　中原，見《贈蒼雪》。筱簜、淇園，並見《清風使節圖》。　《書》:「至於海隅蒼生。」▇▇《爾雅》:「東南之美者，有會稽之竹箭焉。」征夫，見《避亂》。　韓詩:「異質忌處群。」《莊子》:「大木枝葉茂盛，伐木者止其旁而不取也，曰無所可用。」　拋擲，見《臨頓兒》。《莊子》:「塵埃也。」**若有人兮在空谷，束素娟娟不盈帉。盡道腰肢瘦勝肥，此君無乃非其族。雪壓霜欺直幹難，輪囷偃蹇忘榮辱。邴君豈出子魚下，高人磊砢遭題目。玉筍新抽漸拂雲，摩挲自倚東牆曲。苦節長同處士餓，寬心好耐湘妃哭。**前止寫竹之形狀，此段寫竹之性情，有味外之味，是作者身份。○《楚辭》:「若有人兮山之阿。」《詩》:「在彼空谷。」宋玉《登徒子好色賦》:「腰如束素。」娟娟，見《西田詩》。《詩》:「不盈一帉。」　鍾仲偉《詩品》:「瘦故勝肥。」　《國語》:「非是族也，不在祀典。」　白詩:「園花雪壓枝。」孟東野詩:「願從正直節，勿謂霜雪欺。」杜詩:「請君放筆為直幹。」　《史記・鄒陽傳》:「蟠木根柢，輪囷離奇。」《左傳・哀六年》:「彼皆偃蹇。」杜詩:「忘情任榮辱。」　《三國志・華歆傳》:「字子魚。」《魏略》:「歆與北海邴原、管寧俱遊學，三人相善，時人號三人為一龍，歆為龍頭，原為龍腹，寧為龍尾。」《世說》:

「庚子嵩目和嶠森森如千丈松，雖磊砢多節目，有棟梁之用。」《晉書・山濤傳》：「各為題目。」 筍抽，見《松鼠》。杜詩：「階前樹拂雲。」 摩挲，見《行路難》。《後漢書・逄萌傳》：「避世牆東王君公。」 苦節，見《清風使節圖》。 按：寬心即虛中之意。湘妃，見《二十五日遊諸勝》。**吁嗟乎昆崙以外流沙西，當年老子驅青犢。手中竹杖插成林，殺青堪寫遺經讀。君不見猶龍道德五千字，要言無過寧為腹，何可一日無此竹。**此段與起處西極、異國云云相照應，可抵得《行路難》數首也，而以點染出之，故自令人不覺。○《大清一統志》：「崑崙山在肅州西南二百五十里，流沙在沙州衛西。」 劉子政《列仙傳》：「老子姓李，名耳。周德衰，乃乘青牛車去，入大秦，過西關，關令尹喜待而迎之，與老子俱至流沙之西服巨勝，實莫知所終。」 《拾遺記》：「老聃〔註3〕在周之末，唯有黃髮老叟五人，手握青筠之杖，與聃共談天地之數。」《山海經》：「夸父棄其杖，化為鄧林。」殺青，見《茸城行》汗劍注。《史記・老子傳》：「孔子去，謂弟子曰：『吾今日見老子，其猶龍耶？』老子乃著書上下篇，言道德之意五千餘言。」 《管輅別傳》：「可謂要言不煩也。」《老子》：「聖人為腹不為目。」 《晉書・王徽之傳》：「嘗暫寄人空宅住，便令種竹，曰：『何可一日無此君。』」

　　　　附考：章懷《後漢書注》，葛陂在今豫州新蔡縣西北。何顯祖《汝寧府志》：「葛陂府城西南四十里即費長房投杖處，東漢於此置葛陂縣。」按：新蔡縣之西北即府城之西南也，然不止四十里。而呂民服《新蔡縣志》云：「葛陂水在縣北七十里銅陽城。」引《水經注》葛陂東出為銅水，以為非之縣西葛陵也。然銅陽城今屬潁州府阜陽縣，呂志謂今隸鳳陽府潁州，是襲前明舊志之文耳。且即以呂志言之，既書其隸潁州，即不得以潁州之古蹟為新蔡之觀美矣，而畢卓書屋何以仍收於古蹟之內，豈銅陽之屋可復還汝北而葛陵之陂獨割入江南乎？且為卓一人特立放達一門，而於長房之事削而不書，皆不可解，不如從章懷注為允。又，《大清一統志》云：「《明統志》葛陂在府城西南三十里。據《後漢書注》，葛陂在新蔡縣西北。以今地形考之，當在新蔡之北、項城之南，不應在汝陽之西南，疑明志誤。」按：此則呂志以為在潁州，何志以為在府城西南四十里，皆誤也。

送舊總憲龔孝升以上〔註4〕**林苑監出使廣東**《大清會典》：「順治元年，置上林苑監，正七品衙門。」按：《明史・職官志》：永樂六年，始置上林苑監。國初蓋仍其制。龔孝升《送戴經碧太史詩》自注：「予丙申奉使嶺南。」按：丙申，順治十三年也。

〔註3〕「聃」，乙本誤作「時」。
〔註4〕「上」，乙本作「工」。

　　與君對酒庾樓月，君逼干戈我離別。與君藉地燕山草，君作公孤我潦倒。此追敍與孝升相見之地。對酒庾樓，即《壽冀》詩「我同宋玉適來遊」也。藉地燕山，即「重謁三公棨戟前」也。○對酒，見《讚佛詩》。《大清一統志》：「南樓在武昌縣南，又名玩月樓，即今之譙樓。」《世說》：「庾太尉在武昌登南樓，與諸人詠謔。」　藉草，字出《晉書・惠帝紀》。《一統志》：「順天府，宋宣和四年地入於金。五年，歸宋，改為燕山府。」　公孤，見《壽冀芝麓》。潦倒，見《送何省齋》。

亦知窮老應自疏，識君意氣真吾徒。門前車馬多豪俊，躡衣上坐容衰鬢。我持半勺君一斗，我吟一篇君百首。每逢高會輒盡歡，把我新詩不容口。今日他鄉再送君，地角天涯復何有。此承燕山句而申言之，正見聚首之樂。末二句照出送別，又是以上八句反襯末二句也。○窮老，見《遇南廂園叟》。意氣，見《贈李雲田》。　劉孝綽詩：「衡門謝車馬。」《史記・酈生傳》：「沛公時時問邑中賢士豪俊。」　躡衣，見《廿五日》詩躡而上。《史記・高祖紀》：「遂坐上坐，無所詘。」衰鬢，見《送杜弢武》。　汪環谷詩：「半勺滄浪歌濯纓。」一斗，見《行路難》。《史記・屈原傳》：「一篇之中，三致意焉。」按：百首即斗酒百篇意。　高會，見《遇劉雪舫》。杜詩：「興來今日盡君歡。」　新詩，見《贈吳錦雯》。《史記・袁盎傳》：「諸君譽之者皆不容口。」《莊子》：「送君者皆自崖而返，君自此遠矣。」韓文：「一在天之涯，一在地之角。」《一統志》：「天涯亭在廉州府欽州東門北畔。海角亭舊在合浦縣西南華里，明隆慶中遷於廉江西。」山川有靈交有命，延津會合真難定。如君共事曹侍郎，百僚彈壓風裁正。握手論文海內推，交遊京洛聲華盛。秋風吹向越王臺，後先蹤跡誰能信。不見蘭臺連柏府，卻過劍浦來珠郡。相贈雖無陸賈金，相看何必周昌印。此下皆廣孝升之意，而先秋岳相比襯也。○杜詩：「文章有神交有道。」《晉書・張華傳》：「華得寶劍，報雷煥書曰：『詳觀劍文，乃干將也。莫邪何復不至？雖然，天生神物，終當合耳。』煥卒，子華為州從事，持劍行經延平津，劍忽於腰間躍出墮水。使人沒水取之，不見劍，但見兩龍各長數丈，蟠縈有文章。」　古廬江小吏〔註5〕詩：「共事三二年。」《浙江通志》：「曹溶，字潔躬，號秋岳，秀水人。崇禎丁丑進士，官御史。國朝順治間，歷副都御史、戶部侍郎，出為廣東布政使，左遷山西陽和道，裁缺歸里。」《書》：「百僚師師。」《唐書・柳仲郢傳》：「輦轂之下，彈壓為先。」《北齊書・李義深傳》：「幼有風裁。」　握手，見《六真歌》。論文，見《東萊行》。　京雒，見《茸城行》。聲華，見《哭志衍》。　《廣東通志》：「趙佗築臺凡四，一在廣州粵秀山上，

〔註5〕「吏」，乙本誤作「史」。

曰越王臺。」 《通典》:「御史臺亦謂之蘭臺寺。」又:「御史府中列柏樹。」 陳嵩伯詩:「劍浦羅浮東。」《一統志》:「珠池在廉州府合浦縣東南八十里海中。」《吳志》:「孫權黃武七年,改合浦為珠官郡。」 《史記·陸賈傳》:「高祖使陸賈賜尉佗印,為南越王。尉佗賜陸生橐,中裝直千金。」 又,《周昌傳》:「周昌為趙相,既行久之,高祖持御史大夫印,弄之曰:『誰可以為御史大夫者?』」**丈夫豁達開心期,悠悠世上無人知。三仕三已總莫問,一貴一賤將奚為。別君勸君休失意,碧水丹山暫遊戲。客路扁舟好著書,故園九日堪沉醉。烏桕霜紅少婦樓,桄榔雨黑行人騎。**此段就孝升而申言之。「別君勸君休失意」是作詩本旨。○杜詩:「豁達露心肝。」 《史記·汲鄭列傳·贊》:「一貴一賤,交情乃見。」 鮑詩:「怨君恨君恃君愛。」失意,見《蕩子行》。 昭明太子詩:「桂檝蘭橈浮碧水。」阮詩:「朝餐琅玕實,久宿丹山際。」《楊文公談苑》:「碧水丹山,珍木靈草,平生所愛,不覺行路之遠。」遊戲,見《讚佛詩》。 《荊楚歲時記》:「九月九日,士人並藉野飲宴。」沉醉,見《贈家待御》。 《晉西州曲》:「風吹烏桕樹。」《群芳譜》:「烏臼,一名鴉臼。」《正字通》:「烏桕,木名,本〔註6〕作烏格。」王少伯詩:「閨中少婦不知愁,春日凝粧上翠樓。」 桄榔,見《哭志衍》。白詩:「雨黑長楓人。」**獨有飄零老伏生,不堪衰白困將迎。祇因舊識當途〔註7〕少,坐使新知我輩輕。花發羅浮夢君處,躑躅悲歌不能去。**自敘作結,與起處一段迴環映合。○飄零,見《遇劉雪舫》。伏生,見《壽王鑑明》。 衰白,見《送何省齋》。將迎,見《攀清湖序》。《莊子》:「無有所將,無有所迎。」 舊識,見《龍腹竹歌》。當塗,見《送何省齋》。 《楚辭》:「樂莫樂兮新相知。」《晉書·孫綽傳》:「應是我輩語。」 花發羅浮,用《龍風錄》。見《鹽官僧問詩》。《一統志》:「羅浮山在廣州府增城、博羅二縣界。」 文通《別賦》:「知離夢之躑躅。」《古詩》:「悲歌可以當泣。」

　　嚴沆,字子餐。《送龔芝麓使粵東詩》:「直節爭傳亞相賢,投閒上苑領林泉。容棲蓮勺回中日,去問梅花庾嶺天。金殿頻嘶仙仗馬,增江正踮武溪鳶。羅浮山色軺車迥,卻望長安北斗懸。」一。「灞陵衰柳映平蕪,持節爭看汲大大。元老風霜標冀闕,清時雨露下番禺。千山象郡蠻煙合,萬里羊城塞月孤。此去那論河內火,流民應上使臣圖。」

〔註6〕「本」,乙本誤作「木」。
〔註7〕「途」,注及梅村集作「塗」。

雁門尚書行並序

　　《雁門尚書行》，為大司馬白谷孫公作也。公代州人，地故雁門郡。長身伉爽，才武絕人。其用秦兵也，將憑巖關為持久，且固將吏心。秦士大夫弗善也，累檄趣之戰。趣音促。不得已，始出。天淫雨，糗糧不繼，師大潰。潼關陷，獨身橫刀沖賊陣以沒。從騎俱散，不能得其屍。《大清一統志》：「代州，戰國屬趙，置雁門郡。秦因之。」《宋書·樂志》及李長吉、李空同、何大復皆有《雁門太守行》。　《周禮·夏官·大司馬》：「卿一人。」《明史·孫傳庭傳》：「字百雅，代州振武衛人。崇禎十五年正月，起傳庭兵部右侍郎。賊殺陝督汪喬年，帝即命傳庭往代，計守潼關，扼京師上游。而關中頻歲饑，駐大軍，餉乏，士大夫厭苦。傳庭所為，用法嚴，不樂其在秦，相與譁於朝，又相與危語恫脅之。明年五月，進兵部尚書，改稱督師，賜劍，趣戰益急，遂再議出師。」《山西通志》：「傳庭益募勇士開屯田，繕器積粟，令三家出一壯丁，置火車三萬輛，載火炮甲仗，戰則驅以拒敵，止則環以自衛。時關中紳士咸請趣傳庭出關，上〔註8〕亦急平賊，頻責讓。」　長身，見《六真歌》。陳仲眾詩：「上請分伉爽。」　《史記·韓王信傳》：「上以韓信材武。」　嚴關，本《左傳》嚴邑。《戰國策》：「粟不如者，勿與持久。」　《說文》：「累，增也」；「檄，二尺書也。」《史記·項羽紀》：「數使使趣齊兵。」　潼關，見《又詠古》。《水經注》：「河在關內，南流潼激關山，因謂之潼關。」《傳庭傳》：「九月，師次汝州，遂進逼襄城。久雨道濘，糧車不能前，士饑。雨七日夜不止，後軍譁於汝州，賊大至，不得已，還軍迎糧。賊追及之南陽。一日夜，官兵狂奔四百里，至於孟津，死者四萬餘。賊獲督師坐纛，乘勝破潼關，傳庭與監軍副使喬遷、高謹躍馬大呼而沒於陣，傳庭屍竟不可得。」公之出也，自念必死，顧語張夫人。夫人曰：「丈夫報國耳，無憂我！」西安破，率二女、六妾沉於井，揮其八歲兒以去。兒踰垣避賊，墮民舍中。有老翁者，善衣食之。二年，公長子世瑞重趼入秦，得夫人屍，貌如生。老翁歸，以弟相扶還，見者泣下。蓋公素有德秦人云。《傳庭傳》：「初，傳庭之出師也，自分必死，顧語繼妻張夫人曰：『爾若何？』夫人曰：『丈夫報國耳，毋憂我。』及西安破，張率二女三妾沈於井，揮其八歲兒世寧亟避賊去之。兒踰牆，墮民舍中，一老翁收養之。長子世瑞聞之，重趼入秦，得夫人屍井中，面如生。翁歸其弟世寧，相扶攜還。道路見者，知與不知皆泣下。」《莊子》：「百舍重趼而不敢息。」余門人馮君訥生，公同里人，作《潼關行》紀其事。余曾識公於朝，因感賦此什。公死，而天下事以去。然其敗由趣戰，且大

雨、糧絕。此固天意、抑本廟謨，未可專以責公也。公之參佐，惟監軍
道喬公以明經奏用，能不負公。潼關之破，同日死。名元柱，定襄人。
沈歸愚師曰：「馮雪驤，字訥生，山西振武衛人。順治乙未進士。」《傳庭傳》：「傳
庭死而明亡矣。」《宋史·曹彬傳》：「仗天威，遵廟謨。」《三國志·王基傳》：「歸
功參佐。」《山西通志》：「喬遷，高定襄人。由拔貢生授直隸永平府通判，遷陝西鞏
昌府同知、本府知府、按察司副使，監孫傳庭軍事。關城破，挺劍巷戰，大聲呼曰：
『我監軍道喬某也。』手刃數人，知不支，遂伏劍死。」《陝西通志》同。 《漢書·
平當傳》：「以明經為博士〔註9〕。」《唐書·選舉志》：「唐設取士之科，其目〔註10〕
有明經。」 舊說：參軍，序中名元柱，列傳名遷高，互有異同。按：馮訥生《潼關
行序》：「時又有監軍道喬公元柱，定襄人，罵賊伏劍死。」而尤展成《詠明史樂府·
雁門哀》，自注亦作元柱，然當以史及《通志》為據。又，序中作六妾，詩中作七姬，
而史作三妾，亦有異同。〔註11〕

〔註 9〕 「士」，乙本誤作「上」。
〔註10〕 「目」，乙本誤作「日」。
〔註11〕 （清）丁澎《扶荔堂詩文選》詩選卷二《哀潼關並序》（清康熙五十五年文薈
館刻本）。又附載孫傳庭《孫忠靖公遺集》卷末，清咸豐六年代州孫氏刻本）：
序曰：莊烈末造，流寇之亂極矣。振武孫公傳庭，以邊才超擢關西巡撫，遂大
破賊於黑龍山、楊家嶺等處，汧隴之間，寇漸蕩滅。柄國者疾其功，摘稱疾乞
骸骨為罪狀，密疏引唐太宗殺盧祖尚事，欲中以危法。上惜其才，逮繫三年。
及武陵憂怖死，剿事已大壞，特召公便殿，授方略，以督師兼尚書總制，賜劍
璽。公起自圜扉，練兵措餉，旌旗壁壘赫奕，東循至洛陽，所向辟蝗，四路伏
發如破竹，賊遁入郟，望風不敢前。時淫雨忽大澍，馬足陷泥淖幾尺，糧糗稍
至，輒剽掠，賊燄復張，攻益急。議姑退保潼關，以圖恢復，乃追擊，日馳三
百里，潰師懷攜貳，援兵絕，關門不守，遂陷。公知勢不可為，揮刀躍馬出斫
賊，身中流矢，死之。麾下監軍喬元柱力戰，伏刃以殉，秦人無不隕涕。夫人
張氏聞信，知公必死，乃命二女三妾赴深井中，囑乳媼攜兒世寧去，亦躍入井，
兒匿隣叟家，獲全。今世寧洊會稽，亟來乞余紀其事，嗚咽不禁，因作此歌。
尚書代郡之偉人，傳征秉鉞來西秦。獅頭璞鎧來細鱗，旌旗蔽野楯弩新。赤眉
銅馬方橫陳，驍渠摧折丈八矠。黑谷洗兵蠛塊淪，棄甲倒戈若奔猋。太華孟門
失嶙峋，白日墮地光作燐。貘貐殱蕩風掃塵，權奸肆嫉柄國鈞。一疏排陷景狐
臣，朝廷拊髀起寇恂。誓師關外一旅振，鼠子宵遁乘郟屯。洛陽銅駝突怒嗔，
霮濧澒洞浹兩旬。委糧露積盈萬囷，天狼夜吼匜河漘。鼓聲半死還吠唁，國殤
啾啾泣蒼。退保函谷據重闉，城門不啟敗將嗔。城下陷勢如抱薪，手拍赤虬搏
火輪。揮刀仰天辭北宸，英風毅魄為明神。喬監力戰創滿身，寧武罵賊刻兩
齦。公之參伍多絕倫，卓哉忠義亦以均。夫人堂上芙蓉紉，從之者誰紛眾嬪。
梧楸智井通渭津，佩環窈窕骨白蘋。復壁藏兒祀勿湮，前朝遺事垂貞瑉。蕭蕭
風雨荊與榛，隴山鸚鵡愁青春，至今痛哭咸陽民。

　　雁門尚書受專征，登壇顧盼三軍驚。身長八尺左右射，坐上咄吒風雲生。家居絕塞愛死士，一日費盡千黃金。讀書致身取將相，關西鼠子方縱橫。此段從尚書受命督師說起，而追言其才武愛士，正值闖寇縱橫之時也。愛死士暗照末段養士意。○專征，見《夜宿阜昌》。　登壇，見《送杜弢武》。《後漢書·馬援傳》：「援據鞍顧盼，以示可用。」《史記·淮陰侯傳》：「齋戒，設壇，具禮。至拜大將，乃信也，一軍皆驚。」　《隋書·虞慶則傳》：「身長八尺，有膽氣，左右馳射。」《梁書·元帝紀》：「叱吒則風雲興起。」　杜詩：「絕塞愁時早閉門。」《左傳·哀十六年》：「吾聞勝也，好復言而求死士。」　千黃金，見《遇劉雪舫》。　致身，見《壽龔芝麓》。韓詩：「往取將相酬恩讎。」　岑參詩：「弓抱關西月。」《三國志·董卓傳》：「關東鼠子，欲何為耶？」長安城頭揮羽扇，臥甲韜弓不忘戰。持重能收壯士心，沉幾〔註12〕好待凶徒變。忽傳使者上都來，夜半星馳馬流汗。覆轍寧堪似往年，催軍還用松山箭。尚書得詔初沉吟，蹶起橫刀忽長歎。我今不死非英雄，古來得失誰由算。此段言尚書欲謀定後戰而催詔數至也。○《語林》：「諸葛武侯捉白羽扇，指揮三軍。」　《唐書·陳少游傳》：「韜戈卷甲，佇候指揮。」《漢書·主父偃傳》：「天下雖平，忘戰必危。」　持重，見《蟋蟀盆歌》。《史記·仲尼弟子傳》：「蒲多壯士。」　《後漢書·光武紀·贊》：「沈幾先物。」凶徒，見《哭志衍》。　班孟堅《西都賦》：「作我上都。」　《北史·段永傳》：「若星馳電發。」《史記·司馬相如傳》：「流汗相屬，惟恐居後。」　《新論》：「無覆轍之敗。」　《明史·陳新甲傳》：「錦州被圍久，總督洪承疇集兵數萬援之，帝召新甲問策，遣職方郎張若麒面商於承疇，若麒未返，新甲請分四道夾攻承疇，以兵分力弱，意主持重以待。帝以為然，而新甲堅執前議。若麒素狂躁，見諸軍稍有斬獲，謂圍可立解，密奏上聞，新甲復貽書趣承疇。承疇激新甲言，又奉密敕，遂不敢主前議。若麒益趣諸將進兵，諸將以八月次松山，為我大清兵所破，大潰，士卒死亡數萬人。若麒自海道遁還。」又，《邱瑜傳》：「因召對，言督師孫傳庭出關，安危所繫，慎勿促之輕出，俾鎮定關中，猶可號召諸將，相機進剿，帝不能從。」又，《金毓峒傳》：「孫傳庭治兵關中，吏民苦徵繕，日夜望出關，天子亦屢詔督趣。毓峒獨謂將驕卒悍，未可輕戰。抗疏爭，帝不納。」別詳《松山哀》。　沉吟，見《送何省齋》。　《禮》：「子夏蹶然而起。」橫刀，見《葺城行》。　英雄，見《又詠古》。椎牛誓眾出潼關，墟落蕭條轉餉難。六月炎蒸驅萬馬，二崤風雨斷千山。雄心慷慨宵飛檄，殺氣憑陵老據鞍。掃籜謀成頻撫劍，量沙力盡為傳飧。此段言尚書戰數有功而糧弗能繼也。○

〔註12〕「幾」，《梅村集》作「機」。

《史記・馮唐傳》：「五日一椎牛，饗賓客軍吏舍人。」《〈書・泰誓〉傳》：「大會以誓眾。」　墟落，見《茸城行》。蕭條，見《遇南廂園叟》。《漢書・高帝紀》：「老弱罷轉餉。」　庾詩：「五月炎蒸氣。」萬馬，見《遇南廂園叟》。　《綱目質實》：「崤山在河南府永寧縣北六十里。」《綱目集覽》：「東崤至西崤三十五里。」《左傳・僖三十二年》：「崤有二陵焉。其北陵，文王之所避風雨也。」千山，見《贈願雲師》。　雄心，見《六真歌》。慷慨，見《哭志衍》。杜詩：「處處喧飛檄。」　《月令》：「仲秋之月，殺氣浸盛。」《左傳・襄二十五年》：「以憑陵我敝邑。」　《晉書・載記》：「苻堅曰：『鼓行而摧遺晉，若商風之隕秋籜。』」黃魯直詩：「掃籜筍迸地。」《鬼谷子》：「慮深遠則計謀成。」　《南史・檀道濟傳》：「道濟夜唱籌量沙，以所餘少米散其上。」高達夫詩：「力盡關山未解圍。」《史記・淮陰侯傳》：「令其裨將傳飧。」**尚書戰敗追兵急，退守巖關收潰卒。此地乘高足萬全，只今天險嗟何及。蟻聚蜂屯已入城，持矛瞋目呼狂賊。戰馬嘶鳴失主歸，橫屍撐距無能識。烏鳶啄肉北風寒，寡鵠孤鸞不忍看。願逐相公忠義死，一門恨血土花斑。**此段言潼關潰，西安破，而尚書死事，家人從義也。○《山西通志》：「九月，師次汝州，偽都尉李養純降。諜報賊老營在唐縣，偽將吏屯寶豐。傳庭遣將襲唐縣，而自趨攻寶豐。自成來援，白廣恩、高傑夾擊，再戰，自成敗走，遂克寶豐，他將亦克唐縣。師次郟縣，賊萬騎逆戰，復大破之，軍聲大振。會天久雨道濘，糧車不能前，攻破郟縣，裁得馬螺數百，殺食之。」追兵急，見《行路難》。　巖關，見《序》。■■〔註13〕《左傳・文三年》：「民逃其上曰潰。」　《唐書・王世充傳》：「乘高馳下，壓其營。」《史記・黥布傳》：「可以萬全。」　《易》：「天險不可升也。」《詩》：「何嗟及矣。」　退之《送鄭尚書序》：「蜂屯蟻聚，不可爬搜。」《三國志・典韋傳》：「但持長矛撩戰。」瞋目，見《行路難》。杜詩：「去年南行討狂賊。」　庾詩：「猶言乘戰馬。」《宋史・謝枋得傳》：「張孝忠中流矢死，馬奔歸，枋得坐敵樓見之，曰：『馬歸，孝忠敗矣。』」　張茂先詩：「虎步蹈橫屍。」蔡文姬詩：「屍骸相掌拒。」《山西通志》：「傳庭與傑以數千人走河北，從山西渡河，轉入潼關，傑請徑入西安。傳庭曰：『賊一入關，則全秦糜沸，秦人尚為我用乎？』不納。十月六日，自成攻關，傳庭登陴固守。賊分兵從南山邏出其背夾攻，關城遂陷。傳庭奮躍馬，揮刀大呼，衝入賊陣戰死。」　《莊子》：「在上為烏鳶食。」李詩：「烏鳶啄人腸，銜飛上掛枯樹枝。」元詩：「啄肉寢其皮。」　白詩：「暗鏡對孤鸞，哀絃留寡鵠。」張正言詩：「多恐君王不忍看。」　王仲宣詩：「相公征關右。」《唐書・馬周傳》：「可為者惟忠義而已。」　李義山詩：「恨血千年土中碧。」

───────────

〔註13〕「序■■」，天圖本、讀秀本作「哭志衍」。稿本墨丁作空格。

李長吉詩：「三十六宮土花碧。」**故園有子音書絕，勾注烽煙路百盤。欲走雲中穿紫塞，別尋奇道訪長安。長安到日添悲哽，繭足荊榛見眢井。轆轤繩斷野苔生，幾尺枯泉浸形影。永夜曾歸風露清，經秋不化冰霜冷。二女何年駕碧鸞，七姬無冢埋紅粉。**此段言公子重趼入秦，天人女姬貌並如生也。○李詩：「音信千里絕。」　《明史・地理志》：「代州勾注山在西，亦曰陘，亦曰雁門山。」范致能詩：「迴腸山百盤。」　《山西通志辯證》：「大同之號雲中郡也，其說兆於後周，昉於唐，而遼《西京志》又從而實之。」明遠《蕪城賦》：「北走紫塞雁門。」《古今注》：「秦築長城，土色皆紫。漢塞亦然。故稱紫塞焉。」　《史記・吳王濞傳》：「兵屯聚而西，無他奇道。」　《北史・虞世基傳》：「世基食輒悲哽。」　《戰國策》：「足重繭而不休息。」注：「足傷皮皵，如蠶繭也。」荊榛，見《又詠古》。《左傳・宣十二年》：「目於眢井而拯之。」林《注》：「井無水也。」轆轤，見《琵琶行》。賈閬仙詩：「短褐身披漬野苔。」　《後漢書・耿恭傳・贊》：「枯泉飛液。」《三國志・陳思王傳》：「形影相弔。」　謝靈運《羅敷山賦》：「發潛夢於永夜。」陶詩：「淒淒風露交。」　張見賾詩：「別路已經秋。」《淮南子》：「化者復歸於無形也，不化者與天地俱生也。」李文山詩：「冰霜凜規則。」　吳彩鸞詩：「應得文簫駕彩鸞。」　按：序云六妾而詩引七姬，蓋用元紹妾事，則上句二女亦借用《虞書》字也。《蘇州府志》：「七姬廟在元和縣賽金巷，祀元左丞潘元紹妾程氏、瞿氏、徐氏、羅氏、卞氏、彭氏、段氏。明太祖兵破蘇州，七人同日自經死。七姬墓在郡城東北隅潘家後圃。張羽有《七姬權厝志》。」紅粉，見《贈李雲田》。**複壁藏兒定有無，破巢窮鳥問將雛。時來作使千兵勢，運去流離六尺孤。傍人指點牽衣袂，相看一慟真吾弟。訣絕難為老母心，護持始識遺民意。回首潼關廢壘高，知公於此葬蓬蒿。沙沉白骨魂應在，雨洗金瘡恨未消。渭水無情自東去，殘鴉落日藍田樹。青史誰人哭薛碑，赤眉銅馬知何處。**此段言公子與八歲兒扶攜以歸，而尚書屍竟不可得也。渭水四句是作者詠歎語。○複壁，見《又詠古》。　破巢，見《哭志衍》。《後漢書・趙壹傳》：「竊為《窮鳥賦》一篇。」《晉書・樂志》：「《鳳將雛》者，舊曲也。應璩《百一詩》云『言是鳳將雛』，則其來久矣。」　《隋書・越王侗傳》：「往屬時來。」《漢書・薛宣傳》：「吏民言令治行煩苛，適罰作使千人以上。」《晉書・荀組傳》：「給千兵百騎。」　運去，見《讀西臺記》。　指點，見《龍腹竹歌》。牽衣，見《閬州行》。　李詩：「相看兩不厭。」《史記・聶政傳》：「其是吾弟與？」　訣絕，見《送何省齋》。《聶政傳》：「臣幸有老母。」　《唐書・劉禹錫傳》：「應有神物護持。」　皇甫茂政詩：「回首姑蘇是白雲。」廢壘，見《過南廂園叟。》　《左傳・昭十六年》：「斬

之蓬蒿藜藿。」 杜牧之詩:「折戟沉沙鐵未銷。」白骨,見《閬州行》。 岑參詩:
「昨夜秋雨洗。」《宋書·武帝紀》:「以虎魄治金創。」《一統志》:「渭水在西安府北。」
杜詩:「清渭無情極,愁時獨向東。」蘇詞:「無情汴水自東流。」 黃庚詩:「數黑殘
鴉雜雁飛。」《一統志》:「藍田縣在西安府東南九十里。」 青史,見《又詠古》。王
介甫詩:「細磨碑蘚認前朝。」 《後漢書注》:「赤眉賊帥樊崇等。銅馬賊帥東山荒禿、
上淮況等。」嗚呼!**材官鐵騎看如雲,不降即走徒紛紛。尚書養士三十載,
一時同死何無人,至今唯說喬參軍。**末段責同死者少,正以見參軍可貴也。煙
波無盡,方振得全篇起。○《漢書·韓安國傳》:「安國為材官將軍。」應劭曰:「材官,
有材力者。」鐵騎,見《琵琶行》。李少卿《答蘇武詩》:「猛將如雲。」 《魏書·鄭
羲傳》:「張超食已盡,不降當走。」杜詩:「世土兒子徒紛紛。」 養士,見《茸城
行》。 同死,見《臨江參軍》。 李涉詩:「逢人唯說岷山碑。」

　　　　王貽上曰:「梅村作《雁門行》,云:『至今唯說喬參軍。』悔菴云:『襄陽並
　　殺邱公子。』孫公得此二人,可不憾矣。」 陸雲士曰:「《雁門尚書》篇以龍門
　　之筆行之韻語,洵詩史也。梅村先生長歌甚多,率皆《琵琶》、《長恨》之遺,然
　　用意每隱於使事,亦是詩家一二病,未有清真精勁。若此章者,末句補出參軍,
　　大傳中藏一小傳,真一語千鈞矣。」 原評。孫公先擒高迎祥,後幾滅李自成,
　　當時可倚以平賊者,惟盧忠烈公與孫公。自二公為權臣所抑,先後死,而明遂亡
　　矣。詩中詳敘生平,與本傳表裏。惟公之敗也,由於權倖催戰,軍無見糧,又大
　　雨七日夜不止,此大關係。詩中再醒出幾語,尤能動人。 雁門尚書曾賦《歸興》,
　　云:「風塵事事不堪論,回首雲山斷客魂。四海勞民皮已盡,三年傲吏骨猶存。
　　倦思縮地歸南墅,愁欲呼天賦北門。奄忽故園春又幕,空教青鬢負華樽。」此詩
　　載《垂棘編》。惻怛之思,骯髒鬱之氣,溢於言表,可以想見其為人。

贈馮訥生進士教授雲中《山西通志》:「訥生,代州人,方伯如京子也。就大同
教授,歷四川提學僉事。」

　　**并州馮郎長吳越,桐江風雪秦淮月。不烹羊酪敵蓴羹,肯拈蘆管吹
桃葉。**起四句言訥生北人而長於南也。○《周禮·職方氏》:「正北曰并州。」《一
統志》:「太原府,周并州域。」又:「代州屬太原府。雍正二年,升為直隸州。」《史
記·馮唐傳》:「為中郎署長。」此借用。 《大清一統志》:「浙江入桐廬縣界,流九
十里,至桐君山下,合桐溪,亦曰桐江。」又:「秦淮經上元縣東南,入通濟門,橫
貫江寧府城中,西出江寧縣三山水門。」別見《閬州行》。 《世說》:「陸機詣王武

子，武子前置數斛羊酪，曰：『卿江東何以敵此？』陸云：『有千里蓴羹，但未下鹽
豉耳。』」　《樂府雜錄》云：「宣宗善吹蘆管，自製此曲。」王叔齋《籥紀》：「邊笳
者，胡人捲蘆葉吹之作聲也。」《六朝事蹟》：「桃葉渡在秦準口。桃葉者，晉王獻之
愛妾名也，其妹曰桃根。獻之詩曰：『桃葉復桃葉，渡江不用楫。』不用楫者，謂橫
波急也。常臨此渡歌送之。」**才同顧陸與溫邢，俠少風流擅絕倫。名士有誰**
甘作諾，丈夫何必尚專城。四句引起教授。○左太沖《吳都賦》：「顧陸之裔。」
《北齊書·邢邵傳》：「與濟陰溫子昇為文士之冠，世論謂之溫邢。」　《吳志·魯肅
傳》：「將輕俠少年百餘人。」《後漢書·樊英傳·論》：「漢世之所謂名士者，其風流
可知矣。」絕倫，見《哭志衍》。　《南史·張緒傳》：「嘗私謂人曰：『一生不解作諾。』
有以告袁粲、褚彥回者，由是出為吳卿太守。」　專城，見《攀清湖》。**乞得一氈**
還故土，欲化邊人作鄒魯。余笑謂君且歸去，不信廣文今廣武。絳帳懸
弓設豹侯，講堂割肉摻鼉鼓。擊磬新調塞上歌，投壺卻奏軍中舞。文籍
先生上谷儒，遊閒公子河東賈。亂定初聞闕里鍾，時清不用平城弩。雁
門太守解將迎，馬邑名豪通訓詁。烏桓年少挾雕弧，射得黃羊供束脯。
此段點明教授而以雲中作渲染也。○《晉書·王獻之傳》：「青氈我家舊物。」陳敬
初詩：「肯使先生老一氈。」故土，見《行路難》。　梁簡文帝《請入學表》：「鄒魯
之鄉可貴。」　《唐書·鄭虔傳》：「上增國學，置廣文館以居賢者，令後世言廣文博
士自君始，不亦美乎？虔乃就職，時號鄭廣文。」《一統志》：「廣武故城在代州西十
五里。」《山西通志》：「廣武城在馬邑縣南八十里。」張如哉曰：「廣武在代州西北
五十五里，《統志》誤。」　《後漢書·馬融傳》：「常坐高堂，施絳紗帳，前授生徒，
後列女樂。」《侯鯖錄》：「月如懸弓，少雨。」《周禮·天官·司裘》：「王大射則共虎
侯熊候豹侯，設其鵠。」　《後漢書·禮儀志》：「養三老五更，皆齋於太學講堂。」
《史記·陳丞相世家》：「方其割肉俎上之時，其意固已遠矣。」《古歌》：「邊城宴開
漁陽摻，黃塵蕭蕭白日暗。」徐鍇曰：「漁陽摻者，音七鑒反，三撾鼓也。」鼉鼓，
見《楚南生行》。　《後漢書·桓榮傳》：「詔諸生雅吹擊磬。」《齊書·蘇侃傳》：「太
祖作塞客吟，曰：『粵擊秦中之築。』因為塞上之歌。」　《禮》：「投壺之禮，主人
奉矢，司射奉中，使人執壺。」《後漢書·祭遵傳》：「遵為將軍，取士用儒術，對酒
設樂，必雅歌投壺。」《史記·項羽紀》：「軍中無以為樂，請以劍舞。」　《晉書·王
沈傳》：「號沈為文籍先生。」《一統志》：「宣化府，秦上谷郡地。」按：國初，宣化
隸山西。《漢書·貨殖傳》：「宛孔氏之先〔註14〕，梁人也。因通商賈之利，有遊閒

────────────

〔註14〕「先」，乙本誤作「光」。

公子之名。」《北史·魏宗室傳·贊》:「河東俗多商賈。」 《南史·循吏傳·序》:「及定亂之始,仍下寬書。」《一統志》:「闕里在曲阜縣城中。」 李少卿《答蘇武書》:「策名清時。」《綱目質實》:「平城,秦之縣名,屬雁門郡,故城在大同府城東五里。」《一統志》:「平城在大同縣北。」 雁門守,詳《送紀伯紫往太原》。將迎,見《謷清湖》。 《通鑑綱目》:「漢武帝元光二年,雁門馬邑豪聶壹。」《史記》作「聶翁壹」。名豪,見《葺城行》。訓詁,見《哭志衍》。《一統志》:「烏桓故地,本東胡也,或處漠南塞,散居緣邊諸部。」張道濟詩:「雕弧月半上。」 《唐書·張說傳》:「吾肉非黃羊不畏其食。」《雞肋編》:「關右塞上有黃羊,無角,色同麞鹿。」《淮南子》:「越宣孟以束脯免其軀。」**男兒作健羞幏屐,拂雲堆上吹橫笛。低頭博士為萬卷,撫掌封侯空四壁。憶昔扁舟醉石頭,別來幾夢南徐客。隱囊塵尾燒卻盡,長鋏純鉤看自惜。學就吳趨恐未工,注成晉問無人識。**前四句就雲中教授而申言之,與「何必尚專城」一段相應。後六句回寫舊遊,與并州、吳越相應。○男兒作健,見《哭志衍》。《北史·邢巒傳》:「蕭深藻幏屐少年。」杜牧之詩:「拂雲堆上祝明妃。」《一統志》:「拂雲堆在吳喇忒旗西北一百九十里,蒙古名烏朱爾插漢。」張見賾詩:「還同橫笛吹。」 低頭,見《讀史雜詩》。《漢書·百官表》:「武帝建元五年初,置五經博士。」 《晉書·劉惔傳》:「一坐撫掌大笑。」封侯,見《又詠古》。四壁,見《送周子俶》。 石頭,見《哭志衍》。 《綱目摭實》:「晉於淮南僑立徐州,又分淮北為北徐州。劉宋改北徐州為徐州,而加淮南徐州曰南徐州。」 隱囊,見《後東皋歌》。《南史·陳顯達傳》:「塵尾蠅拂,是王〔註15〕謝家物,不須捉此自隨,即取於前燒除之。」《戰國策》:「馮煖曰:『長鋏歸來乎!』」《越絕書》:「客有能相劍者,名薛燭,越王召而問之曰:『吾有寶劍五,請以示之。』乃召掌者取純鉤。」 吳趨,見《王郎曲》。《晉書·王羲之傳》:「若猶以前事為未工。」 柳子厚《晉問》:「吳子問於柳先生曰:『先生晉人也,晉之故宜知之。』曰:『然。』『然則吾願聞之,可乎?』曰:『可。』」**嗚呼!五湖煙水憶鱸魚,落木天高好寄書。塞雁不歸花又發,故人消息待何如。**此足上文之意而欲訥生寄聲通問也。○溫飛卿詩:「五湖煙水獨忘機。」《世說》:「張季鷹辟齊王東曹掾,在洛見秋風起,因思吳中菰菜羹、鱸魚膾。」 落木,見《送何省齋》。杜詩:「風急天高猿嘯哀。」盧仝詩:「回雁峰前好寄書。」 杜詩:「塞雁一行鳴。」■〔註16〕薛元卿詩:「人歸落雁後,思發在花前。」

〔註15〕「王」,續修四庫本誤作「主」。
〔註16〕「杜詩:『塞雁一行鳴』」■,天圖本、讀秀本作「劉商詩:『春暮塞鴻歸』」。

雕橋莊歌並序

　　高邑趙忠毅公為《雕橋莊記》曰：「吾郡梁太宰有雕橋莊，在郡西十五里大茂諸山之東，前臨滹沱、西韓二水，東為大門，表之曰尚書里，有樓曰蓮渚仙居，有堂曰壽槐。槐可四十圍，相傳數百年物。太宰功成身退，徜徉於此者二十年。今其孫慎可讀書其中，自號為西韓生云。」此忠毅家居時所作也。《畿輔通志》：「雕橋在正定縣城西十五里韓河上。」《名勝志》：「橋下有穴十數，狀似雕鑿，泉湧不息，環流於城，故名。」梅村《梁西韓墓誌》：「先業在雕橋莊，有古柏四十圍，趙忠毅嘗過而憩焉。」《明史・趙南星傳》：「字夢白，高邑人。代張問達為吏部尚書。魏忠賢矯旨，責南星等朋謀結黨，南星求去。復矯旨，切責放歸。尋以汪文言獄詞連及，戍南星代州。莊烈帝登極，有詔赦還。巡撫牟志夔，忠賢黨也，故遲遣之，竟卒於戍所。崇禎初，贈太保，諡忠毅。」《明史・梁夢龍傳》：「字乾吉，真定人。嘉靖進士。神宗十年六月，吏部尚書王國光劾罷夢龍，代其位，致仕，家居十九年卒。天啟中，趙南星頌其邊功，贈少保。崇禎末，追諡貞敏。」《一統志》：「大茂山在正定府阜平縣東北七十里。」《畿輔通志》：「西韓河在正定縣西二十里，源出大鳴泉，西南流入滹沱。」　按：《序》曰槐可四十圍，《墓誌》曰古柏四十圍，疑是兩樹。然以詩徵之，當從槐字。〔註17〕　《史記・蔡澤傳》：

〔註17〕　（明）趙南星《趙忠毅公詩文集》文集卷十二《雕橋莊記》（明崇禎十一年范景文刻本）：

　　夫士處山林之中，有用之則仕於朝，不用則復歸於山林。《莊子》曰：「山林皋壤，使我欣欣然而樂。」故君子進退無不樂也。人之能知此樂者，必其福慧具足者也。夫山林者，天地之有也，盈天地間皆是也。舜同居於木石，孔協性於山梁，所在皆吾之有也。彼夫巖岫之奇崛也，群木之秀蔚也，草花之貴妍也，流泉之清泚也，沙汭之瑩而石磽之突也，斯亦可為欣欣也。而況大雲之為大觀乎，小雲之呈微巧乎，千變萬態而莫能圖乎，而況大風之颼颼乎，小風之泠泠乎，長風之飂飂乎！迨大山虛樹默，眾禽弄吭，咽哳爭鳴，忽而流鶯一囀，莫不自憎其拙也。此皆天地之所有，而吾之所以暢心神、娛耳目者也，不必其為我有也。然人既有之，我不能不有，則惟誅鋤荒薉，小小繕築而遊處焉耳。乃有起瓊樓，構香閣，周以廊廡，雕甍繡戶，多其曲折，入者莫知其所之。臺榭池亭，遊讌多所，而又博求奇花異石、珍禽怪獸以物之。物惟其遠，不問其土性；費惟其多，不必於成趣。此夫錢財流溢無所容，而用之以矜炫鄙俗者也。嗟乎！山林之樂，固不易知，亦無怪其然也。

　　吾郡梁太宰有雕橋莊，在郡西十五里大茂諸山之東，前臨滹沱、西韓。西韓者，今稱周河者也。往真定令周公應中濬渠，教民種稻幾千畝，迄今利之，故稱周河。北人謂水皆曰河也。東為大門，開府李公盛春表曰尚書里。入門則佃戶列居，其西為場，其西為別墅之大門，上有樓，登而南望，有蓮渚焉。當盛開時，丹華照水，芳氣與薰風俱來，太宰楊公巍題曰蓮渚仙居。入其中，有堂

「成功者退。」 退之《送李愿歸盤谷序》:「終吾生以徜徉。」《西韓墓誌》:「公諱維樞,字慎可,別號西韓生,正定人。其先徙自蔚州。七世至太宰,真敏公始大。」公後拜吏部尚書,視梁公以同郡為後繼,竟因黨禍戌代州死。慎可以孝廉入中翰,余始識之,知其為趙公交,尋以齟齬去,相別十餘年。今起官水部,家門蟬冕,當代莫與比焉。余以其名山別墅,亂後獨全,高門遺老,晚節最勝,雕橋盛事,自太宰以來百餘年於此矣,是可歌也。為作《雕橋莊歌》。《西韓墓誌》:「夢白者,高邑趙忠毅公,隆、萬中所推真定兩太宰也。時以小選家居講道,指授生徒。公執經往侍,遂為入室弟子。久之,用吏部銓考,授內閣撰文中書舍人,擢任工部主事,從尚書吳橋范文貞公請也。」《太玄經》:「其志齟齬。」《西韓墓誌》:「余與公定交於先朝,比去京師十五年,宿素已盡。」《南史·何遜傳》:「天監中,兼尚書水部郎。」按:工部有都水清吏司。 《池北偶談》:「真定梁公清寬、清遠、清標兄弟相繼為吏部侍郎。清標歷戶、禮、兵、刑四部尚書,大拜。清寬、清標皆給事中維本子。清遠,山東僉事維樞子。皆前史部尚書夢龍曾孫。」

曰壽槐,以堂前古槐可四十圍,相傳數百年物。其後為長廊,西有諼院,為藏書之室,顏曰讀書處。東有挹蘭齋,懸籥以待賓客者也。其後地甚幽曠,蒔植花木,有臺,臨以軒。出大門,踰官道,橋木千章,池水經其中,過一堤,為西韓之水,望之皆水也,皆竹也。於是有高林館,有韓河館,有淨深亭,此雕橋莊之梗槩也。太宰之別業僅如此,遊之須臾而盡,無可以駭睹聞、侈談說者,則所謂誅鋤荒薉,小小繕築而遊處焉者也。太宰功成身退,於此明農,於此讀書,時而乘屐獨往,遇樵童野叟,欸語問勞,或故舊親戚,四方之詞客相訪者,則相與登臺泛舟,稱觴詠詩,其樂也至足矣。夫太宰,達人也,見太虛之寥廓,不以尺寸自封也;任造物之太素,不醜之以藻飾也;服化工之極奇殊巧,不敢與之爭也。以是為山林,而忘其為吾之別業也。此山林之真者也,而別業之大者也。蓋吾郡有古槐二焉:其一在南官,有大槐館;其一則梁公得之,而雕橋之槐伯乎南官。南官者,枝葉扶疎;而雕橋者,亭亭直上,有正人之度。夫槐,非散木也。古者外朝之位,三公面三槐。槐者,懷也,能懷來人也。恒山自古多兵燹,此木歷數百年,巋然長存,非獨其性質之堅貞,亦其所得於二儀七曜之精華多矣,其神明足以自衛也。然南官者,乃在城市之內,公署之中,冠蓋之所遊,鳴騶之所眂,不若其在雕橋者,居壙埌之野,得梁公為之主人,其幸多矣。梁公往矣,公孫慎可讀書其中,自號西韓生,少年脫穎,非久淹山林者。然其人韻況閒遠,是可與言山林者也。可與言山林,而後可為廊廟之器,則余之所深望於慎可者也。慎可屬余為記。太宰功在國家,未老而抽身夷猶,徜徉於雕橋莊者二十年,進則若忘其家,退則若忘天下,非古之所稱達人者耶?公固不自知其樂也。世之人固有垂老服官,遂與山林長辭者,忘孔氏之戒,失當年之娛,其視公何啻疏屬之與懸解哉?余受公之知最深,晚年同在里中,相與最久,情好彌篤,至命眾甫兄弟從余遊,暨慎可兄弟而三世矣。余安所得此意者,以其稍能靜於山林哉?夫雕橋莊固宜有余言也。

《南齊書・庾杲之傳》：「杲之為蟬冕所照，更生風采。」別墅，字出《晉書・謝安傳》。《史記・樊酈傳・贊》：「吾適豐沛，問其遺老。」　晚節，字出《史記・外戚世家》。

常山古槐千尺起，雕橋西畔尚書里。偃蓋青披大茂雲，扶疏響拂韓河水。水部山莊繞碧渠，彈琴長嘯脩篁裏。今年相見在長安，據鞍卻笑吾衰矣。盡道新枝任棟梁，不知老幹經風雨。從雕橋莊直起，而以古槐點染生姿。「吾衰矣」暗照篇末「頭白尊前」意。○《綱目質實》：「常與恒同山，在正定府曲陽縣西北一百四十里。」《隋書・房陵王勇傳》：「古槐尤堪取火。」　《墨客揮犀》：「蘇伯材奏議云：凡欲松偃蓋極，不難栽時，當去松中大根，惟留四旁鬚根，則無不偃蓋。」陸士衡《連珠》：「披雲看霄。」　《韓非子》：「木枝扶疏，將塞公閭。」李公垂詩：「海燕參差拂水回。」　陳去非詩：「門前流水過，春意滿渠碧。」王詩：「獨坐幽篁裏，彈琴復長嘯。」　據鞍，見《雁門尚書行》。　張見賾《衰桃賦》：「風落新枝。」《晉書・孫楚傳》：「但永無棟梁用耳。」　戴復古詩：「老幹百年久。」自言年少西韓生，幽并豪俠皆知名。酒酣箕踞聽鼓瑟，射麋擊兔邯鄲城。天生奇質難自棄，一朝折節傾公卿。「自言」二字直貫篇末。此段言西韓年少任氣，而以「折節傾公卿」引起高邑也。○幽并，見《遇劉雪舫》。　酒酣，見《贈吳錦雯》。箕踞，見《行路難》。　杜詩：「野飯射麋新。」《漢書・賈山傳》：「擊兔伐狐。」《一統志》：「邯鄲故城在今邯鄲縣西南。」　白詩：「天生麗質難自棄，一朝選在君王側。」　《戰國策》：「主折節以下其臣。」當時海內推高邑，趙公簡重稱相得。才地能交大父行，戶浪切襟期雅負名賢識。公曾過我讀書處，笑倚南樓指庭樹。歸田太宰昔同遊，廿載林泉共來去。此是君恩憂老臣，後來吾輩應難遇。此段從傾公卿側出高邑，而言高邑曾遊此莊，並述高邑語也。○《一統志》：「高邑縣在趙州西南五十里。」　《後漢書・孔融傳》：「河南尹李膺以簡重自居。」《史記・魏其侯傳》：「相得驩甚。」　才地，見《蕭史青門曲》。《史記・鄭當時傳》：「其遊知交皆其大父行，天下有名之士也。」　杜詩：「時赴鄭老同襟期。」名賢，見《送何省齋》。　南樓，見《送志衍入蜀》。《古詩》：「庭中有奇樹。」　歸田，見《贈家侍御》。《北史・韋夐傳》：「所居之地，枕帶林泉。」　《戰國策》：「左師觸聾曰：『老臣病足。』」　吾輩，見《送龔孝升》。■每思此語輒泫然，知己投荒絕塞天。同是冢臣恩數異，傷心非復定陵年。黃巾從此成貽禍，青史誰來問斷編。鉤黨幾家傳舊業，干戈何地著平泉。此段悲高邑而並紀闖寇也。舊業、平泉為雕橋莊作反襯。○《禮》：「孔子泫然流涕。」　孟詩：「投荒法未寬。」駱賓王詩：「交河浮絕塞。」　《忠經》：「冢臣於君，可謂一體。」《宋史・孝宗紀》：「趙

鼎、范沖並還恩數。」《明史·神宗紀》:「葬定陵。」 黃巾,見《雒陽行》。 青史,見《又詠古》。劉夢吉詩:「依舊西窗理斷編。」 鉤黨,見《讀史雜詩》。左太沖詩:「金張藉舊業。」《大清一統志》:「平泉莊在正定府贊皇縣西北張樗村。唐李德裕遊息之所。今為玉泉寺。」**我有山莊幸如故,老樹吟風自朝暮。磐石寧容蟲蟻穿,斧斤不受樵蘇誤。鈴索高齋擁賜書,名花異果雕欄護。綠葯紅渠水面開,門前即是鳴騶路。子弟傳呼千騎歸,不教鞍馬驚鷗鷺。**此段幸雕橋莊之無恙也。老樹吟風,仍不脫古槐意。○山莊,見《清風使節圖》。 杜詩:「老樹飽經霜。」吟風,見《清風使節圖》。劉文房詩:「東流自朝暮。」《漢書·文帝紀》:「所謂磐石之宗也。」蟲蟻,見《送何省齋》。 樵蘇,見《蘆洲行》。 《天寶遺事》:「唐寧王春時紐紅絲為繩,綴金鈴,繫花梢上,以驚鳥雀,號護花鈴。」高齋,見《汲古閣歌》。《漢書·序傳》:「家有賜書。」 名花,見《遇劉雪舫》補注。《後漢書·桓榮傳》:「詔賜奇果。」雕欄,見《宮扇》。 《爾雅》郭《注》:「葯,蓮實。」梁簡文詩:「紅藥間青瑣。」杜詩:「水面月出藍田關。」《南史·到溉傳》:「每歲時恒鳴騶,枉道以相存問。」《西韓墓誌》:「公之諸子鳴騶夾道。」 傳呼,見《蕭史青門曲》。駱賓王詩:「羅敷使君千騎歸。」 鞍馬,見《哭志衍》。祖孝徵詩:「乍見驚鷗起。」白詩:「風靜下鷗鷺。」**年年細柳與新蒲,糚點溪山入畫圖。四海烽煙喬木在,一夕燈火故人無。相逢只有江南客,頭白尊前伴老夫。**此段以詠歎作結。蒲柳、喬木映合古槐。南客頭白,是從西韓口中點出梅村作詩也。○杜詩:「新蒲細柳為誰綠。」 糚點,見《龍腹竹歌》。 陸魯望詩:「一窗有餘明。」 白詩:「又作江南客。」 老夫,見《送何省齋》。

　　　序中以高邑為主,蓋雕橋莊乃高邑所記,而於西韓,亦重其為趙公交。名山別墅,亂後獨全。高門遺老,晚節最勝。幸太宰處在言內,而悲高邑處在言外矣。家門蟬冕,乃以餘筆及之,非作詩本意也。詩中前後似於亂後獨全,家門蟬冕,三致意焉。然首從古槐說起,取逕自〔註18〕別,而以「自言」二字直貫通篇,則林泉鞍馬祇西韓意中口中語,而作者胸襟正別有在也,於此見作詩身份。

海戶曲原注:南海子周環一百六十里,有海戶千人。 《明史·武宗紀》:「十一年,錄自宮男子三千四百餘人充海戶。」 《大清一統志》:「南海子在京城永定門外二十里,亦名南苑,方一百六十里。元為下馬飛放泊。明永樂中增廣其地,以為蕃養禽獸、種植蔬果之所。」

〔註18〕「自」,乙本作「目」。

　　大紅門前逢海戶，衣食年年守環堵。收藁腰鐮拜嗇夫，築場貰酒從樵父。不知占籍始何年，家近龍池海眼穿。七十二泉長不竭，御溝春暖自涓涓。點出海戶，總寫一段。○高澹人《扈從西巡日錄》：「南紅門內海子，元時為飛放泊。我朝建新宮二宮，東西對峙，相去二十里，仍設海戶一千八百人守，視人給地二十四畝，自食其力。」　《禮》：「儒有一畝之宮，環堵之室。」　《史記・蕭相國世家》：「上林中多空棄地，願令民得入田，毋收藁為禽獸食。」鮑詩：「腰鐮刈葵藿。」《書》：「嗇夫馳。」　《詩》：「九月築場圃。」《史記・高祖紀》：「常從王媼、武負貰酒。」《注》：「貰，賒也。」儲光羲有《樵父詞》。　《漢書・宣帝紀》：「流民自占〔註19〕八萬餘口。」師古曰：「占〔註20〕者，謂自隱度其戶口而著名籍也。」　沈雲卿有《龍池篇》。杜詩：「古老相傳是海眼。」　《莊子》：「夫大壑之為物也，注焉而不滿，酌焉而不竭。」　御溝，見《青門曲》。淵明《歸去來辭》：「泉涓涓而始流。」平疇如掌催東作，水田漠漠江南樂。鴐鵞鸂鶒滿煙汀，不枉人呼飛放泊。原注：南海子有水泉七十二處，元之飛放泊也。後湖相望築三山，兩地神州咫尺間。原注：以西苑後湖名海子，故此云南。遂使相如誇陸海，肯教王母笑桑田。蓬萊樓閣雲霞變，晾鷹臺上何王殿。原注：晾鷹臺，元之仁虞院也。當使大學士提調之，鷹墜皆用先朝舊璽改作。傳說新羅玉海青，星眸雪爪飛如練。原注：玉海青即白鷹也。詐馬筵開挏酒香，原注：元有詐馬宴。割鮮夜飲仁虞院。二百年來話大都，平生有眼何曾見。頭白經過是舊朝，春深慣鎖黃山苑。原注：叶。典守唯聞中使來，樵蘇輒假貧民便。以上言元之飛放泊至明而大異也。○陶詩：「平疇交遠風。」沈雲卿詩：「秦地平如掌。」《書》：「平秩東作。」　王詩：「漠漠水田飛白鷺。」江南樂，是《琵琶行》。　鴐鵞，見《彈琴歌》。《本草》：「鸂鶒，水鳥也。」陸務觀詩：「寄懷魚鳥臥煙汀。」《史記・秦始皇紀》：「徐市言海中有三神山，曰蓬萊、方丈、瀛洲。」《漢書・揚雄傳》：「武帝營建章鳳闕，漸臺泰液，象海水周流方丈、瀛州、蓬萊。」《史記・孟子傳》：「騶衍以為中國名曰赤縣神州。」《左傳注》：「八寸曰咫。」　《大清一統志》：「瀛臺在皇城內太液池南，即明西苑也。」　《漢書・東方朔傳》：「天下陸海之地。」　《神仙傳》：「麻姑云：『接待以來，已見東海三為桑田。』」按：相如、王母字皆借用。《唐會要》：「大明宮，龍朔三年號曰蓬萊宮。」江詩：「雲霞冠秋嶺。」《一統志》：「晾鷹臺在水定門外南海子內，大興縣界也。」《元史・武宗紀》：「至大元年二月，立鷹

〔註19〕「占」，乙本誤作「古」。
〔註20〕「占」，乙本誤作「古」。

－437－

坊為仁虞院。」《帝京景物略》：「海子中有殿，殿旁晾鷹臺，臺臨三海子，築七十二橋以渡，元之舊也。」何王殿，見《避亂》其六。■〔註21〕《南史‧新羅國傳》：「新羅在百濟東南五十餘里。」柯敬忠《官詞》：「元戎承命獵郊坰，勅賜新羅玉海青。」 杜詩：「金眸玉爪不凡材。」謝玄暉詩：「澄江淨如練。」 楊和吉詩自注云：「每年六月三日，詐馬筵席，盛陳奇獸。」《漢書‧禮樂志》：「給大官挏馬酒。」《注》：「以馬乳為酒，撞挏乃成也。」 班孟堅《西都賦》：「割鮮野食。」《詩》：「厭厭夜飲。」《帝京景物略》：「元時有仁虞院，蓄獸之地，即今南海子。」 《元史‧劉秉忠傳》：「帝命秉忠相地於桓州東灤水北，名曰開平，繼升為上都，而以燕為中都。八年，以中都為大都。」《一統志》：「元太祖十年，置燕京路總管大興府。至元九年，改曰大都。」眼見，見《遇南廂園叟》。 庾詩：「漢使絕經過。」 春深，見《鴛湖曲》。《漢書‧霍光傳》：「張圍獵黃山苑中。」《一統志》：「黃山宮在西安府興平縣西南。」 《參同契》：「典守弦期。」《梁書‧徐勉傳》：「二宮並降中使。」 樵蘇，見《蘆洲行》。《漢書‧宣帝紀》：「又詔池籞未御幸者，假與貧民。」**芳林別館百花殘，廿四園中爛漫看。**原注：南海子有二十四園，係明時制。**記得上方初薦品，東風鈴索護雕欄。葡萄滿摘傾筠籠，蘋果新嘗捧玉盤。賜出宮中公主謝，分遺闕下倚臣餐。一朝剪伐生荊杞，五柞長楊悵已矣。野火風吹螞蟻墳，**原注：海子東南有螞蟻墳，每清明日，數萬皆聚於此。**枯楊月落蝦蟆水。**原注：玉泉一名蝦蟆泉，流入海子。**盡道千年苑囿非，忽驚萬乘車塵起。**以上言明之南海子至本朝而又異也。○張平子《東京賦》：「濯龍芳林。」司馬長卿《上林賦》：「離宮別館，彌山跨谷。」庾詩：「紫穗百花開。」 高澹人《扈從西巡日錄》：「南海子，明永樂年設二十四園，以供花果。」《上林賦》：「麗靡爛熳〔註22〕於前。」 尚方，見《讚佛詩》。文通《謝開府辟召表》：「薦品任官。」 鈴索，見《雕橋莊歌》。雕闌，見《宮扇》。《群芳譜》：「葡萄，一名蒲桃，一名賜紫櫻桃。」杜詩：「野人相贈滿筠籠。」 《群芳譜》：「蘋果出北地，燕趙者尤佳，果如梨而圓滑，生青，熟則半紅半白，或全紅。」梁簡文帝詩：「玉盤余自嘗。」 公主，見《蕭史青門曲》。 王詩：「芙蓉闕下會千官。」宋延清詩：「花落侍臣衣。」 剪伐，見《礬清湖》。杜詩：「千村萬落生荊杞。」 五柞，見《哭志衍》。長楊，見《讚佛詩》。陳伯玉詩：「霸圖悵已矣。」 白詩：「野火燒不盡，春風吹又生。」《帝京景物略》：「海子西北隅，歲清明日，蟻集成丘。中一丘高丈，旁三四丘亦數尺，竟日乃散去，土人目為螞蟻墳。」《爾雅注》：「大螘即馬螘

〔註21〕「其六■」，天圖本、讀秀本作「第六首」。
〔註22〕「熳」，續修四庫本作「慢」。

也。」　《易》:「枯楊生稊。」《畿輔通志》:「玉河即西苑所受玉泉,注入西湖,逶迤從御溝而東,以注於大通河。」　按:《遼史‧地理志》引丁令威歌:「去家千年今來歸,城郭雖是人民非。」「盡道」句暗用之。　《穀梁傳》:「車軌塵,馬候蹄。」**雄圖開國馬蹄勞,將相風雲劍槊高。帳殿行程三十里,旌旗獵獵響鳴鞘。朝鮮使者奇毛進,白鷹刷羽霜天勁。舊跡凌歊好放雕,荒臺百尺登臨勝。俊鶻重經此地飛,黑河講武當年盛。弔古難忘百戰心,掃空雉兔江山淨。**此言現在南海子之盛。○《晉書‧武帝紀‧贊》:「斷雄圖於議表。」《易》:「開國承家。」馬蹄,見《行路難》。　《五代史‧王重師傳》:「善劍槊。」　沈休文:「帳殿臨春籞。」《北史‧何稠傳》:「初,稠制行殿及六合城,帝於遼左夜中施之。其城周回八里,比明年而畢。」　李詩:「雲旗獵獵過潯陽。」又:「金鞭拂雪插鳴鞘。」《大清一統志》:「朝鮮在盛京東一千八百里,其貢道自鳳凰城至京師,三千九十六里。」杜詩:「不惜奇毛恣遠遊。」　《元史‧答黑麻傳》:「特賜白鷹,以表其貞廉。」梁簡文帝詩:「刷羽向沙洲。」詞名有《霜天晚角》。　《廣輿記》:「凌歊臺在太平府黃山巔,劉宋建離宮於此。」《金史‧章宗紀》:「詔百姓不得放群鷹。」　李詩:「舊苑荒臺楊柳新。」李君虞詩:「更在秋風百尺臺。」登臨,見《送志衍入蜀》。　杜詩:「俊鶻無聲過。」《元史‧阿塔海傳》:「常從太祖同飲黑河水。」《一統志》:「里遂黑河在牧廠東南界,土人名額伯里遂黑河。外遂黑河在牧廠東南界,土人名阿祿遂黑河。」《國語》:「三時務農,而一時講武。」　百戰,見《蘆洲行》。　薩天錫詩:「雨過江色爭。」王詩:「天寒遠山淨。」**新豐野老驚心目,縛落編籬守麋鹿。兵火摧殘淚滿衣,昇平再睹修茅屋。衰草今成御宿園,豫遊只少千章木。上林丞尉已連催,灑掃離宮補花竹。**此段收到海戶,與起處相應。○白詩:「新豐老人八十八。」心目,見《西田詩》。　白詩:「新開籬落間。」編籬,見《松鼠》。　兵火,見《過南廂園叟》。摧殘,見《松鼠》。岑參詩:「雪裏題詩淚滿衣。」　昇平,見《琵琶行》。《晉書‧羅含傳》:「於城西小洲上立茅屋。」　沈休文詩:「衰草無容色。」梁元帝詩:「交柯御宿園。」　《漢書‧貨殖傳》:「木千章,竹竿萬個。」　又,《百官公卿表》:「上林有八丞十二尉。」元詩:「須臾覓得又連催。」　離宮,見《讚佛詩》。**人生陵谷不須哀,蘆葦陂塘雁影來。君不見鄠杜西風蕭瑟裏,丹青早起濯龍臺。**此段收束全篇。○《詩》:「高岸為谷,深谷為陵。」　常建詩:「夜寒宿蘆葦。」杜詩:「陂塘五月秋。」許仲晦詩:「波澄雁影深。」　《大清一統志》:「鄠縣故城在今鄠縣治北。杜陵故城在咸寧縣東南。」蕭瑟,見《彈琴歌》。　張平子《東京賦》:「濯龍芳林。」《注》:「濯龍,池名。」

按：《漷縣志》：馬家莊飛放泊在縣城北八里南，新莊飛放泊在縣南二十五里，栲栳垈飛放泊在縣西南二十五里，則不止南海子有此稱也。

退谷歌

原注：贈同年孫公北海。　孫北海《春明夢餘錄》：「京西之山為太行第八陘，自西南蜿蜒而來。近京列為香山，諸峰乃層層，東北轉至水源頭，一澗最深，退谷在焉。」周櫟園曰■■■〔註23〕：「孫承澤，字北海，上林苑籍，山東益都人。」《一統志》：「承澤，大興人。歷官吏部侍郎。乞休，築退谷於西山。」

　　我家乃在莫釐之下，具區之東，洞庭煙鬟七十二，天際杳杳聞霜鐘。豈無巢居子，長嘯呼赤松。後來高臥不可得，無乃此世非洪濛。元氣茫茫鬼神鑿，黃虞既沒巢由窮。此段從自己說起，言江南本多勝地，而明之末季，竟無樂土也。○《姑蘇志》：「莫釐山以在洞庭之東稱東洞庭山，周回八十里。」李詩：「乃在洞庭之南，瀟湘之浦。」　《爾雅》：「十藪，吳越之間有具區。」《漢書·地理志》：「吳縣具〔註24〕區澤，古人以為震澤。」　韓詩：「擢玉紓煙鬟。」■〔註25〕《蘇州圖經》：「具區接蘇、常、湖、秀四州界，內有大小山七十二，洞庭居其一焉。」　天際，見《送施愚山》。郭景純《山海經注》：「霜降則鐘鳴。」李詩：「餘韻入霜鐘。」王康琚詩：「昔在太平時，亦有巢居子。」　長嘯，見《壽龔芝麓》。《列仙傳》：「赤松子者，神農時雨師也。」　《晉書·陶潛傳》：「高臥北窗之下。」　《淮南子》：「西窮杳冥之黨，東開鴻濛之先。」　《說文》：「元氣初分，重濁為地。」《莊子》：「日鑿一竅，七日而混沌死。」　黃虞，見《贈家侍御》。《漢書·鮑宣傳》：「堯、舜在上，下有巢、由。」逆旅逢孫登，自稱北海翁，攜手共上徐無峰。仰天四顧指而笑，此下即是宜春宮。若教天子廣苑囿，吾地應入甘泉中。丈夫蹤跡貴狡獪，何必萬里遊崆峒。此段點出北海，而以逆旅二字接下，渾然無跡。○《左傳·僖二年》：「保於逆旅。」孫登，見《題高士圖》。　《詩》：「攜手同行。」徐無，見《高士圖》。　《史記·滑稽傳》：「淳于髡仰天大笑。」《莊子》：「為之四顧。」　《漢書·元帝紀》：「初元二年，罷宜春下苑，假與貧民。」顏師古注：「宜春下苑即今京城東南隅曲江池是。」《括地志》：「宜春宮在萬年縣西南三十里。」《漢書·東方朔傳》：「廣狐兔之苑。」《史記·高祖紀》：「請故秦苑囿園池皆令人得田之。」　甘泉，見《讚佛詩》。　《老學庵續筆記》：「《麻姑傳》：『王方平曰：吾子不戲作狡獪事。』蓋古語謂戲為狡獪。」　《莊子》：「黃帝立十九年，聞廣成子在崆峒之上，齋居三月，往見之。」

〔註23〕「曰■■■」，天圖本、讀秀本作「尺牘新鈔」。
〔註24〕「具」，乙本誤作「其」。
〔註25〕墨丁，讀秀本作空格。

《明統志》：「崆峒山在平涼府西三十里，上有問道宮。」君不見抱石沉，焚山死，被髮佯狂棄妻子。匡廬峰，成都市，欲逃名姓竟誰是。少微無光客星暗，四皓衣冠只如此。使我山不得高，水不得深，鳥不得飛，魚不得沉。武陵洞口聞野哭，蕭斧斫盡桃花林。仙人得道古來宅，劫火到處相追尋。不如三輔內，此地依青門，非朝非市非沉淪。鄠杜豈關蕭相請，茂陵不厭相如貧。此總承上〔註26〕兩段。自抱石焚山至劫火追尋，即首段「高臥不可得」意。自三輔至鄠杜、茂陵，即次段「吾地入甘泉」意。○《史記・屈原傳》：「於是懷石，遂自投汨羅以死。」《晉史乘》：「介子推去而之介山之上，文公使人求之，不得，以為焚其山宜出。及焚其山，遂不出而死。」《吳越春秋》：「子胥之吳，被髮佯狂。」匡廬，見《贈蒼雪》。　《漢書・王貢兩龔傳・序》：「蜀有嚴君平，卜筮於成都市。」又，《法重傳》：「逃名而名我隨。」　少微客星，見《讀西臺記》注。　《高士傳》：「四皓者，皆河內軹人也，或在汲。」餘見《廿五日詩》。　曹孟德《樂府》：「山不厭高，水不厭深。」　陶詩：「望雲慚高鳥，臨水愧遊魚。」　《桃花源記》：「武陵人捕魚為業，緣溪行，忽逢桃花林，林盡水源，便得一山，山有小口。」野哭，見《楚兩生行》。桓譚《新論》：「以強秦之勢伐弱韓，譬猶礳蕭斧以伐菌也。」　《淮南子》：「昔者馮夷得道，以潛大川。紺且得道，以處崑崙。」　劫火，見《行路難》。追尋，見《題河渚圖》。　三輔，見《送沈繹堂》左馮翊注。　青門，見《青門曲》。　王康琚《反招隱》：「大隱隱朝市。」沉淪，見《遇劉雪舫》。　鄠杜，見《海戶曲》。《史記・蕭相國世家》：「相國因為民請曰：『長安地狹，上林中多空地，願令民得入田。』」　茂陵相如，見《送何省齋》。飲君酒，就君宿，羨君逍遙之退谷。花好須隨禁苑開，泉清不讓溫湯浴。中使敲門為放鷹，羽林下馬因尋鹿。我生亦胡為，白頭苦碌碌。送君還山識君屋，庭草彷彿江南綠，客心歷亂登高目。噫嘻乎歸哉！我家乃在莫釐之下，具區之東，側身長望將安從。此段贊羨退谷，仍用自己作結，與起處相應。本是逆旅相逢，故云送君還山，而彷彿江南則已引入莫釐峰矣。風水相遭而成文，令人不可思議。○李詩：「飲君酒，為君吟。」　逍遙谷，見《茸城行》。　岑參詩：「昨日花正好。」班孟堅《西都賦》：「西郊則有上囿禁苑。」杜詩：「在山泉水清。」《唐書・高祖紀》：「壬子，獵於驪山。甲寅，至自溫湯。」　中使，見《海戶曲》。賈閬仙詩：「僧敲月下門。」《遼史・道宗紀》：「御製放鷹賦。」　羽林，見《雒陽行》。　高達夫詩：「送君還山識君心。」　王承基詩：「庭草無人隨意綠。」丘希範《與陳伯之書》：「暮春三月，江南草長。」　張道濟詩：「客心爭日月。」鮑詩：

<hr />

〔註26〕「上」，續修四庫本誤作「土」。

「歷亂如覃葛。」　李詩：「噫嚱嚱！危乎高哉！」　《詩》：「歸哉歸哉。」　側身，見《送何省齋》。

　　王承基「庭草無人隨意綠」，《苕溪漁隱》許其以一句名世，然子山「細草橫階隨意生」已在承基之前，承基句似更韻耳。溫飛卿「芳蘭無意綠」，則又翻一意也。

贈文園公《居易錄》：「輪庵和尚名同揆，明相國文文肅弟震亨之子。少為諸生。名果，字園公。」沈歸愚師曰：「同揆字輪菴，江南吳縣人。滄桑後，逃於禪。所為詩，皆人倫日用盛衰興廢之感。墨名儒行，斯人有焉。」

君家丞相人中龍，屈伸時會風雲空。盧陵忠孝兩賢繼，待詔聲名累葉同。致主絲綸三月罷，傳家翰墨八分工。此從文肅說起，兼詳其家世。○《明史·文震孟傳》：「字文起，吳縣人，待詔徵明曾孫也。崇禎改元〔註27〕，擢禮部左侍郎兼東閣大學士。福王時，追謚文肅。」《晉書·宋纖傳》：「酒泉太守馬岌造之不見，曰：『人中龍也。』」按：詩似用《史記·老子傳》意。　《漢書·宣帝紀》：「時會朝請。」　盧陵，見《讀西臺記》。按：盧陵忠孝蓋本張弘範丞相忠孝盡矣之語。兩賢繼，則林與森也。朱錫鬯《處士文君墓誌》：「文氏之先，自盧陵徙衡州，復自徐徙杭居吳。」又曰：「修文氏族譜，本溫州守之訓，謂人立身自有本末，出處自有據依，何必附丞相信公以為重，故自蘇州分派始。」按：此則信國其遠祖也。　汪苕文《文文肅公傳》：「先世自衡屢遷，始定居於蘇。有諱林者，偕其弟森，後先舉進士。林官至溫州知府，森巡撫都御史。林生翰林待詔徵明，徵明生國子博士彭，彭生衛輝同知贈左諭德兼待講元發，元發生公。在內閣不滿三月，雖屢見寵顧，而受同官排陷，訖未有所設施。」《後漢書·耿弇傳》：「耿氏累葉以功名自終。」　應休璉《與從弟書》：「思致君於有虞。」杜詩：「欲知世掌絲綸美。」　傳家，見《觀通天帖》。翰墨八分，見《送沈繹堂》。**汝父翩翩相公弟，詞場跌宕酣聲伎。才大非關書畫傳，門高不屑公卿貴。老向長安作布衣，主知特達金門戲。**此段歸重啟美而以主知特達引出下文。○《史記·平原君傳·贊》：「翩翩濁世之佳公子也。」《明詩綜》：「文震亨，字啟美。崇禎中，官武英殿中書舍人。竹垞詩話：『啟美，相君介弟，名掛黨人之籍，後以善琴供奉思陵。』」　詞場，見《哭志衍》。《三國志·簡雍傳》：「性簡傲跌宕。」《南史·張欣泰傳》：「聲伎雜藝，頗多開解。」　才大，見《哭志衍》。書畫傳，見《觀法帖》。　《唐書·柳玭傳》：「門高則自驕。」　《禮》：

─────────────

〔註27〕按：《明史》卷二百五十一《文震孟傳》：「（崇禎八年）七月，帝特擢震孟禮部左侍郎，兼東閣大學士。」

「圭璋特達。」王子淵《四子講德論》：「特達而相知者，千載之一遇也。」《史記・滑稽傳》：「旁有銅馬，故曰金馬門。」揚子雲《解嘲》：「今吾子幸得歷金▇〔註28〕門，上玉堂有日矣。」先帝齋居好鼓琴，相如召入賜黃金。大絃張急宮聲亂，識是君王宵旰心。為君既難臣亦苦，龜山東望思宗魯。左徒憔悴放江潭，忠愛惓惓不忘楚。可惜吾家有逐臣，曲終哀怨無人補。欲譚治道將琴諫，審音先取宮商辨。怡神玉几澹無為，雲門樂作南薰殿。君臣朋友盡和平，四海熙然致清晏。聖主聞聲念舊臣，名家絕藝嗟稱善。此正寫啟美以琴供奉之事，中間回映文蕭，真有絃外之音。○《隋書・高熲傳》：「惟齋居讀佛經而已。」《漢書・司馬相如傳》：「字長卿，蜀郡成都人也。臨邛令前奏琴曰：『竊聞長卿好之。』」又：「上讀《子虛賦》而善之，乃召問相如。」《文選・長門賦序》：「陳皇后別在長門宮，聞司馬相如天下工為文，奉黃金百斤，而相如為文以悟主上。」按：此詩蓋攢簇用之。《史記・田敬仲世家》：「騶忌子曰：『夫大絃濁以春溫者，君也。』」《禮》：「宮亂則荒。」《韓詩外傳》：「治國者譬若乎張琴然，大絃急則小絃亂矣。」宵旰，見《永和宮詞》。曹詩：「為君既不易，為臣良獨難。」按：詩意兼用《晉書・桓伊傳》拊箏而歌怨詩也。《龜山操》：「予欲望魯兮，龜山蔽之。」《一統志》：「龜山在泰安府新泰縣西南四十里。」左徒，見《東萊行》。憔悴江潭，見《送杜弢武》。《史記・屈原傳》：「睠顧楚國，繫心懷王，不忘欲反。」《漢書・劉向傳》：「念忠臣雖在畎畝，猶不忘君，惓惓之義也。」逐臣，見《東萊行》。《漢書・司馬相如傳・贊》：「曲終而奏雅。」《隋書・音樂志》：「爭新哀怨。」《漢書・黃霸傳》：「治道去泰甚者。」《禮》：「審音以知樂。」又：「宮為君，商為臣。」怡神玉几，見《讚佛詩》。雲門，見《琵琶行》。南薰殿，見《宮扇》。和平，見《送周子俶》。梁簡文帝詩：「熙然聊自得。」江總持詩：「清晏留神賞。」《後漢書・伏湛傳》：「知湛名儒舊臣。」名家，見《觀通天帖》。絕藝，見《王郎曲》。《史記・陸賈傳》：「高帝未嘗不稱善。」歸來臥疾五湖雲，垂死干戈夢故君。綠綺暗塵書卷在，脊令原上戴顒墳。雍門歌罷平陵曲，報韓子弟幾湛族。竺塢祠堂鬼火紅，闔門池館蒼鼯宿。汝念先人供奉恩，抱琴長向荒江哭。滿目雲山入舊圖，只今無地安茅屋。誰將妙跡享千金，後人餒死空山麓。此段言國變後文蕭、啟美俱亡，而園公亦艱苦備嘗也。○《後漢書・劉翊傳》：「翊常守志臥疾。」五湖，見《贈家待御》。元詩：「垂死病中驚坐起。」綠綺，見下《卞玉京歌》。《詩》：「脊令在原，兄弟急難。」《南史・戴顒傳》：「字仲若，譙郡

〔註28〕墨丁，讀秀本作空格。

鋞人也。父達，善琴書。顒及兄勃竝受琴於父。出居吳下，吳下士人共為築室。」 桓譚《新論》：「雍門周以琴見孟嘗君，孟嘗君曰：『先生鼓琴，亦能令文悲乎？』雍門周引琴而鼓之，徐動宮徵，叩角羽，終而成曲，孟嘗君歔欷而就之。」平陵曲，見《讀西臺記》。 報韓，見《又詠古》。《明史》：「震孟二子：秉、乘。乘遭國變，死於難。」湛族，見《讀西臺記》。 按：《蘇州府志》：「三講官祠在虎丘二山門外，祀文文肅、姚文毅、陳文莊。」《靜志居詩話》：「姜如須葬西山之竺塢。西山屬吳縣。文肅祠堂多竺塢，其專祠也。」杜詩：「丞相祠堂何處尋。」文宋瑞《正氣歌》：「陰房闐鬼火。」 閶門，見《送志衍》。入蜀池館，見《哭志衍》。顒，見《松鼠》。 供奉，見《王郎曲》。 李詩：「明朝有意抱琴來。」杜詩：「見月荒江渺。」 李巨山詩：「山川滿目淚沾衣。」雲山，見《閬州行》。《南史・裴子野傳》：「子野在禁省十餘年，無宅，借官地二畝，起茅屋數間。」《續世說》：「魏野贈寇萊公詩：『有官居鼎鼐，無地起樓臺。』」 妙蹟，見《觀萬歲通天帖》。魏文帝《典論》：「家有敝帚，享之千金。」 杜詩：「那知餓死填溝壑。」卞和怨歌：「空山歔欷泣龍鍾。」杜詩：「亭午下山麓。」與君五世通中表，相國同朝悲宿草。尋山結伴筍輿遊，汝父平生與我好。看君才調擅丹青，畫舫相逢話死生。君不見信國悲歌青史裏，古來猶子重家聲。此段說到交情世講，文肅、啟美、園公層層收到，信國悲歌仍回映盧陵忠孝也。○《宋書・翟法賜傳》：「雖鄉親中表，莫得見也。」又，《劉敬宣傳》：「中表異之。」 《體》：「朋友之墓有宿草而不哭焉。」 《南史・謝靈運傳》：「尋山陟嶺，必造幽峻。」《古企喻曲》：「結伴不須多。」■〔註29〕筍輿，見《廿五日詩》筍屬注。 杜詩：「汝與山東李白好。」 才調，見《永和宮詞》。丹青，見《西田詩》。 蘇詩：「全家依畫舫。」《宋史・文天祥傳》：「益王殂，衛王繼立，加天祥少保、信國公。」悲歌，見《臨江參軍》。仇滄柱曰：「文山當南宋訖籙，縶身赴燕，家破國亡，而作六歌，其詞哀以迫。」青史，見《又詠古》。 猶子，見《送杜弢武》。杜詩：「煇赫舊家聲。」阮紫坪曰：「信國與弟璧同榜進士。弟仕元，至安撫使。空坑之敗，信國子失去無存，後以弟之子為嗣。元仁宗以信國盡節，官其子集賢。」

      輪菴《鼎湖篇序》：「丁丑、戊寅間，先公受知於烈皇帝，遵旨改撰琴譜，宣定五音正聲，被諸郊祀。上自製「五建皇極」、「百僚師師」諸曲，命先公付尹紫芝內翰翻譜鉤剔。時司其事者，內監琴張。張奉命出，宮嬪褚貞娥等禮內翰為師，指授琴學，頒賜紫花御書、酒果縑葛之屬，極一時寵遇。迨闖賊肆逆，烈皇帝殉

〔註29〕·墨丁，讀秀本作空格。

社稷，諸善琴者偕投內池。內翰恐御製新譜失傳，忍死抱琴而逃。南歸，謁先公於香草垞，言亡國時事甚悉。從此二十九年，不復聞音耗矣。癸亥秋，余在寒溪，內翰忽來，相見如夢寐，意欲薙染，事余學佛。余傷之，為賦《鼎湖篇》以贈。」按：園公工書，故有才調丹青語，而首段待詔聲名已伏線。中間「才調非關書畫傳」，亦點染語也。「滿目雲山入舊圖」、「誰將妙蹟享千金」，俱指待詔。然文蕭之致主，啟美之供奉，皆不可不為闡發。而逐層鋪敘又易涉累重，看其周詳中有剪裁之妙。寫園公之先世處，寫文蕭亨美秉誠處，以及戚誼交情，明暗相參，繁簡互〔註30〕用，可謂細意熨帖，滅盡針線跡也。

〔註30〕「互」，續修四庫本誤作「五」。

吳詩集覽　卷六下

七言古詩三之下

畫中九友歌〔註1〕

　　華亭尚書天人流，墨花五色風雲浮。至尊含笑黃金投，殘膏剩馥雞林求。原注：玄宰。　尚書始終膴仕，故就■貴盛處言之。○《明史·文苑傳》：

〔註1〕（清）沈欽韓《幼學堂文稿》卷六《畫中九友記》（清道光八年增修本）：
　　太倉吳駿公作《畫中九友歌》，以擬杜子美《飲中八仙》。之九人者，能事所極，物色裁鑒，蔑尚風流，與子美所舉八人後先悉相稱。自有斯篇，而九人之楮墨不以窮達易觀，不以顯晦殊品，二百年來岌立而不可增損，詩人之藻飾藝事綦重也如此。雖然，圖繪傅色之工，果足以獨絕一世而精耀天壤乎？其遞更猶草木之蘀而甲也。詞句賦物之善，果足以宗師翰林，人人弦誦鼓舞乎？其間有空竅之颾而慶也，而又足以增益人乎？然則九人之畫，吳之詩，蘄今人之重而信之，有必於不可必也，蓋亦恃其有以自立存爾。予嘗論楊文驄者，發跡錄錄，廖瑩中之流耳，及其備兵開府，不走不降，毅然以封疆名義自任，落落顯於數公，尺木騰翥，翛然下瞰其儕偶矣。推此而八人益其嶽然者可知也。益知駿公之歌詠，短長相劇，不沾沾於一藝，彌重其詩之中正也有由。又知駿公之知交，工乎此者，殆不僅是。今欲羅是九人而緹縐之，則有難有易，若張若程，予固未之見。猶之杜氏之述八人，後人雅知重之，縑素杯勺間，俱以為口實。而崔宗之、焦遂者，行事寥落，不甚著也。幸此之九人，時代未遠，有力而好者，猶能充其數焉。里中周氏子，家故殷賑，不鮮衣怒馬，而遊心於文藝。琴書修整，卷舒雲煙，以為眼食，以當臥遊，於古人之興趣，若或懸解。尤羨駿公之羅而列之，歷數年之久始具。如九人者，晤對於峭蒨青蔥間，尚憾其卷軸非廣也。蓋好之專而遇之難如此，謂不可無記。因顏其室曰九友，書駿公之詩於右。

「董其昌，字玄宰，松江華亭人。天啟五年，拜南京禮部尚書。其畫集宋元諸家之長，行以己意，瀟灑生動，非人力所及也。」《魏略》：「邯鄲淳見曹植才辯，對其所知，歎為天人。」　李長吉詩：「紗帷晝暖墨花春。」司馬長卿《大人賦》：「焱風湧而雲浮。」　杜詩：「至尊含笑催賜金。」　《唐書‧杜甫傳‧贊》：「殘膏賸馥，沾丐後人多矣。」雞林，見《汲古閣歌》。**太常妙跡兼銀鉤，樂郊擁卷高堂秋。真宰欲訴窮雕搜**，應作「鎪」。**解衣盤礴堪忘憂**。原注：煙客。　太常歸隱西田，故就拂衣後言之。○煙客，見《西田詩》。梅村《王煙客七十壽序》：「先朝論畫，取元四大家為宗。緣石田山人後，宗伯為集其成，而奉常略與相亞。」王貽上《芝廛集序》：「太常公以風流宏長，歸然為江左文獻，尤擅者六法，寸縑尺素，流傳海外，世之論者以比黃公望，而年壽亦如之，此非煙雲供養不能。」妙蹟，見《觀萬歲通天帖》。《書苑》：「晉索靖草書絕代，名曰銀鉤蠆尾。」《煙客七十壽序》：「江南故多名園，其最者曰樂郊。」《北史‧李謐傳》：「丈夫擁書萬卷。」《漢書‧馬融傳》：「常坐高堂。」《莊子》：「若有真宰存焉。」杜詩：「真宰上訴天應泣。」左太沖《魏都賦》：「木無雕鎪。」　解衣盤礴，見《六真圖歌》。**誰其匹者王廉州，神姿玉樹三山頭，擺落萬象煙霞收。尊彝斑剝探商周，得意換卻千金裘**。原注：元照。　元照，煙客之族，故用蟬聯而下。○《續圖繪寶鑑》：「王鑒，字元照，太倉人。善畫山水，摹倣董巨者居多。」鄧孝威《詩觀初集》：「元照乃弇州先生之曾孫，舊任廉州太守。」《世說》：「王戎云：『太尉神姿高徹，如瑤林瓊樹。』」《大清一統志》：「三山在吳縣西〔註2〕南。」《水經注》：「太湖有三山。」按：詩意自用《封禪書》海中有三神山也。　陶詩：「擺落悠悠談。」萬象，見《攀清湖》。煙霞，見《讀西臺記》。《國語》：「出其尊彝。」《博古圖》：「上尊曰彝。」斑駁，見《遇南廂園叟》。　得意，見《行路難》。李詩：「五花馬，千金裘，呼兒將出換美酒。」**檀園著述誇前脩，丹青餘事追營丘。平生書畫置兩舟，湖山勝處供淹留**。原注：長蘅。　著述則不止於丹青矣，故云餘事，而書畫雙舉，亦見長蘅身份。○《明詩綜》：「李流芳，字長蘅，嘉定人。萬曆丙午舉人。有《檀園集》。」著述，見《送周子俶》。《後漢書‧劉愷傳》：「景仰前修。」　韓詩：「餘事作詩人。」《居易錄》：「畫家有兩李。營丘北宋李成，人皆知之。南宋李永，亦稱營丘，知之者殊少。太原王穉登云：『李營丘以山水擅名，為宋畫院第一。』謂永也。」　黃魯直詩：「滄江靜夜虹貫月，定是米家書畫船。」《宋史‧章望之傳》：「山水勝處，無所不歷。」淮南王《招隱士》：「攀援桂枝兮聊淹留。」**阿龍北固持雙矛，披圖赤壁思曹劉。酒醉灑墨橫江樓，蒜山月落空**

悠悠。原注：龍友。　龍友曾任封疆，故以健筆形容之，而披圖灑墨不脫畫意。○張
如哉曰：「阿龍借用《世說》桓廷尉謂王導語。」《板橋雜記》：「貴陽楊龍友名文驄，
以詩畫擅名，華亭董文敏亟賞之。」《明史・地理志》：「丹徒縣北有北固山，濱大江。」
又，《楊文驄傳》：「大清兵臨江，文驄駐金山，扼大江而守。擢右僉都御史巡撫其地，
還駐京口，隔江相持。」《唐書・白孝德傳》：「史思明使驍將劉龍仙挑戰，孝德擁二矛，
策馬絕河，追斬其首。」　披圖，見《龍腹竹歌》。赤壁，見《壽龔芝麓》。陸士衡《辨
亡論》：「曹劉之將，非一世所選。」　陳無己詩：「揮毫灑墨填空虛。」江樓，見《送
志衍》。　《一統志》：「丹徒縣城西江口有蒜山。」**姑蘇太守今僧繇，問事不省張
兩眸。振筆忽起風颼颼，連紙十丈神明遒。**原注：爾唯。　寫爾唯用傲岸之
筆，問事句奇崛入神。○姑蘇，見《攀清湖》。《圖繪寶鑑》：「張僧繇，吳人，梁天
監中歷官至右將軍、吳興太守，以丹青馳譽於時。」《續圖繪寶鑑》：「張學曾，字爾
唯，會稽人。由中書仕吳郡太守。自幼好書畫，重交遊。」《蘇州府志》：「知府張學
曾，字約菴，副榜，順治十二年任。」　不省，見《雒陽行》。王少伯詩：「眼眶淚
滴深兩眸。」　子瞻《畫竹記》：「振筆直遂。」又詩：「釀颼欲作松風鳴。」　《北
史・崔悛傳》：「恨其精神太遒。」**松圓詩老通清謳，墨莊自畫歸田遊。一犁
黃海鳴春鳩，長笛倒騎烏牸牛。**集作「犅」，非。牸音字，牝牛也。　原注：孟
陽。　寫孟陽亦先詩後書。後二句即自畫歸田中事。○《明史・程嘉燧傳》：「字孟陽，
休寧人。工詩善畫，稱曰松圓詩老。」《後漢書・張衡傳》：「王豹以清謳流聲。」　張
邦基《墨莊漫錄序》：「僕性喜藏書，隨所寓，榜曰墨莊。」歸田，見《贈家侍御》。　朱
子詩：「好雨當春過一犁。」《一流志》：「黃山在歙縣西北。」《黃山志》：「山時有鋪海
之奇，白雲四合，彌望如海。」潘皆山曰：「《歙縣志》謂長翰山有松圓閣，孟陽棲逸
於此。傍有纓絡鬆，則黃海即孟陽故里，故云歸田遊也。」曹詩：「春鳴飛棟。」　馬
季長有《長笛賦》。《晉書・王獻之傳》：「桓溫使畫扇，誤落筆，就畫一烏駮牸牛，甚
妙。」按：《明史》，倒騎烏犍乃袁海叟事。此詩所言，蓋畫中人也。《魏書・胡叟傳》：
「恒乘一牸牛，敝韋袴褶而已。」**花龕巨幅千峰稠，小景點出林塘幽。晚年
筆力凌滄洲，幅巾鶴髮輕王侯。**原注：潤甫。　寫潤甫用和平之筆，巨幅小景，
見其無體不工，而凌滄洲、輕王侯皆畫中快境。○《江南通志》：「卞〔註3〕文瑜，字
潤甫，長洲人。工畫山水，不名一家。生平無定居。爐香茗椀，到處白隨。吳偉業《九
友歌》有『晚年筆力凌滄洲，幅巾鶴髮輕王侯』之句。」沈雲卿詩：「花龕隱南巒。」
張仲舉詩：「我嘗見畫多巨幅。」千峰，見《西田詩》。　袁海叟詩：「右丞小景樹參差，

〔註3〕「卞」，續修四庫本誤作「下」。

我有林塘實似之。」《續圖繪寶鑑》:「文瑜善山水,小景頗佳,大者罕見。」《南史》:「王僧虔論書云:惟見筆力驚異耳。」李詩:「詩成笑傲凌滄洲。」《後漢書·鮑永傳》注:「謂不著冠,但幅巾束首也。」庾子慎詩:「鶴髮醉軒冕。」《易》:「不事王侯。」**風流已矣吾瓜疇,一生迂癖為人尤,僮僕竊罵妻孥愁。瘦如黃鵠閒如鷗,煙驅墨染何曾休。**原注:僧彌。 僧彌境困,故形容奇。○梅村《邵山人墓誌》:「君諱彌,僧彌其字。於畫傚宋元。性舒緩,有潔僻,僮僕患苦,妻子竊罵,終其身不為改,殆其迂僻如此。僧彌,長洲人。」按:首句即風流盡矣之意,見《哭志衍》。左太沖《蜀都賦》:「其圃則有蒟蒻茱萸瓜疇芋區。」蘇詩:「經營身計一生遷。」《史記·叔孫通傳》:「弟子皆竊罵。」《楚辭》:「寧與黃鵠比翼乎?」鄭元祐詩:「詩盟從此負閒鷗。」《南史·庾肩吾傳》:「徒以煙墨,不言受其驅染。」

原評:用《飲中八仙歌》格而絕異其面目,所以可貴。

《飲中八仙》,各形容到極奇處,方於仙字為合。《九友歌》則以平生交遊者言之,故不必務為奇矯,如「至尊含笑黃金投」不必如「天子呼來不上船」之奇也,「幅巾鶴髮輕王侯」不必如「脫帽露頂王公前」之奇也。然和平寫去,奇情自在,而各為九友傳神寫照,是又梅村之畫矣。 梅村《佘山詩》:「故人重下拜」,是曾與仲醇友也。元宰與仲醇同時,而詩中不及仲醇,何與?

銀泉山

《大清一統志》:「銀山在昌平州東北七十里。」《昌平州志》:「銀泉山在大紅門內西。明神宗恭恪皇貴妃葬此。」按:顧寧人《昌平山水記》作銀錢山。

銀泉山下行人稀,青楓月落魚燈微。道旁翁仲忽聞語,火入空壙燒寶衣。五陵小兒若狐兔,夜穴紅牆縣官捕。玉碗珠襦散草間,云是先朝鄭妃墓。起八句點出墓,見墓已非昔也。○杜詩:「赤甲山下行人稀。」 青楓,見《雒陽行》。魚燈,見《行路難》。《宋書·五行志》:「魏明帝景初元年,發銅鑄為巨人二,號曰翁仲,置之司馬門外。」別見《雒陽行》銅狄注。 劉夢得詩:「火入空陵化寶衣。」 李公垂詩:「還同輕薄五陵兒。」《穀城山房筆麈》:「唐時給事禁中多名為小兒。如花藍小兒、飛龍小兒、五坊小兒是也。」狐兔,見《鴛湖曲》。《昌平州志》:「紅門在州城北七里。」《漢書·田延年傳》:「幸縣官寬我耳。」 沈初明過通天臺,上漢武帝表:「茂陵玉梡,遂出人間。」珠襦,見《永和宮詞》。王仲宣詩:「抱子棄草間。」 先朝,見《清風使節圖》。■〔註4〕《明史》:「恭恪貴妃鄭氏,大興人,萬曆初入宮,封貴妃,進皇貴妃,帝寵之。外庭疑妃有立己子謀,群臣爭言立儲事,

---

〔註4〕■,乙本作「曰」。

章奏累數千百，皆指斥宮闈，攻擊執政，帝槩置不問，由是門戶之禍大起。神宗崩，遺命封皇后，禮部侍郎孫如遊爭之乃止。崇禎三年七月薨，葬銀泉山。」**覆雨翻雲四十年，專房共輦承恩顧。禮數絲來母后殊，至尊錯把旁人怒。承直中宮侍宴回，血裏銀環不知數。豈有言辭忤大家，蛾眉薄命將身誤。宮人斜畔伯勞啼，聲聲為怨驪姬訴。盡道昭儀殉夜臺，萬歲千秋共朝暮。宮車一去不相隨，當時枉信南山錮。只今雲母似平生，皓齒明眸向誰妒。**

前八句寫鄭妃之專妒，後八句漸引到墓上。按：光宗泰昌元年，即萬曆四十八年也。光宗以萬曆十年生，所云「覆雨翻雲四十年」者，光宗既生，外庭始爭言立儲，詩蓋據光寧生後言之耳。○《光宗紀》：「九月乙亥朔，崩於乾清宮，在位一月。」所云「一月昭陽舊恨長」者，西李居乾清之月也。○杜詩：「翻手為雲覆手雨。」　《隋書·宣華夫人傳》：「專房擅寵。」《漢書·外戚傳》：「成帝遊於後庭，嘗欲與班婕妤同輦載。」《史記·袁盎傳》：「上幸上林，皇后慎夫人從其在禁中，常同席坐。及坐，袁盎引卻慎夫人坐，曰：『臣聞尊卑有序則上下和。今陛下既已立后，慎夫人乃妾，妾主豈可與同坐哉？』」按：「禮數絲來母后殊」，暗用此事。禮數，見《青門曲》。　《明史·于玉立傳》：「陛下寵幸貴妃，宴逸無度，恣行威怒，鞭笞群下，宮人奄豎無辜死者千人。夫人懷必死之心，而使處肘掖房闥間，倘因利乘便，甘心一逞，可不寒心？」　承直，見《雒陽行》。中宮，見《永和宮詞》。高季迪詩：「明月西園侍宴回。」　血裏，見《東萊行》。銀環，見《永和宮詞》。白詩：「一曲紅綃不知數。」　大家蛾眉，見《永和宮詞》。子建《樂府》有《妾薄命》。杜詩：「儒冠多誤身。」　宋敏求《春明退朝錄》：「唐內人墓謂之宮人斜，四仲遣使者祭之。」蔣一揆《長安客話》：「慈慧寺後不二里有靜樂堂，其牆陰皆宮人葬處，所謂宮人斜也。」《爾雅》：「鵙，伯勞也。」詳《寄周芮公》鵙鳩注。　白詩：「絃絃掩抑聲聲思。」《左傳·莊二十八年》：「晉伐驪戎，驪戎男女以驪姬。」《國語》：「優施教驪姬夜半而泣。」　昭儀，見《永和宮詞》。李詩：「夜臺無李白。」　《戰風策》：「大王萬歲千秋之後，願得以身試黃泉，蓐螻蟻。」朝暮，見《鴛湖曲》。　文通《恨賦》：「一旦魂斷，宮車晚出。」白詩：「一朝身去不相隨。」　《史記·張釋之傳》：「慎夫人鼓瑟，上自倚瑟而歌，顧謂群臣曰：『嗟乎！以北山石為槨，用紵絮斲陳蓘其間，豈可動哉？』釋之前進曰：『使其中有可欲者，雖錮南山，猶有郤。』」　《本草綱目》：「華容方台山出雲母，土人候雲所出之處，於下掘取，無不大獲。李時珍曰：昔人言雲母壅屍，亡人不朽。盜發馮貴人冢，形貌如生，有雲母壅之故也。」　子建《洛神賦》：「明眸善睞，皓齒內鮮。」**選侍陵園亦已荒，移宮事蹟更茫茫。兩朝臺諫孤忠在，一月昭陽舊恨長。總為是非留信史，**

卻憐恩寵異前王。路人尚說東西李，原注：二李寢園亦在山下。　《篋衍集》作「尚識」。指點飛花入壞牆。此段因鄭妃而及選侍，史筆詩情，兩擅其妙。○《明史·后妃傳》：「康妃李氏，光宗選侍也。時宮中有二李選侍，人稱東西李。康妃者，西李也，最有寵，嘗撫視熹宗及莊烈帝。光宗即位，不豫，召大臣入，命封選侍為皇貴妃。選侍趣熹宗出，曰：『欲封后。』帝不應。既而帝崩，選侍尚居乾清宮。外庭恟懼，疑選侍欲聽政，大學士劉一璟、吏部尚書周嘉謨、兵科都給事中楊漣、御史左光斗等上疏力爭，選侍移居仁壽殿。熹宗即位，而御史賈繼春進安選侍揭，與周朝瑞爭駁不已，帝復降敕屢旨詰責繼春，繼春遂削籍去。久之，魏忠賢亂政。四年，封選侍為康妃。五年，修《三朝要典》，漣、光斗等皆得罪死。復召賈繼春，與前旨大異矣。」　又，《楊漣傳》：「鄭貴妃據乾清宮，與帝所寵李選侍相結託。貴妃為選侍請皇后封，選侍亦請封貴妃為皇太后。漣、光斗乃倡言於朝，抗疏言選侍陽託保護之名，陰圖事擅之實，宮必不可不移。其日，選侍遂移宮，居仁壽殿。明日庚辰，熹宗即位。自光宗崩至是，凡六日。漣與劉一璟、周嘉謨定宮府危疑，言官惟光斗助之，餘悉聽漣指，漣鬚髮盡白，帝亦數稱忠臣。」　按：兩朝臺諫謂光、熹之間，楊、左皆為言官也。　昭陽，見《讚佛詩》。　《明史》：「莊妃李氏即所稱東李者也，仁慈寡言笑，位居西李前而寵不及。天啟元年二月，封莊妃。魏忠賢、客氏用事，惡妃持正，宮中禮數多被裁損，憤鬱薨。」《池北偶談》：「明光宗朝選侍李氏，鼎革後尚存，至康熙甲寅歲五月十八日始卒。」　指點，見《龍腹竹歌》。　韓君平詩：「春城無處不飛花。」壞牆，見《松鼠》。

　　　張如哉曰：「梅村墓表卒於辛亥歲康熙十年，今言李選侍康熙甲寅歲始卒，而此詩自注『二李寢園亦在山下』，何也？《池北偶談》或出於傳聞異詞與？俟考。」

田家鐵獅歌

　　田家鐵獅屹相向，䰜睒蹲夷信殊狀。良工朱火初寫成，四顧諮嗟覺神王。此詩借鐵獅以悲田家，因田家而詠勝國也。田家，謂田弘遇家。起四句點完題面。○杜詩：「榻上庭前屹相向。」　王文考《魯靈光殿賦》：「玄熊䰜睒以斷斷。」《後漢書·魯恭傳》：「蹲夷踞肆。」丘希範詩：「嶄絕峰殊狀。」　《晉書·樂志》：「蘊朱火，燎芳薪。」《越語》：「王令工以良金寫范蠡之狀。」《注》：「謂以善金鑄其形也。」　四顧，見《退谷歌》。郭振詩：「良工諮嗟歎奇絕。」神王，見《汲古閣歌》。先朝異物徠西極，上林金鎖攀楹出。玉關罷獻獸圈空，刻畫丹青似

爭力。武安戚里起高門，欲表君恩示子孫。鑄就銘詞鐫日月，天貽神獸守重闡。第令監奴睛閃爍，老熊當路將人攫。熊，當作「羆」。不堪此子更當關，鉤爪張睜吐銀齶。先朝四句原起鐵獅，武安四句指出田家，第令四句乃田家鐵獅也。○《書》：「不貴異物賤用物。」漢天馬歌：「天馬徠從西極。」　上林，見《讚佛詩》。《北史・赤土國傳》：「惟金鎖非王賜不得服用。」王介甫詩：「玉籠金鎖祇煩冤。」　玉關，見《行路難》。《北史・魏明元帝紀》：「永興四年二月，登獸圈，射猛獸。」　李正己詩：「刻畫何用妨西施。」《荀子》：「君子力如牛，不與牛爭力。」　武安，見《永和宮詞》。戚里，見《蕭史青門曲》。高門，見《彈琴歌》。　虞伯施《獅子賦》：「有絕域之神獸，因重譯而來擾。」《易》：「重門擊柝，以待暴客。」《禮》：「闡者，守門之賤者也。」　《南史・王偃傳》：「第令必凡庸下才監子皆葭萌愚豎。」《〈漢書・霍光傳〉注》：「監奴謂奴之監知家務者。」王僧儒《中寺碑》：「日流閃爍，風度清鏘。」　《北史・王羆傳》：「老羆當路臥，貔子那得過。」按：熊字當作羆。然尤展成《戲封苟變關內侯制》亦云「老熊當道」，則刻寫之譌者多矣。又，《後漢書・張綱傳》：「豺狼當路，安問狐狸？」此蓋合用之。攫，見《哭志衍》。　稽叔夜《絕交書》：「而當關呼之不置，一不堪也。」張如哉曰：「當關亦暗用《楚辭》『虎豹九關，啄害下人』意。」　虞伯施《師子賦》：「鉤爪鋸牙，藏鋒蓄銳。」張睜，見《九友歌》。葉適詩：「根株見銀齶。」七寶香猊玉辟邪，嬉遊牽伴入侯家。圉人新進天閒馬，御賜仍名獅子花。假面羌胡裝雜伎，狻猊突出拳毛異。跳擲聲聲畫鼓催，條支海上何繇致。異材逸獸信超群，其氣無乃如將軍。將軍豈是批熊手，瞋目哮呼天下聞。此段以異物襯獅子，以獅子襯鐵獅，而又以獅子比田家，以田家比獅子，極變化離合之奇，皆言田家鐵獅之盛也。○蘇詩：「衣被七寶從雙狻。」《香譜》：「香獸以塗金為狻猊，空中以然香，使煙自口中出，以為玩好。」《居易錄》：「天祿、辟邪皆獸名，一角曰天祿，兩角曰辟邪，總謂之桃拔。」　退之《送溫處士序》：「士大夫之去位而巷處者，誰與嬉遊？」韓致光詩：「羞澀伴牽伴。」韓君平詩：「輕煙散入五侯家。」　《周禮・夏官》：「圉人掌養馬芻牧之事。」天閒，見《馬草行》。　杜詩：「近時郭家獅子花。」　薛元卿詩：「假面飾金銀。」《晉書・段灼傳》：「募取涼州兵馬，羌胡健兒。」又，《成帝紀》：「咸和七年冬，除樂府雜技。」《物理論》：「師子，狻猊也。」拳毛，見《龍腹竹歌》。　《稗史》：「道州有舜祠，凡遇正月初吉，山狙群聚祠旁，跳踉奮擲。」元詩：「光陰本跳擲。」畫鼓，見《鴛湖曲》。　《史記・大宛傳》：「條枝在安息西數千里。」《漢書・西域傳》：「條支國臨西海而有桃拔、獅子、犀牛。」　又，《司馬相如傳》：「卒然遇軼材之獸。」《淮南子》：「同師而超群

者，必其樂之者也。」　　按：氣如將軍，亦是從虎為寅將軍，熊為雄將軍等事化出。然下文接入田蚡，則將軍字當指弘遇也。弘遇以女貴，官左都督，於《明史・職官志》將軍字為合。　　子建《七啟》：「批熊碎掌。」　　瞋目，見《行路難》。虞伯施《獅子賦》：「哮呼則江河振盪。」李詩：「風流天下聞。」省中忽唱田蚡死，青犢明年食龍子。蝦蟇血灑上陽門，三十六宮土花紫。此時鐵獅絕可憐，兒童牽挽誰能前。橐駝磨肩牛礪角，霜催雨蝕枯藤纏。主人已去朱扉改，眼鼻塵沙經幾載。鎖鑰無能護北門，畫圖何處歸西海。省中四句，田家之哀，而用青犢、龍子、蝦蟇等字，仍襯入鐵獅。此時四句，鐵獅之衰，而霜摧雨蝕仍暗寫田家。主人四句，又用合寫法，見田家鐵獅都非昔也。○《〈漢書・昭帝紀〉注》：「蔡邕云：『本為禁中，避元后父名，改曰省中。』」《史記・武安侯傳》：「武安侯田蚡者，孝景後同母弟也。」《史記正義》：「元光四年三月己卯，田蚡薨。」《後漢書・光武帝紀》：「別號諸賊青犢等各領部曲。」《晉書・五行志》：「海西公初生皇子，百姓歌曰：『鳳凰生一雛，天下莫不喜。本言是馬駒，今定成龍子。』」　　盧仝詩：「又聞古老說，蝕月蝦蟇精。」上陽，見《蕭史青門曲》。　　李長吉詩：「三十六宮土花碧。」《北齊・平秦王歸彥傳》：「使黃頷小兒牽挽我。」　　《〈漢書・匈奴傳〉注》：「師古曰：『橐駝，言能負橐囊而駝物也。』」按：《廣絕交論》：「影組雲臺者摩肩。」《舊唐書・韋處厚傳》：「摩肩侯謁。」蓋本於《國策》「臨菑之塗，車轂擊，人肩摩」。然《左傳・昭十二年》「摩厲以須」，則摩可通磨。《漢書・梅福傳》：「厲世摩鈍。」蓋本於《左傳》。韓詩：「牧童敲火牛礪角。」黃魯直詩：「石吾甚愛之，勿使牛礪角。」梅村謂鐵獅無主，為駝牛所狎翫耳。　　薩天錫詩：「雨蝕風吹半稜折。」吳子華詩：「枯纏藤重欹。」　　賈生《鵩鳥賦》：「主人將去。」杜詩：「曉入朱扉啟。」　　《心經》：「無眼耳鼻舌身意。」杜詩：「塵沙連越巂。」　　北門鎖鑰，見《哭志衍》注。　　條支國臨西海，見上文。吾聞滄洲鐵獅高數丈，千年猛氣難凋喪。風雷夜半戲人間，柴皇戰伐英靈壯。蘆溝城雉對西山，橋上征人竟不還。枉刻蹲獅七十二，桑乾流水自潺潺。秋風吹盡連雲宅，鐵鳳銅烏飛不得。卻羨如來有化城，香林獅象空王力。扶雀犖牛見太平，犖，莫交切，音茅。月支使者貢西京。并州精鐵終南冶，好鑄江山莫鑄兵。十六句就鐵獅而曲折旁通言之。橋上征人，寄慨獨深。秋風吹宅，則田家不足道矣。皈依化城，亦不可奈何語也。末四句，二句是獅子餘波，二句是鐵字餘波。○《大清一統志》：「滄州在天津府南少西一百八十里。」又：「開元寺在舊滄州城內，有鐵獅子，高一丈七尺，長一丈六尺，相傳周世宗時有罪人鑄以贖罪。今寺廢，鐵獅亦殘闕。」　　杜詩：「猛氣猶思戰場利。」凋喪，見《茸城行》。《五

代史‧周本紀》:「世宗睿武孝文皇帝，本姓柴氏，顯德六年五月乙巳朔，取瀛州。」《一統志》:「天津府，唐為瀛、滄二州地。」戰伐，見《觀通天帖》。《北齊‧文苑傳‧序》:「斯固感英靈以特達。」　《一統志》:「拱極城在宛平縣西四十里盧溝橋東。」蔣一揆《長安客話》:「盧溝橋，金明昌初建。正統初，重修，長二百餘步。左右石欄刻獅子數百枚，情態各異。」《左傳‧隱元年》:「都城過百雉。」《注》:「一雉之牆，長三丈，高一丈。」西山，見《贈吳雪航》。　盧子行《從軍行》:「庭中琪樹已堪攀，塞外征人殊未還。」魏文帝詩:「於今竟不還。」　桑乾，見《臨江參軍》。《一統志》:「永定河即桑乾河，逕宛平縣西南，古名濕水，又名清泉河，亦名盧溝河。」《楚辭》:「觀流水兮潺湲。」　沈休文詩:「秋風吹廣陌。」潘安仁《秋興賦》:「高閣連雲。」李詩:「連雲升甲宅。」　李尚真詩:「鐵鳳曾驚搖瑞雪，銅烏細轉入祥風。」　《發跡經》:「淨名大士是往古金粟如來。」《法華經》:「法華道師多諸方便，於險道中化作一城，是時疲極之眾生已度想，生安穩想。」　蘇詩:「香林乍喜聞薝蔔。」《因果經》:「太子生時，一手指天，一手指地，作大獅子吼。」《本行經》:「摩耶夫人夢白象日輪從左肋入，召相師問之，曰:『女人此夢，必生轉輪聖王矣。』」《觀佛三昧經》:「過去久遠，有佛出世，號曰空王。」　《國語》:「巴浦之犀犛兕象。」太平，見《遇南廂園叟》。　《後漢書‧章帝紀》:「章和元年，月支國使獻扶拔獅子。」西京，見《雒陽行》。　任華詩:「勁直渾是并州鐵。」《一統志》:「終南山在西安府城南五十里。」《漢書‧東方朔傳》:「南山，天下之阻也。其山出玉石、金銀、銅鐵。」　《左傳‧僖十八年》:「鄭伯始朝於楚，楚子賜之金，既而悔之，與之盟曰:『無以鑄兵。』」

題崔青蚓洗象圖王如哉《青箱堂集》:「崔子忠青蚓工圖繪，為絕技。」朱錫鬯《崔子忠傳》:「崔子忠，字開予，一名丹，字道母，別字青蚓。先世萊陽人，居京師，補順天府學生。具通五經，能詩，尤善畫，華亭董尚書其昌異之，謂非近代所有。子忠益自重。有以金帛請者，槩不應也。李自成陷京師，子忠出奔，鬱鬱不自得。會人有觸其意者，走入土室中，匿不出，遂餓而死。」蔣一揆《長安客話》:「象房在宣武門西城牆北，每歲六月初伏，用旃鼓迎象出宣武門，濠內洗濯。」〔註5〕

〔註5〕（清）王杰纂《欽定秘殿珠林續編》卷七（清乾隆五十八年內府朱格鈔本）:
崔子忠《洗象圖》一軸，本幅絹本，縱五尺二寸五分，橫一尺六寸，設色畫文殊相，力士持錫，龍王致敬，二人掃象於前，款予從晉冊五十三象，即悟得此象，自信不可一世者也。吾卿曁宗□色未具，遂命題姓名於上，可謂知愛之深耳，是以極力圖之。海上崔子忠。鈐印三畫心子忠，家住三城二水濱。
（民國）黃濬《花隨人聖庵摭憶》（民國三十二年排印本）:
居舊京日久，初伏浴頻，兒輩頗叩宣南洗象故事，此須六七十歲人，光緒中葉，曾居北京者方及見之。予入都晚，但見宣武門內迤西之象房橋，云象房在茲，

後改為法律學堂，貴冑學堂，其後又改為參議院眾議院，二十年來，即北京人，亦無話洗象者矣。考北京象房之設，遠在永樂、宣德間，當由成祖平安南，以象入貢，始建此，與豹房相垺。明蔣一葵《長安客話》載：「象房在宣武門西，城牆北，每歲六月初伏，官校用旗鼓迎象，出宣武門洗濯。」而劉侗《帝京景物略》載：「三伏日洗象，錦衣衛官以旗鼓迎象，出順承門浴響閘，象次第入於河也，則蒼山之頹也，額耳昂回，鼻舒糾吸噓出水面，矯矯有蛟龍之勢，象奴挽索據脊，時時出沒其髻，觀者兩岸各萬眾，面首如鱗次具編焉，然浴之不能須史，象奴則調卸令起，云浴久則相雌雄，相雌雄則狂。」可見晚明已重視之，今攷梅村《題崔青蚓洗象圖》詩，有云「京師風俗看洗象，玉河春水涓流潔。赤腳烏蠻縛雙帚，六街士女車填咽」。《康熙大興縣志》亦云：「六月六日曬鑾駕，民間衣物悉曝之，三伏日洗象，鑾儀衛以旗鼓迎象，出宣武門浴響閘，象次第入河，如蒼山之頹也，額耳軒昂，舒鼻吸噓水面，矯若蛟龍，象奴挽索據脊，時時出沒，觀者如堵。浴未須史，奴輒調御令起，浴久則相雌雄，致狂。是月海淀蓮甚盛，就蓮而飲著，採蓮而市者，絡繹交錯焉。」此是因襲《景物略》，而稍捐益其詞，其後吳升東《浴象行》云：「六月望後之四日，天街簇擁行人疾。爭傳浴象御河濱，晝鼓喧闐簫管集。金吾肅領倣飛軍，宣武門東隊隊出。象奴控馭何馴良，屈指約略近五十。來自六詔萬里餘，西南臣服諸邦國。不次恩從格外加，錦繡為韉金為飾。月給俸錢向水衡，九重拜爵同官秩。早朝立仗著勤勞，車駕前驅賴警蹕。以此宜承眷顧殊，殿最無煩分黜陟。當茲盛夏苦炎蒸，塵懷暑氣或相逼。有水一泓澄且清，長流不斷亦不溢。薰風時至生縠紋，安瀾望去徹底湜。青柳綠槐千百株，波光掩映琉璃色。差堪〔開林按：李家瑞編，童軼標點《北平歲時徵》（北京出版社 2018 年版，第 186 頁）據《芝瑞堂詩選》錄《浴象行》，此處有「浴爾」二字。〕於其中，如賜湯沐之世邑。三兩成羣逐浪遊，深者及肩淺過漆。巨牙利齒各分張，周身舒卷任鼻息。偶然噴沫動成珠，彷彿鮫人夜半泣。踊躍昂首欲長鳴，牝牡追隨自儔匹，聚觀若堵騁縱橫，夾岸紅裙雜沓立。笑語沸騰辨莫真，羅衣香汗重重濕。四顧含情最可憐，指點樓頭誰第一。」讀此，可知後來寖成盛會。戴璐之《藤陰雜記》且云：「洗象詩，名家集中歌行詞賦，無美不備，獨漁洋竹枝一絕云，『玉水輕陰夾綠槐，香車筍轎錦成堆。千錢更賃樓窗坐，都為河邊洗象來。』」可作圖畫。至後此如彭蘊章《松風閣詩‧幽州土風吟洗象》云：『宣武城南塵十丈，揮汗駢肩看洗象。象奴騎象遊玉河，長鼻捲起千層波。昂頭一欸一天雨，兒童拍手笑且舞。笑且舞，行蹇蹇，日暮歸來洗貓犬。』方朔《金臺遊學草‧洗象行》云：『六月三日初伏交，傳呼洗象西河坳。方子乘輿出城去，車馬兩岸如風翶。喧囂寂處人爭讓，三匹兩匹迢遞見。壯哉雄物此大觀，立地平山拖一線。紅旗搖曳金鼓鳴，攉頹蹴踏驅之行。泥深水淺足力重，陸然潮漲東西平。一蠻奴跨方騰踔，眾蠻奴摶渾漿躍。雨作濤翻十丈飛，何處蛟鼉掀大壑。前者未起後者趨，水中岸上交讙呼。金聲一震波成饀，化出鏖兵赤壁圖。蠻奴馴象如調馬，以鈎為隨月上下。蠻奴洗象如浴牛，拳毛濕透歸優游。最憐得潤尤更色，湖石巍峨不斷頭。』則力求變調，其實亦無甚新語。」其見諸筆記者，晚清黃鈞宰《金壺浪墨》云：「六月十日，與紫垣觀洗象於宣武城西，至則遊騎紛沓，列車如陣，如蜂房，如文闈號舍，車中人襜帷半掩，祇露頭面，如牡丹，如繡球，道中食貨絡繹，百戲如雲，喧擾間，忽見數人高興簷齊，冉冉前進，眾人左右辟易，有執紅棍

者前導，則象奴雄踞象背，丘山不動，次第緩步而來，及河，伏其前足，候象奴既下，司事者鳴鼓數通，然後入水，計先後二十有四，遊戲征逐，浪沸波騰，錢塘射潮，昆明習戰，不是過也。洗畢鳴金登岸，猶以鼻卷水射人，都人知其馴習，畀錢奴，教以獻技，象必斜睨奴，錢數滿意，乃俯首昂鼻，鳴鳴然作觱栗銅鼓等聲，萬眾闐笑而散。」此與前諸詩，可相發明，其云六月十日，與吳升東詩之六月十九日，方朔詩之六月三日，互有不同。度是伏日之遲早，然伏日縱遲，不至如吳詩之望後四日。予意洗象號為初伏，實則須視護城河之水勢，宣外城壕。冬春半涸，唯盛夏大雨時行，西山山洪迸發，由高梁河灌入遶城諸河，以入於二閘之通惠河，此則洗象時也。光緒甲申后，安南緬甸並非我屬，貢象久不至，象房餘一老象，時人有南荒遺老之詠，至己亥，此象亦斃，遂永絕響。區區小點綴，亦有六百年以上之史實，且與吾國聲威制度之消長相關，暑中緝拾及之，彌為歎息。又考明沈德符《野獲編》稱：「六月六日本非令節，但內府皇史宬曬曝列聖實錄，列聖御製文集諸大函，每歲故事也。至於時俗，婦女多於是日沐髮，謂沐之下垢不膩，至於貓犬之屬，亦俾浴於河，京師象隻，皆用其日洗於郭外之水濱，一年惟此一度。」此則以洗象屬於六月六日，且不止洗象，且及於曝書洗貓犬。案元明舊制，本有六月六日洗馬之俗。《燕都遊覽志》：「每歲六月六日，由貴人用儀仗鼓吹導引洗馬於德勝橋之湖上，三伏皆然。」《北京歲華記亦》稱六月十二日，御廐洗馬於積水潭，導以紅仗，中有數頭錦帕覆之，最後獨角青牛至，諸馬莫能先也。《燕都雜詠》：「古潭連內苑，御馬洗清流。夾岸人如蟻，爭看獨角牛。」自注云，德勝門內積水潭伏日洗御廐馬，末有獨角青牛，此則歷代舊聞所採，四五百年前之舊話，所謂獨角青牛，度是一時畸形異產必非犀屬。至清代殊不聞及伏始洗馬也。

開林按：清人有關洗象之詩頗多，迻錄數首如下。

（清）高士奇《高士奇集·城北集》卷二《觀洗象歌》（清康熙刻本）：

京城六月看洗象，宣武門西列羽仗。金吾官吏走喧闐，引出崔頠狀胋髒。鼓旗分隊次第行，玉河橋下水溶溶。背似浮山巨浪翻，鼻仍噴雪清波決。蠻奴持帚細洗湔，花縱錦襠據其上。是時扶桑升朝陽，紅輪照耀光相蕩。柳陰觀者立萬夫，炎氣填胸污流額。朝廷典儀本常制，都人好事資撫掌。須臾浴罷歸象房，顧盼生輝恣俯仰。有時狂奔驚路衢，蹋破攤街盆與盎。販負經營貴自勤，半日閒觀悔游蕩。晚炊無米囊橐空，坐對城牆獨怏怏。

（清）丁澎《扶荔堂詩集選》卷二《洗象行》（清康熙五十五年文蕓館刻本）：

南荒有巨獸曰象，刣齒磋硪鼻盈丈。細目如豨耳如盎，貌詭龐然皮色蒼。〔去聲。〕兒童誘之作百戲，擊鼓吹簫勢偃仰。飽食菽豆滿大脾，給餼猶同百夫長。花裙蠻奴獨許騎，馴狎不啻羊與犅。身被錦緞金作羈，屹如山嶽無差移。排班朝隨羽仗立，儼然拜舞同軍旗。自向滇南入中國，異物那得生西極。忽產象犢姿態奇，雪齒霜毛如拂拭。黃裕飛馳報大內，御駕親調動顏色。炎蒸急雨翻白波，詔賜洗象西城河。高旗大鼓引導出，路傍觀者肩相摩。躍踔奔湍氣麁莽，蛟龍掠沓爭相向。獠官僉點二十八，掉尾旋蹄各異狀。似鑿昆明習水戰，翻身搏擊吹飛浪。我聞瑤光之精化汝形，黃門鼓吹充掖庭。乘之以戰利身毒，負可致遠垂山經。執綖況能卻吳楚，胡不催鋒弩，力掃除南服無羶腥。象犢象犢，吁嗟汝莫患，日費官蒭供養纂。時時挽出天廐中，常得龍顏增顧盼。

王昊廬曰：如峻阪回驄，奔騰踔厲，於顧盼間，忽露神采。

（清）屈大均《屈翁山詩集》卷二《洗象行》（清康熙李肇元刻本）：
玉河六月河水長，朝廷舊興賜洗象。昆明不見舊樓船，太液何來新甲仗。傾都觀者皆歡娛，宣武門外鋪氍毹。公子踏花紅叱撥，佳人障日錦屠蘇。須臾前導執金吾，二十四象天街趨。龍旂送出千門柳，羽騎迎過萬歲湖。花牙潤潔體雄誠，横行鬱若近山徙。自是瑤光星降精，惟有神龍力可比。夜郎蠻奴馴習者，手握銀鉤左右下。騎入洪波走巨魚，突出平沙驚萬馬。水花澒洞濺浮雲，兩邊金鼓鳴虎賁。似逢光武昆陽戰，如彼吳王水犀軍。萬人喧呼動城闕，一片紅塵污冰雪。爭道驊騮擁御橋，兩行燈火侵宮月。白頭中使偶相逢，三朝腰玉賜穿官。謂余此象養天廐，當年捧與將軍同。曉披瓔珞朝皇極，秋駕鑾輿出喜峰。去歲雲南師敗績，象兮曾與沮渠敵。周王八駿去何之，夏后兩龍歸未得。可憐巖嶢虎豹姿，難飽膏粱淚沾臆。
（清）邵遠平《戒山詩存·京邸集·洗象行》（清康熙刻本）：
宣武門前黃旗出，沿路千人萬人闞。金鼓喧闐巨象來，赤日黃埃岸為坼。初疑連峰壓江開，三十六象次第排。昂頭掉鼻驅風雷，黑雲動地山崩摧。玉河六月水猶溢，澄波漫漫玻瓈色。乍沒已破黛影青，旋浮直暎鼇身黑。蹴踏龍湫勢欲移，翻騰蛟窟深難測。低昂鼓浪脊屢蹲，噴欲生濤鼻為力。象奴騎象捷有神，撇波踸踔無不為。　身翹足意自得，蠻人與畜兩相宜。此象日南產皐澤，大暑自浴滇池碧。聖德及遠百獸馴，重譯貢之來紫陌。受俸亦得比朝官，庇以大廨幪錦鞍。將軍賜號千夫長，殿門立仗五雲端。回頭寄語向身毒，此問殊樂不思蜀。太平天子千萬年，年年來向天河浴。
（清）姜宸英《慈谿姜先生全集》卷二十六《葦間詩集二·徐健庵編修筵上觀洗象行》（清光緒十五年毋自欺齋馮氏刻本）：
長安六月三伏始，主人門對玉河水。玉河流水聲潺潺，捲簾香起風日閒。是日都城看洗象，立馬萬蹄車千輛。曼延蹴蹋羅岸傍，吹角鳴鉦沸川上。滿堂賓客何從容，局棋未了酒不空。日中報導象奴出，至尊朝罷明光宮。魋形詭貌三十六，一一騎就深潭浴。雲起乍疑龍蜿蜒，湍回更與人翻覆。須臾小吏前推排，帳底官起群像回。就中一象行躑躅，齒毛脫落顏摧頹。長者謂余豈解事，此物經今不知歲。聞說先朝萬曆初，貢車遠自扶南至。中更四帝時太平，一朝闖騎走神京。忍死不食三品料，每到早朝淚縱横。滄桑變換理倏忽，勉強逐隊保殘生。君看垂老意態殊，眾中那得知其情。茫茫舊事且莫說，勸君飲盡杯中物。
（清）沈德潛《歸愚詩鈔》卷十《洗象行》（清刻本）：
將軍列坐圍廣場，旌旗耀日風飄揚。都人讙呼看洗象，車馬蟻聚群奔忙。儀仗前行喧角吹，眾象岩嶤二十四。蠻奴控引入玉河，遊戲波濤似平地。斗然起立旋偃伏，黿鼉之宮肆騰蹴。長鼻卷水水亂飛，噴灑高空濕原陸。成群連隊何崢嶸，往來出沒縱復横。奴人狎習通象意，詭傳蠻語聲傖獰。忽從象背入潭底，失勢一落人皆驚。三軍伐鼓氣逾倍，萬人叫譟波翻海。回身踊躍上層厓，歌唱闐闐如奏凱。前年南掌〔國名。〕俱懷柔，重譯賓至職業修。進來馴象工拜舞，玉階立仗隨公侯。因觀洗象識服遠，海隅日出通共球。拂箖香象奮威武，聖朝仁獸來中土，君不見一角麒麟產東魯。〔時山左奏麒麟生。〕
（清）顧宗泰《月滿樓詩集》卷二十九《洗象行》（清嘉慶八年瞻園刻本）：
六月初伏洗象，例由水曹諮內府放玉河水，為賦是篇。
長安夏晝初交伏，傳呼洗象長河曲。飛波放自玉泉來，引街報到金吾促。城濠

　　嗚呼顧陸不可作，世間景物都蕭索。雲臺冠劍半無存，維摩寺壁全凋落。開元名手空想像，昭陵御馬通泉鶴。此段見名畫之久缺也，反振題意。○《南史·何戢傳》：「吳郡陸探微、顧彥先皆能畫。」張如哉曰：「蘇詩顧陸丹青自注：顧愷之，字長康，無錫人。陸探微，吳人。又引謝赫《論江左畫》，顧長康、陸探微皆為上品。此詩用蘇注。」《禮》：「死者如可作也，吾誰與歸？」　王臺卿詩：「景物共依遲。」　雲臺，見《又詠古》。溫飛卿詩：「去時冠劍是丁年。」《唐瓦官寺維摩詰畫像碑》：「瓦官寺變相乃晉虎頭將軍顧愷之所畫。」《漢書·敘傳》：「彫落洪支。」　開元，唐玄宗年號。《北史·崔季舒傳》：「遂為名手。」想像，見《西田詩》。　昭陵，見《觀通天帖》。《唐會要》：「高宗欲闡揚先帝徽烈，乃刻石為常所乘破敵馬六匹於昭陵闕下。」杜有《通泉縣署壁後薛少保畫鶴詩》。《名畫錄》：「今秘書省有薛稷畫鶴，

士女爭喧闐，神鉦法鼓聲相宣。一一控制象奴手，尾銜隊結紛交前。魁梧一象當先立，柳陰風散卸羈縶。二十四象蹴踏隨，滾蹄盡向銀濤入。忽驚振擊沉鮫宮，蒼山頹墮鴻流中。拍天一躍激浪起，雪花十丈飛晴空。象奴依然踞象背，掀舞縱橫百不墜。轔轕垂鼻吼長風，波底蛟龍爭怖悸。洗罷徐徐去錦堤，青驄人散斜陽低。來朝立仗午門側，御房位號依光齊。盛朝砥屬威稜遠，九真日南化流衍。遐方輸貢効惆怵，詎數旅獒傳盛典。即今海島俱來王，不貴異物綏要荒。致此馴象亦昭德，森嚴鹵簿垂王章。小臣水曹忝職事，啟水瀚濯順陽氣。臨風珥筆賦壯觀，星散瑤光極天霽。

（清）劉嗣綰《尚絅堂詩集》卷二十一《觀洗象作》（清道光六年大樹園刻本）：一年三伏第一日，都門洗象驅象出。象奴前導象點頭，象亦縱觀人出遊。兩行旗鼓傒而列，象校成雲玉河集。皮毛斑剝水紋皴，腳步蹣跚山體立。翩如香象來渡河，大象小象卷白波。大波軒然落天際，象欲娛人作象戲。此時牛馬各驚避，象身蹴波如蹋地。象奴驅象與象前，一奴一象相周旋。象奴之樂象所苦，象乃甘為奴輦儓。我聞人生唇亡則齒寒，胡為此物飾外觀。又聞人於噬嗑占滅鼻，飲食需之此何意。天生五官枉其二，象竟如人解人事。得毋象出西域西，曾向象王識梵字。古云法象應星精，星宿河邊遠莫致。聖威所屆六幕一，何有區區越裳雉。吁嗟乎！唐宮舞象舞則那，吳宮執象象奈何。幸逢聖世浴聖化，一年一浴浴已多。象聞此語應知戴，我來觀象下象拜。南人作詩請勿怪，見橐駝曰馬腫背。

（清）畢沅《靈巖山人詩集》卷十三《洗象行》（清嘉慶四年畢氏經訓堂刻本）：恢臺初庚日卓午，宣武門西列旗鼓。士民奔走官校呼，迎象出門洗城湖。象奴含笑前頭走，今日雌雄合配偶。喧囂塵土聲如雷，填街塞路何崔鬼。揚旗擊鼓鼓愈急，河翻水沸象倒立。浮波逐浪動如山，蹴浪沖波勢泊天。忽憶昆陽城，殷殷聞雷霆。王郎驅車鬥吳漢，天地慘慘日色變。又思涿鹿戰，風雲出奇幻。蚩尤鏖兵日色昏，天跳地踔顛乾坤。從來以德不以力，象戰窮兵亦何益。是時隆暑正赫曦，彤雲倏布熹陽微，涼颸習習細雨飛。俄頃浴罷象自起，垂鼻輪囷意似喜，十二年中各生子。城邊旗鼓漸迴翔，迎象入門歸象房。行人回首看城水，動盪餘波猶未已。

時號一絕。」《一統志》：「通泉廢縣在潼川府射洪縣東南。」**燕山崔生何好奇，書畫不肯求人知。仙靈雲氣追恍惚，宓妃雒女乘龍螭。平生得意圖洗象，興來掃筆開屏障。赤罽如披洱海裝，白牙似立含元仗。**前四句點出青蚓，後四句點出洗象圖。○燕山，見《送龔孝升》。崔生，山《北史‧崔亮傳》。杜詩：「岑參兄弟皆好奇。」　陸佐公詩：「網戶圖雲氣，龕室畫仙靈。」《老子》：「恍兮惚兮，其中有物。」　王叔師《楚辭注》：「慮妃神女，益伊洛之水精。」《楚辭》：「駕兩龍兮驂螭。」　得意，見《行路難》。　孟詩：「清曉因興來。」杜詩：「筆陣獨掃千人軍。」又：「始覺屏障生光輝。」　《爾雅‧釋詁〔註6〕》：「氂，罽也。」《疏》：「罽者，織毛為之。」《大清一統志》：「西洱河在大理府太和縣東，一曰洱海，一曰西洱海。」別見《贈蒼雪》。　《南越志》：「象牙長丈餘，脫其牙則深藏之。」李遐叔有《含元殿賦》。《唐書‧李林甫傳》：「君獨不見立仗馬乎？終日無聲，而飫三品芻。」**當時駕幸承天門，鸞旂日月陳金根。雞鳴鐘動雙闕下，歸然不動如崑崙。崔生布衣懷紙筆，道沖驪哄金吾卒。仰見天街馴象來，歸去沉吟思十日。眼前突兀加摩娑，非山非屋非陂陀。昔聞阿難騎香象，栴檀林內頻經過。我之此圖無乃是，貝多羅樹金沙河。**此段見青蚓慘淡經營，意在筆先也。○《明史‧輿服志》：「正南曰承天門。」《明憲宗實錄》：「成化元年三月，命工部尚書白圭董造承天門。」　鸞旂，字本《魯頌》。《穆天子傳》：「日月之旂，七星之文。」《〈後漢書‧輿服志〉注》：「始皇作金根之車。」　《梁書‧何胤傳》：「欲樹雙闕，世傳晉室欲立闕，王丞相指牛頭山云：『此天闕也。』」　《莊子》：「歸然有餘。」崑崙，見《龍腹竹歌》。　《後漢書‧董祀妻傳》：「乞給紙筆。」　驪哄，見《送何省齋》。金吾，見《行路難》。　天街，見《青門曲》。《漢書‧武帝紀》：「南越獻馴象、能言鳥。」　沉吟，見《送何省齋》。杜詩：「十日畫一山，五日畫一石。」　突兀，見《臨江參軍》。摩娑，見《行路難》。　《史記‧司馬相如傳》：「登陂陀之長阪兮。」按：眼前二句即東坡執筆熟視，乃見其所欲畫者，急起從之，振筆直遂，以追其所見之意。山屋陂陀，皆以比象之大。　阿難，見《讚佛詩》。《內典》：「譬兔馬象三獸渡河，惟大香象徹底截流。」　栴檀，見《讚佛詩》。《晉書‧穆帝紀》：「升平元年，扶南天竺旃檀獻馴象。」庾詩：「漢使絕經過。」　杜詩：「今之畫圖無乃是。」　貝多羅樹，見《贈蒼雪》注。《元史‧鄭鼎傳》：「至金沙河，波濤洶湧。」**十丈黃塵向天闕，霜天夜踏宮牆月。芻豆支來三品料，鞭梢趨就千官謁。材大寧堪世人用，徒使低頭受羈絏。**此段寫所圖之象，而作圖者身份亦出。○楊炯詩：「千里暗黃塵。」天闕，

見上文。　霜天，見《海戶曲》。　豞豆三品料，見前。又，《五代史‧北漢世家》：「劉旻高平戰敗，獨乘契丹黃騮間道馳去，歸為黃騮治廟廄，飾以金玉，食以三品料。」陸務觀詩：「畫橋飛絮逐鞭梢。」《漢書‧嚴助傳》：「人徒之眾，足以供千官之奉。」材大，見《贈家侍御》。　低頭，見《讀史雜詩》。《左傳‧僖二十年》：「臣負羈紲。」《注》：「羈，馬羈。紲，馬韁。」**京師風俗看洗象，玉河春水涓流潔。赤腳烏蠻縛雙帘，六街士女車填咽。叩鼻殷成北闕雷，怒蹄捲起西山雪。圖成懸在長安市，道旁觀者呼奇絕。性癖難供勢要求，價高一任名豪奪。**此段實寫洗象圖。自承天門句至此，皆言洗象之盛，亦作圖者之盛也。○《大清一統志》：「玉河源出宛平縣玉泉山，元時曰金水河。」張如哉曰：「涓流用『泉涓涓而始流』。」《元史‧祭祀志》：「殊非涓潔之道。」　韓詩：「一婢赤腳老無齒。」劉伯溫詩：「僅有赤腳奴。」《唐書‧南蠻傳》：「自彌鹿升麻二川南至步頭，謂之東爨烏蠻。」縛帘，見《攀清湖》。　六街，見《送沈繹堂》。士女，見《閬州行》。《梁書‧陶弘景傳》：「車馬填咽。」　《本草集解》：「象鼻甚深，可以開合。食物飲水，皆以鼻捲入口。」《公羊傳》：「其用之社奈何？蓋叩其鼻以血社也。」此借用。《詩》：「殷其雷。」　柳子厚《三戒》：「驢不勝怒，蹄之。」此借用。蘇詞：「驚濤拍岸，捲起千堆雪。」西山，見《贈家侍御》。　《後漢書‧韓康傳》：「常採藥名山，賣於長安市。」　奇絕，見《琵琶行》。　杜詩：「為人性癖耽佳句。」韓詩：「勢要情所重。」又：「少室山人索價高。」名豪，見《茸城行》。《史記‧蕭相國世家》：「無為勢家所奪。」**十餘年來人事變，碧雞金馬爭傳箭。越人善象教象兵，扶南身毒來酣戰。惜哉崔生不復見，畫圖未得開生面。若使從軍使趙佗，蒼梧城下看如練。更作昆明象戰圖，止須一疋鵝溪絹。**此段就像而曲折旁通言之，非泛作感慨。○鹿虔辰詞：「煙月不知人事改。」　《漢書‧王褒傳》：「方士言益州有金馬碧雞之寶，可祭祀致也。」楊升庵《雲南山川志》：「金馬山在雲南府城東二十五里。碧雞山在西南三十里。」傳箭，見《遇南廂園叟》。　《晉書‧南蠻傳》：「扶南西去林邑三千餘里，在海大灣中。」《唐書‧扶南傳》：「王出乘象。」《史記‧大宛傳》：「身毒在大夏東南可數千里，其人民乘象以戰。」《一統志》：「榜葛在西海中，即漢時身毒國。」杜詩：「英姿颯爽來酣戰。」又：「將軍下筆開生面。」　從軍，見《行路難》。《史記‧尉佗傳》：「南越王尉佗者，真定人也，姓趙氏。」《一統志》：「廣西梧州府蒼梧縣附郭大江，自潯州府平南縣流經藤縣北，又東經梧州府城西南隅，與桂江合。」謝玄暉詩：「澄江靜如練。」　昆明，見《贈蒼雪》。　杜詩：「我有一疋好東絹。」鵝溪絹，見《清風使節圖》。**嗟嗟崔生餓死長安陌，亂離荒草埋殘骨。一生心力付兵火，此卷猶存堪愛惜。君**

不見武宗供奉徐髯仙，豹房夜直從游畋。青熊蒼兕寫奇特，至尊催賜黃金錢，只今零落同雲煙古。來畫家致身或將相，丹青慘澹誰千年。此段尚論青蚓，仍不脫圖像意。自金馬碧雞至此，見象非昔，而作圖者亦非昔也。○杜詩：「紈綺不餓死。」　荒草，見《東萊行》。蔡文姬《胡笳十八拍》：「死當埋骨兮長已矣。」　心力，見《汲古閣歌》。■〔註7〕兵火，見《遇南廂園叟》。　杜詩：「樹木猶為人愛惜。」　《明史・武宗紀》：「諱厚照。」供奉，見《王郎曲》。《松江府志》：「徐霖，字子仁，自號九峰道人，或呼為髯仙。」　《明武宗實錄》：「正德二年八月，蓋造豹房、公廨、前後廳房並左右廂歇房。上朝夕處此，不復入大內矣。七年，添修豹房，屋二百餘間，費銀二十四萬餘兩。」《書》：「文王不敢盤於游畋。」　《汲冢周書》：「成王時，不屠國獸青熊。」《史記・齊世家》：「尚父誓師曰：蒼兕蒼兕，總爾眾庶。」朱子詩：「偉哉奇特觀。」　至尊賜金，見《九友歌》。　子瞻《寶繪堂記》：「譬之煙雲之過眼，百鳥之感耳。」　《宣和畫譜》：「李思訓，唐宗室也，妙極丹青，官至左武衛大將軍。其子昭道同時，於此亦不凡。故人云大李將軍、小李將軍者，大謂思訓，小謂昭道也。」《唐者・閻立本傳》：「戒其子曰：『吾少讀書，文辭不減儕輩。今獨以畫見名，若曹慎毋習。』既輔政，時姜恪以戰功擢左相，故時人有『左相宣威沙漠，右相馳譽丹青』之嘲。」　慘澹，見《攀清湖》。

　　　　尤展成《詠明史樂府・徐髯仙》一首自注：「徐霖在金陵築快園，極遊觀聲伎佼之樂。武宗南巡，臧賢薦入行宮，應製詞曲，扈從還京，宿御榻前，授官，固辭。」按：此事《明史》不載，而尤注亦不言其善畫也。扈從御榻前，故云夜直。然臧賢，伶人也。霖由賢進，則供奉賜金反不如餓死之潔，故青熊蒼兕之零落不如《洗象圖》之堪愛惜也。然不獨髯仙為然。即由畫而致將相者，亦誰能千年常存乎？是極力歸重崔生處。

松山哀《御撰通鑑綱目三編》：「崇禎十五年春二月，我大清兵克松山，洪承疇降，遂下錦州。」　《大清一統志》：「松山在錦州府錦縣南十八里。舊松山所城在其西。」《明史・曹變蛟傳》：「崇禎十三年五月，錦州告急，從洪總督承疇出關。十四年三月，凡八大將、兵十三萬、馬四萬並駐寧遠，承疇主持重，而朝議以兵多餉艱。職方郎張若麒趣戰，承疇念祖大壽被圍久，乃議急救錦州。七月二十八日，諸軍次松山營西北岡，數戰，圍不解。承疇命變蛟營松山之北、乳峰山之西兩山間，列七營，環以長壕。俄聞我太宗文皇帝親臨督陣，諸將大懼。及出戰，連敗，餉道又絕，自杏山迤南沿海，東至塔山，為大清兵邀擊，溺海死者無算。變蛟、王庭臣聞敗，馳

至松山，與承疇固守。吳三桂、王樸奔據杏山，越數日，欲走還寧遠。至高橋遇伏，大敗，僅以身免。先後喪士卒凡五萬三千七百餘人。自是錦州圍益急，而松山亦被圍，應援俱絕矣。明年二月，副將夏成德為內應，松山遂破，承疇、變蛟、廷臣及巡撫邱民仰、故總兵祖大樂、兵備道張斗、姚恭、王之禎、副將江翥、饒勳、朱文德、參將以下百餘人皆被執見殺，獨承疇與大樂獲免。三月，大壽遂以錦州降。杏山、塔山連失，京師大震。」《八旗通志》：「洪承疇，漢軍鑲黃旗人，世居福建漳州府。初仕明，累官至經略，討流寇有功。崇德六年，率兵十三萬來援錦州，聞太宗文皇帝親征，遂回松山固守。我兵四路追逐，殺五萬餘人。七年二月，肅郡王豪格等圍困松山城，明松山副將夏成德密遣子約降為內應。十八日夜，我兵以雲梯於夏成德所守處登城，遂克之。城中文武各官俱被擒，特諭洪承疇及總兵祖大樂隸旗籍。順治二年，以大學士、總督軍務招撫江南各省地方，生擒金聲並偽官四員，斬於軍前。福建偽閣部黃道周兵寇徽州，遣張天祿大破之。三年，再敗之，斬道周。十年，出為湖廣等處五省經略，疏陳全楚情形，往來長沙，四應調度。十五年，克取貴州。十六年三月，我兵追剿偽桂王，破騰越州，王南甸，從三宣六慰路遁去。十八年，追敘前功，授三等阿達哈哈番世職。康熙四年，病卒，諡文襄。」《杭州府志》：「洪承疇，字亨九，福建南安人。」

　　拔劍倚柱悲無端，為君慷慨歌松山。盧龍蜿蜒東走欲入海，屹然撟拄當雄關。連城列障去不息，茲山突兀煙峰攢。中有壘石之軍盤，白骨撐距凌巉岏。十三萬兵同日死，渾河流血增奔湍。從松山直起，點明戰壘。○《史記·刺客傳》：「拔劍，劍長，操其室，軻自知事不就，倚柱而笑。」又，《田單傳》：「如環之無端。」　又，《項羽紀》：「乃悲歌忼慨。」　《大清一統志》：「崇德六年，太宗親率大兵，取松山城。」　又：「永平府盧龍縣附郭，渤海在府南一百六十里，歷山海關，接寧遠州界。」張平子《七辨》：「螭虹蜿蜒。」李詩：「黃河落天走東海。」　《正字通》：「屹，山獨立，壯武貌。」《字典》：撟亦作枝，拄亦通作柱。李義山《衛公集序》：「天井雄關，金橋故地。」　《史記·主父偃傳》：「今諸侯或連城數十。」《漢書·西域傳》：「於是漢列亭障，至玉〔註8〕門矣。」王詩：「行人去不息。」　突兀，見《臨江參軍》。路賓王詩：「攢峰銜宿霧。」《漢書·韓安國傳》：「壘石為城。」　撐距，見《雁門尚書行》。《正字通》：「樘撐撐歫，音義丛同。」宋玉《高唐賦》：「盤岸巉岏。」　《大清一統志》：「豫郡王多鐸，太祖高皇帝第十五子。明洪承疇率十三萬眾來援錦州，敗走，王設伏以待明兵，殲焉。」杜詩：「四萬義軍同日死。」　《大清一統志》：「渾河源出長嶺子納綠窩集，曰納綠河，西流入英額邊門，

〔註8〕「玉」，乙本作「王」。

會囓桑阿河為渾河。」杜詩：「洶洶開奔湍。」**豈無遭際異，變化須臾間。出身憂勞致將相，征蠻建節重登壇。還憶往時舊部曲，喟然歎息摧心肝。** 就承疇意中寫出哀字，是進一層法。憂勞二字，蘊藉之甚。○司馬仲達詩：「遭遇際會。」鮑詩：「念此死生變化非常理。」 禰正平《鸚鵡賦》：「臣出身而事主。」《史記·魯世家》：「三王之憂勞天下久矣。」 鄭守愚詩：「漢庭無事不征蠻。」《史記·司馬相如傳》：「乃拜相如為中郎將，建節往使。」登壇，見《送杜弢武》。馬孝升曰：「承疇松山之敗，中朝風聞盡節，郵典備加，諡襄烈。乃被擒日久，遂降，以太傅、大學士從龍入關，先經略東南五省，繼經略西南五省，卒諡文襄。」 張平子《西京賦》：「結部曲。」元次山有《喻舊部曲詩》。 歎息，見《行路難》其六。歐陽堅詩：「痛哭推心肝。」**嗚呼！玄菟城頭夜吹角，殺氣軍聲振寥廓。一旦功成盡入關，錦裘跨馬征夫樂。天山回首長蓬蒿，煙火蕭條少耕作。廢壘斜陽不見人，獨留萬鬼填寂寞。若使山川如此閒，不知何事爭強弱。** 此段是哀字正面，乃作者意中語。○《大清一統志》：「漢時所置遼東、樂浪、玄菟三郡，多屬今奉天府治之東南及朝鮮界內地。」岑參詩：「輪臺城頭夜吹角。」《禮·月令》：「仲秋之月，殺氣浸盛。」軍聲，出《唐書·李愬傳》。寥廓，見《哭志衍》。 《老子》：「功成而不居。」入關，見《下相懷古》。 《唐書·李晟傳》：「每與賊戰，必錦裘繡帽自表。」《後漢書·公孫述傳》：「跨馬陷敵，所向輒平。」征夫，見《龍腹竹歌》。 《大清一統志》：「天山在哈密城北一百二十餘里，一名白山。自哈密〔註9〕東北境綿亙而西，經舊土魯番，又西入準噶爾界，殆三千餘里。又西南與蔥嶺相接。」蓬蒿，見《雁門尚書行》。 煙火，見《礬清湖序》。蕭條，見《遇南廂園叟》。《史記·越世家》：「身自耕作。」 廢壘，見《遇南廂園叟》。韓致光詩：「處處斜陽草似苔。」 《論衡》：「滄海之中有度朔之山，上有大桃木，其屈蟠三千里，其枝間東北曰鬼門，萬鬼所出入也。」按：《吳都賦注》作度索。《楚辭》：「野寂寞其無人。」**聞道朝廷念舊京，詔書招募起春耕。兩河少壯丁男盡，三輔流移故土輕。牛背農夫分部送，雞鳴關吏點行頻。早知今日勞生聚，可惜中原耕戰人。** 此段是哀字餘波。○《後漢書·杜篤傳》：「篤以關中表裏山河，先帝舊京。」 詔書，見《遇南廂園叟》。《後漢書·光武紀》：「招募猛士。」 兩河，見《避亂》。蔡文姬《胡笳十八拍》：「俗賤老弱兮少壯為美。」《漢書·主父偃傳》：「發天下丁男以守北河。」 三輔，見《退谷歌》。《後漢書·東夷傳》：「流移至澶州者，所在絕遠。」故土，見《行路難》。 溫

〔註9〕「密」，續修四庫本作「審」

飛卿詩：「牛背夕陽多。」《晉書・劉元海載記》：「魏武分其眾為五部。」　鮑詩：「雞鳴關吏起。」點行，見《馬草行》。　《左傳・哀元年》：「越十年生聚，而十年教訓。」蘇子由詩：「自古習耕戰。」

　　按：程迓亭《盤悅厄談》謂《松山哀》之悲祖大壽。然詳玩詩意，蓋哀戰士也，而責承疇之意在其中。「豈無遭際異，變化須臾間」，自其初降而言之。「出身憂勞致將相，征蠻建節重登壇」，則為大學士以後之事也。大壽未躋揆席，不得云將相。況有憶舊部曲、歡息摧心之語，十三萬人豈皆大壽之部曲乎？大壽當袁崇煥下獄，擁潰卒叛，賴孫承宗挽回之，而詩中無一語道及，則其不主於大壽明矣。承疇遭際變化，功成入關，明人謂其已死，有十六壇之祭，則不待建節登壇，而已有負於部曲死事之人，以欺息摧心歸之承疇，蓋詩人忠厚之旨也。至云「錦裘跨馬征夫樂」，則正與歡息對照，真斧鉞之筆矣。「早知今日勞生聚，可惜中原耕戰人」，其責承疇也婉而切，而大壽豈足以當之與？　按：《明史・孫承宗傳》：崇禎四年十月，城中糧盡援絕，守將祖大壽力屈出降。而《曹變蛟傳》大壽之降在崇禎十五年三月。恭讀《御撰資治通鑑綱目三編》，崇禎四年秋八月，我大清兵圍大凌城。至冬，大凌城糧盡援絕，大壽殺副將何可剛，偕諸將降，言妻子在錦州，請歸設計誘降守者，遂縱歸。崇禎十五年春二月，我大清兵克松山，洪承疇降，遂下錦州，祖大壽以錦州降。是四年降於大凌城，十五年降於錦州，雖《陳新甲傳》內有大壽「請以車營逼，勿輕戰」之語，然反覆屢降，其為人可知，而詩人顧為之哀，無是理也。況崇禎二年，大壽擁五萬人，東潰，遂奔錦州。莊烈果於用刑，袁崇煥、陳新甲之徒咸死西市，而大壽潰而奔，不以叛逆誅降，而歸不以失節誅，莊烈於是乎失刑矣。大壽之罪浮於賀人龍、毛文龍，而主死各異，明之亡宜哉！

　　張素存《松山詩》：「古戍春深曉飛霰，馬首雲低擁徵傳。松杏山經百戰餘，舊聞歷歷眼中見。坡坨隱伏雉堞頹，層巒扳地何崔嵬。彎弓帶甲十三萬，曾此空拳委塵埃。紅羅山頭歸路絕，青海障處戰流血。角聲入雲錦水枯，湘纍迎降氣嗚咽。脫囚釋縛居上筵，豐貂翠幕鵲印懸。南冠稽首紛雨泣，効死誓日旌門前。開天神武澌眾慮，四海英雄歸駕馭。袞袞將相圖丹青，奕奕驊騮競騫舉。於今亭堠生蓬蕭，平蕪沙軟孤鬼驕。往事浸尋四十載，共驅耕犢來春樵。想像山城仗黃鉞，虎帳經營幾歲月。萬年形勝吹雄關，千里邊雲撫溟渤。朝陵兩度輦路平，百靈跂翼隨行旌。經過鐵馬金戈地，時作蕭蕭風雨聲。」

臨淮老妓行《大清一統志》：「淮安府，漢屬臨淮郡。」孫仲衍有《老妓行》。尤展成《宮閨小名錄》：「冬兒劉東平，歌伎，吳梅村作《臨淮老妓行》。」袁子才曰：「冬兒與陳圓圓同為田弘遇所畜伎，後歸劉澤清。」陳其年《婦人集》：「臨淮老妓，某戚畹府中淨持也，後為東平侯女教師。甲申，京都失守，欲偵兩宮音息，而賊騎充斥，麾下將無一肯行，伎奮然曰：『身給事戚畹邸中久，宜往。』遂易靮鞈，持匕首，間關數千里，穿賊壘而還。」《明史》：「劉澤清，曹縣人。福王立以為東平伯，駐廬州。順治二年二月，揚州告急，命澤清等往援，而澤清已潛謀輸款矣。大清惡其反覆，磔誅之。」又，《史可法傳》：「東平伯劉澤清轄淮海，駐淮北。」王貽上《香祖筆記》：「澤清字崔洲。」馬孝升曰：「澤清聞大兵至，即棄淮安，裝金玉，子女避廟灣，為航海計。因所領兵漸散，復至淮安投誠，舉家入京，後正法。」

臨淮將軍擅開府，不鬥身強鬥歌舞。白骨何如棄戰場，青娥已自成灰土。老大猶存一妓師，柘枝記得開元譜。才轉輕喉便淚流，尊前訴出漂零苦。前四句是臨淮，後四句是老妓，乃破題也。尊前句領起通篇，以下俱是老妓口中話。○張如哉曰：「唐李光弼出鎮臨淮，進封臨淮郡王。詩目劉為臨淮將軍，正以反借刺之，如《茸城行》之『此亦當今馬伏波』也。」《晉書·職官志》：「魏黃權以車騎將軍開府儀，同三司。開府之名，起於此也。」 杜詩：「客子鬥身強。」 白骨，見《閬州行》。戰場，見《蟋蟀盆歌》。 張正言詩：「紅粉青娥映楚雲。」曹孟德《樂府》：「終為土灰。」 白詩：「老大嫁作商人婦。」妓師，出《沈約傳》，詳見下。 唐樂史有《柘枝譜》。《唐書·韋述傳》：「更撰《開元譜》二十篇。」 轉喉，見《王郎曲》。 錢仲文詩：「相憶綠尊前。」漂零，見《遇劉雪舫》。**妾是劉家舊主謳，冬兒小字唱梁州。翻新水調教桃葉，撥定鵾弦授莫愁。武安當日誇聲伎，秋娘絕藝傾時世。戚里迎歸金犢車，後來轉入臨淮第。**八句是老妓履歷。○《史記·外戚世家》：「子夫為平陽主謳者。」張如哉曰：「平陽主，平陽公主也。主字屬上。此云主謳，當如劉夢得《泰孃歌引》『泰孃本韋尚書家主謳者』。」《幽閒鼓吹》：「段和尚善琵琶，自製《西梁州》，崑崙求之，不與。至是，以樂之半贈之，乃傳焉。今曲調梁州是也。」 新翻，見《鴛湖曲》。水調，見《琵琶行》。桃葉，見《贈馮訥生》。詳《玉京墓》。 鵾絃，見《琵琶行》。《樂府解題》：「石城有女子，名莫愁，善歌謠。」 武安，見《永和宮詞》。聲伎，見《贈文園公》。 秋娘，見《楚兩生行》。絕藝，見《王郎曲》。白詩：「時世粧，時世粧，出自城中傳四方。」 戚里，見《青門曲》。溫飛卿詩：「油壁車輕金犢肥。」**臨淮遊俠起山東，帳下銀箏小隊紅。巧笑射棚分畫的，**棚，應作埧。**濃妝毬仗簇花叢。縱為房老腰肢在，若論軍容粉黛工。羊侃侍兒能走馬，李波小妹解彎弓。**八句言臨淮之盛，所謂「不

鬭身強鬭歌舞」也。○《史記》有《游俠傳》。　《大清一統志》:「曹縣在山東草州府東南一百里。」　帳下,見《臨江參軍》。《南史‧何承天傳》:「承天素好弈棊,又善彈箏,文帝賜以局子及銀裝箏。」　杜詩:「元戎小對出郊坰。」《南史‧齊高祖紀》:「蒼梧王立帝於寶內,畫腹為射的,引滿,將射之。左右諫曰:『領軍腹大,是佳射珊。』」張道濟詩:「雕弧月半上,畫的暈重規。」　又:「花裏濃粧伴麗人。」《宋史‧儀衛志》:「毬仗金塗銀裏以供奉,官騎執之。」白詩:「將軍掛毬仗,看按柘枝來。」謝宣遠詩:「密苑解華叢。」《釵小志》:「石崇愛婢翔風年三十,遂退之,使為房老。」李義山詩:「空城舞罷腰支在。」　《禮》:「軍容不入國,國容不入軍。」《楚辭》:「粉白黛黑。」蔡九逵詩:「山猶妬黛工。」　羊侃,見《茸城行》。按:侍兒,字出《史記‧袁盎傳》。　《魏書‧李安世傳》:「廣平人李波宗族彊盛,殘掠生民,百姓為之語曰:『李波小妹字雍容,褰裙逐馬如卷蓬,左射右射必疊雙。』」賈誼《過秦論》:「士不敢彎弓而報怨。」**錦帶輕衫嬌結束,城南挾彈貪馳逐。忽聞京闕起黃塵,殺氣奔騰滿川陸。探騎誰能到薊門,空閒千里追風足。消息無憑訪兩宮,兒家出入金張屋。請為將軍走故都,一鞭夜渡黃河宿。暗穿敵壘過侯家,妓堂仍訝調絲竹。祿山褌將帶弓刀,醉擁如花念奴曲。倉卒逢人問二王,武安妻子相持哭。熏天貴勢倚椒房,**熏,集作「薰」。**不為君王收骨肉。**此段言老妓奉命偵兩宮消息也。妓堂、念奴,不脫鬭歌舞意。○鮑詩:「錦帶佩吳鉤。」白詩:「輕衫細馬春年少。」結束,見《王郎曲》。　城南,見《琵琶行》。《戰國策》:「左挾彈,右攝丸。」馳逐,見《蟋蟀盆歌》。　沈休文詩:「遙眺想京闕。」黃塵,見《洗象圖》。　殺氣,見《松山哀》。何仲言詩:「激瀨視奔騰。」川陸,見《閬州行》。　張文昌詩:「軍中探騎暮出城。」《古樂府》有《出自薊北門行》。按:薊門煙樹寫京師八景之一,在德勝門外。《古今注》:「始皇七馬,一曰追風驃。」《明史‧流賊傳》:「始,賊欲偵京師虛實,往往陰遣人齎重貨賈販都市,又令充部院諸掾吏探刺機密。朝廷有謀議,數千里立馳報。及抵昌平,兵部發騎探賊,賊輒勾之降,無一還者。賊遊騎至平則門,京師猶不知也。」　兩宮,見《遇劉雪舫》。　薛維翰詩:「見家門戶重重閉。」金張,見《行路難》。　《離騷》:「又何懷乎故都?」　高賓王詩:「一鞭花陌曉。」《木蘭詩》:「朝辭耶娘去,暮宿黃河邊。」《漢書‧衛青傳》:「為侯家騎從。」　白詩:「溪繞妓堂回。」又:「緩歌漫舞疑絲竹。」《唐書‧逆臣傳》:「安祿山,營州柳城胡也。張守珪拔為偏將。」褌將,出《漢書‧項籍傳》。弓刀,見《避亂》。　白詩:「洛陽多少如花女。」元詩:「力士傳呼覓念奴,念奴潛伴諸郎宿。」　倉卒,見《讀西臺記》。二王、武安,見《永和宮詞》。　陸士衡《演連珠》:

「虐暑薰天。」 杜詩:「不得收骨肉。」馬孝升曰:「宏遇歿於崇禎十六年,其不收邮永、定二王,尚伊妻子之罪,尤可怪者,周奎之於慈琅耳。」**翻身歸去遇南兵,退駐淮陰正拔營。寶劍幾曾求死士,明珠還欲致傾城。男兒作健酣杯酒,女子無愁發曼聲。**此段言老妓歸後,澤清仍然「不闘身強鬪歌舞」也。○杜詩:「翻身向天仰射雲。」《一統志》:「淮陰故城在淮安府清河縣東南,秦縣也。淮陽故城在淮安府清河縣西南,晉縣也。」《集韻》:「晉俗謂平地除垡曰拔。」按:詩意當用此,非拔營遁也。《精華錄訓纂》:「澤清與淮撫田仰日肆歡飲。大兵南下,有問其如何御者,澤清曰:『吾擁立福王而來,以此供我休息。萬一有事,吾自擇江南一郡去耳。』八月,澤清大興土木,造宅淮安,極其壯麗,四時之室俱備,僭擬皇居。休卒淮上,無意北征。」 陳伯玉詩:「寶劍千金買,平生未許人。」死士,見《雁門尚書行》。 喬知之詩:「明珠十斛買娉婷。」傾城,見《永和宮詞》。 男兒作健,《見哭志衍》。《漢書·灌夫傳》:「爭杯酒不足,引他過誅也。」 《北齊·幼主傳》:「為無愁之曲。」曼聲,見《王郎曲》。**可憐西風怒,吹折山陽樹。將軍自撤沿淮戍,不惜黃金購海師。西施一舸東南避,鬱洲崩浪大於山。張帆捩柁無歸處,重來海口豎降幡。全家北過長淮去,長淮一去幾時還,誤作王侯邸第看。收者到門停奏伎,蕭條西市歎南冠。**此段言東平反覆被誅之事。「西施一舸」不脫「鬪歌舞」意。「停奏伎」亦為烘染。○李詩:「昨夜狂風度,吹折江頭樹。」《一統志》:「淮安府山陽縣附郭。」 《宋史·魏勝傳》:「以議和撤海州戍。」 按:海師,字出《南史·朱修之傳》。 西施一舸,注見《攀清湖》。 《魏志·邴原傳》:「將家屬入海,居鬱洲山中。」《方輿紀要》:「鬱洲山在海州東北十九里。海中有大洲,周圍數百里,謂之鬱洲,亦曰鬱州山。《海經》所謂鬱山在海中者也。晉隆安五年,孫恩襲建康,不克,浮海北走鬱州。」李詩:「白浪如山那可渡。」 又:「張帆當濟川。」捩柁,見《二十五日詩》。 《一統志》:「自海州入淮安府安東縣,東為淮水會黃入海之口。」《淮南水利考》:「山陽縣廟灣海口在縣東北一百八十里。」降幡,見《楚兩生行》。 蘇詞:「波聲拍枕長淮曉。」 幾時還,見《鐵獅歌》。《漢書·燕王劉澤傳》:「臣觀諸侯邸第百餘。」 《晉書·石崇傳》:「崇正宴於樓上,介士到門。及車載詣東市,崇乃歎曰:『奴輩利吾家財。』收者答曰:『知財致害,何不早散之?』」《宋書·蔡興宗傳》:「常言收已在門,不保俄頃。」按:使得奏薄技,出《漢書·司馬遷傳》。然詩意似用《魏略》魏武醉輒向帳作伎之類耳。 《唐書·張亮傳》:「斬西市,籍其家。」南冠,見《琵琶行》。**老婦今年頭總白,淒涼閱盡興亡跡。已見秋槐隱故宮,又看春草生南陌。依然絲管對東風,坐中尚識當時客。金穀田園化作塵,**

綠珠子弟更無人。楚州月落清江冷，長笛聲聲欲斷魂。此段歸到老妓身上，層次詠歎，足訴出漂零之意。○《戰國策》：「老婦不能。」　秋槐，見《永和宮詞》。故宮，見《雒陽行》。　《楚辭》：「春草生兮萋萋。」梁武帝詩：「十四採桑南陌頭。」　杜詩：「錦城絲管日紛紛。」　《梁書‧沈約傳》：「嘗侍讌，有妓師，是齊文惠宮人。帝問識坐中客不，曰：『唯識沈家令。』約伏座流涕。」　《綠珠傳》：「石崇有別廬在河南金谷澗中。」《歸去來辭》：「田園將蕪，胡不歸？」白詩：「歲久化為塵。」　《綠珠傳》：「綠珠有弟子朱韓，有國色，善吹笛，後入晉明帝宮中。」張承吉詩：「月明南內更無人。」　《一統志》：「淮安府，隋開皇元年改郡為淮陰，立楚州。清江浦在山陽縣西北三十里。」　趙承祜詩：「長笛一聲人倚樓。」宋延清詩：「看山欲斷魂。」

　　　　　此詩以「尊前訴出漂零苦」為眉目，而以「不鬬身強鬬歌舞」為主腦，左縈右拂，層層入妙。張素存《過金陵某將軍營》：「六纛雙旌隱畫扉，月明霜白路人稀。燕歸不識將軍壘，猶認烏衣舊宅飛。」想亦東平之流也。

殿上行《宋史‧高宗紀》：「令館職侍立殿上。」按：此詩為黃石齋而作。《明史‧黃道周傳》：「字幼平，漳浦人。崇禎十一年六月，廷推閣臣，道周已充日講官，遷少詹事，得與名。帝不用，用楊嗣昌等五人，道周乃草三疏，一劾嗣昌，一劾陳新甲，一劾遼撫方一藻。七月五日，召內閣及諸大臣於平臺，並及道周。是時，帝憂兵事，謂可屬大事者惟嗣昌，破格用之。道周守經失帝意，及奏對，又不遜，帝怒甚，欲加以重罪，憚其名高，未敢決。嗣昌懼論己者將無已時也，亟購人劾道周者，貶道周六秩，為江西按察司照磨。」

　　殿上雲旗天半出，夾陛無聲手攀直。有旨傳呼召集賢，左右公卿少顏色。公卿繇來畏廷議，上殿叩頭輒心悸。吾丘發策詘平津，未斥齊人慚汲尉。先生侍從垂金魚，退直且上庖西書。況今慷慨復遑惜，不爾何以乘朝車。起四句點明殿上。公卿四句用反襯法，先生四句歸到石齋，而以初入翰林時襯出為大僚時也。○司馬長卿《上林賦》：「拖霓旌，靡雲旗。」儲光羲詩：「初日照龍闕，崨嶪在天半。」《漢書‧叔孫通傳》：「先平明，謁者治禮，引以次入殿門。廷中陳車騎戍卒衛官，設兵張旗志。傳曰趨。殿下郎中夾陛，陛數百人。」師古曰：「志同幟。」《漢書‧朱雲傳》：「御史將雲下，雲攀殿檻，檻折。及後當治檻，上曰：『勿易。』因而輯之，以旌直臣。」　傳呼，見《東萊行》。集賢，見《汲古閣歌》。然此詩用唐事。《唐書‧百官志》：「明皇常選耆儒，日一人侍讀，以質史籍疑義，置集賢殿侍講學士、侍讀直學士。」　杜詩：「凌煙功臣少顏色。」　《後漢書‧桓榮傳‧論》：「張佚廷議戚援。」　《明史‧萬安傳》：「安遂頓首呼萬歲，欲出彭時，商輅不得

已,皆叩頭退。」心悸,見《送何省齋》。 《漢書·吾丘壽王傳》:「丞相公孫弘奏言民不得挾弓弩。上下其議。壽王對,以為無益於禁奸,而廢先王之典,大不便。上以難丞相弘,弘詘服焉。」又,《公孫弘傳》:「上乃使朱買臣等難弘置朔方之便,發十策,弘不得一。」又:「封丞相弘為平津侯。」 又:「汲黯廷詰弘,曰:『齊人多詐而無情,始為與臣等建此議,今皆背之,不忠。』」又,《汲黯傳》:「上聞,召為主爵都尉。」 侍從,見《東萊行》。韓詩:「玉帶懸金魚。」按:退直,猶下直也。《明史·解縉傳》:「舉進士,授中書庶吉士。一日,帝在大庖西室諭縉:『朕與爾義則君臣,恩猶父子,當知無不言。』縉即日上封事萬言。」 慷慨,見《哭志衍》。 《呂氏春秋》:「管仲至齊境,桓公使人以朝車迎之。」《後漢書·來歷傳》:「大臣乘朝車,處國事,固復輾轉若此乎?」**秦涼盜賊雜風雨,梁宋丘墟長沮洳。降人數部花門留,抽騎千人桂林戍。至尊宵旰誰分憂,挾彈求鳳高墉謀。老臣自詣都詔獄,逐客新辭鵁鵲樓。先生翻然氣填臆,口讀彈文叱安石。期門將軍需戟張,側足聞之退股栗。**此段直陳時事,是石齋意中口中語,乃殿上之正面也。期門將軍與起處相應。○《晉書·馬隆傳》:「若從諸卿言,是無秦涼也。」如風雨,見《壽冀芝麓》。 丘墟,見《遇南廂園叟》。沮洳,見《塗松晚發》。 杜有《留花門》詩。《唐書·地理志》:「居延海又北三百里有花門山堡,又東北千里至回紇牙帳。」 左太沖《吳都賦》:「數軍實於桂林之苑。」劉逵注:「吳有桂林苑也。」 宵旰,見《永和宮詞》。《晉書·宣帝紀》:「此非以為榮,乃分憂耳。」 挾彈,見《老妓行》。《淮南子》:「削薄其德,曾累其行而欲以為治,無以異於執彈而求鳥,挵梲而狃犬也。」《易》:「公用射隼於高墉之上。」 老臣,見《雕橋莊歌》。《明史·職官志》:「錦雲衛掌侍衛緝捕刑獄之事。洪武二十年,以治錦衣衛者多非法凌虐,乃焚刑具,罷錦衣獄。成祖時,復置,尋增北鎮撫司,專治詔獄。」 《史記·李斯傳》:「為客者逐。」又,《司馬相如傳》:「過鵁鵲,望露寒。」徐廣曰:「鵁音支,甘泉宮左右觀名也。」 王仲宣《登樓賦》:「氣交憤於胸臆。」 《北史·李彪傳》:「近見彈文,殊乖所以。」《宋史·唐坰傳》:「摺笏展疏目安石曰:『王安石近御座,聽剳子。』大聲宣讀,凡六十條。」 《漢書·東方朔傳》:「建元三年,始微行,與侍中常侍武騎,及待詔,隴西北地良家子能騎射者,期諸殿門,故有期門之號。」又,《百官表》:「期門,平帝更名虎賁郎。」須如戟,見《蟋蟀盆歌》。《北史·景穆十二王傳》:「任城王孫順鬚鬢俱張。」 《南史·郭祖深傳》:「遠近側足。」股栗,見《蟋蟀盆歌》。**吾聞孝宗宰執何其賢,劉公大夏戴公珊。夾城日移對便殿,造膝密語為艱難。如今公卿習唯唯,長跪不言而已矣。黃絲歷亂朱絲直,秋蟲局曲秋雕起。嗚呼!**

拾遺指佞乃史臣，優容愚戇天王仁。此段又用旁襯法。劉、戴是正襯，公卿是反襯。又前以大紳為比，此以劉、戴相擬，有無心映合之妙，而長跪不言與上殿叩頭亦相應也。然正襯反襯皆引起末二句意。史臣句收完侍從金魚，優容句既與孝宗宰執作對照，又與起四句相關合也，立言有體。○《明史・孝宗紀》：「諱祐樘，憲宗第三子也。」《唐書・張九齡傳》：「宰執每薦公卿。」杜詩：「用舍何其賢。」《明史・劉大夏傳》：「字時雍，華容人。弘治十五年，拜兵部尚書。」又，《戴珊傳》：「字廷珍，浮梁人。召為左都御史。帝晚年召對大臣，珊與大夏造膝宴見尤數。」　李景文《東山草堂歌》：「九重移榻數召見，夾城日高未下殿。英謀密語人不知，左右微聞至尊羨。」《唐書・柳公權傳》：「常與六學士對便殿。」《風俗通》：「禮，諫有五，諷為上，故入則造膝，出則詭辭。」《戰國策》：「范睢曰：『唯唯。』」《古詩》：「長跪問故夫。」　鮑詩：「黃絲歷亂不可治。」又：「直如朱絲繩。」　杜詩：「秋蟲聲不去。」《玉篇》：「踏跼，不伸也。」張喬詩：「教獵秋鶻掠草輕。」　拾遺，見《東萊行》。《論衡》：「太平之時，屈軼生於庭之末，若草之狀，主指佞人。」《漢書・蓋寬饒傳》：「上以其儒者，優容之。」《史記・汲黯傳》：「甚矣，汲黯之戇也！」《索隱》：「戇，愚也。」《春秋・隱公七年》：「天王使凡伯來聘。」《史記・孝文紀》：「所謂天王者，乃天子。」

　　按：此詩以《御撰資治通鑑三編》及《明史》考之，《綱目》崇禎十年冬十月，李自成犯四川。自成窺蜀中空虛，乘間陷寧羌，破七盤關，分三道入蜀，而闖、獻延綏人，所謂「秦涼盜賊雜風雨」也。十年，山東、河南蝗。十一年，兩畿、山東、河南大旱，蝗。所謂「梁宋丘墟長沮洳」也。十一年夏四月，張獻忠偽降，總理軍務熊文燦受之。良玉知其詐，請急擊之，文燦不聽。所謂「降人數部花門留」也。《明史・楊嗣昌傳》：「流賊既大熾，嗣昌復陰主互市，兵以分防，不能常聚，故有抽練之議。」抽練而其餘遂不問，且抽練仍虛文，邊防愈益弱。所謂「抽騎千人桂林戍」也。《〈文選・吳都賦〉注》：「吳有桂林苑。」則非廣西桂林矣。「至尊」二句，蓋指嗣昌主撫奪情之事。《嗣昌傳》：「十一年三月，帝御經筵畢，嗣昌奏對，有善戰服上刑等語，帝怫然詰之，曰：『小丑跳樑，不能伸大司馬九伐之法，奈何為是言？』嗣昌慚。」嗣昌既以奪情入政府，又奪情起陳新甲總督，而《道周傳》其劾嗣昌，謂「天下無無父之子。衛開方不省其親，管仲至比之豭狗。李定不喪繼母，宋世皆指為人梟。今遂有不持兩服，坐司馬堂，如楊嗣昌者」。「老臣」二句，蓋指鄭三俊下獄、劉同升等謫外之事。《道周傳》：「十一年二月，帝御經筵，刑部尚書鄭三俊方下吏，講官黃景昉救之，帝未許。

而帝適追論舊講官姚希孟，道周聽未審，謂帝將寬三后，念希孟也，因言天下士生如三俊，歿如希孟，求其影似，未可多得。帝以所對失寔，責令回奏。」《嗣昌傳》：「給事中何楷、錢增、御史林蘭友相論列，帝不問。六月，改禮部尚書兼東閣大學士，入參機務，仍掌兵部事。於是楷、蘭友及道周抗疏詆斥，修都劉同升、編修趙士春繼之。帝怒，並鐫三級，留翰林。刑部主事張若麒上疏，醜詆道周，遂鐫道周六級，並同升、士春皆謫外。」所謂「老臣自詣都詔獄，逐客新辭鵁鶄樓」也。至「先生侍從」二語，蓋指崇禎二年道周以右中允三疏救故相錢龍錫降調。五年，方侯補。邁疾，上疏，語皆刺大學士周延儒、溫體仁，斥為民。九年，召復故官，進諭德，掌司經局事，有三罪四恥七不如疏，皆詳本傳。而平臺召對時，帝問道周曰：「爾三疏適當廷推不用時，果無所為乎？」對曰：「先時猶可不言，至簡用後不言，更無當言之日。」正與詩中「況今慷慨復邅惜，不爾何以乘朝車」相為印證。惟是「秦涼盜賊」等語，《明史》於石齋劾嗣昌疏中不具載，或史傳敘疏有所刪節，亦未可知。然詳味詩意，秦涼等語是指當時時勢。「先生翻然」四句，方實敘劾疏及召對之事耳。　或問：既為石齋作，而題內不著其姓字，何也？曰：《梅村集》刻於我大清定鼎以後，且已身仕天朝，而瞿、黃數輩皆艱難海表，為大兵所誅，故《後東皋草堂歌》不書為瞿起田作，《殿上行》不書為黃石齋作，其意一也。且《後東皋草堂歌》之中丞是止紀其巡撫廣西，《殿上行》之待從史官是止紀其由庶常歷少詹，而於瞿、黃所受諸王官爵皆不書，於詩史之中有慎言其餘之意，讀者尚論其世，可以諒吳之苦心矣。　按：石齋與劉念臺齊名，而集中止及石齋者，梅村與臨江參軍嘗從石齋受《易》，故言之綦詳。少陵《八哀詩》有臨淮而無汾陽，不致疑於詩史也。　馬孝升謂此詩指梅村同年楊鳧岫官日講，對仗參中書黃應恩，以梅村所撰《鳧岫〔註10〕墓誌》為徵。然梅村詩中於姜給事、衛少司馬皆君之而已，此詩兩用先生字，兼以劉、戴為比，其為石齋無疑。「先生侍從垂金魚，退直且上庖西書。況今慷慨復邅惜，不爾何以乘朝車」，曰「且上」，曰「況今」，是前為侍從而後為大僚者。鳧岫由庶吉士歷檢討、中允、諭德，固終其身為侍從者也，何以云「況今慷愧」乎？惟鳧岫之劾黃應恩也，淄川張至發寔昵應恩，篇中「未斥齊人慚汲黯」，似於志發為合。然《道周傳》中本有「張王發擯道周」語，而梅村墓表謂立朝始進，即首劾淄川，奏雖寢不行，其黨皆側目。訕平津而慚汲黯，蓋梅村自指，而以上書慷慨歸之石齋也。梅村之訕至發，固不待遣涂仲吉入都申救道周之日而始見耳。

〔註10〕「鳧岫」，讀秀本作墨丁。

過錦樹林玉京道人墓並傳

　　玉京道人，莫詳所自出，或曰秦淮人，姓卞氏。知書，工小楷，能畫蘭，能琴。年十八，僑虎丘之山塘。所居湘簾棐几，嚴淨無纖塵，雙眸泓然，日與佳墨良紙相映徹。見客初亦不甚酬對，少焉諧謔間作，一坐傾靡。與之久者，時見有怨恨色，問之，輒亂以他語，其警慧雖文士莫及也。秦淮，見《閩州行》。　知書，見《畫蘭曲》。　蘇詩：「淨兒明窗書小楷。」《字典》：「旅寓曰僑居。」　《大清一統志》：「虎丘山在蘇州府元和縣。」山塘，見《彈琴歌》。　趙子昂詩：「湘簾疏織浪紋稀。」《晉書·王羲之傳》：「嘗詣門生家，見棐几滑淨，因書之，真草相半。」　《說文》：「泓，水清貌。」　映徹，見《行路難》。《晉書·顧愷之傳》：「好諧謔，人多愛狎之。」　《宋書·符瑞志》：「傾靡有光采。」　《魏書·乞伏保傳》：「初無恨色。」　《南史·王融傳》：「少而神明警慧。」與鹿樵生一見，遂欲以身許。酒酣，拊几而顧曰：「亦有意乎？」生固為若弗解者，長歎凝睇，後亦竟弗復言。尋遇亂別去，歸秦淮者五六年矣。《列子》：「鄭人有薪於野者，遇駭鹿，擊而斃之。恐人見之也，藏諸隍中，覆之以蕉。俄而失其處，遂以為夢。順塗而詠其事。傍有聞者，取之。歸，告室人曰：『薪者夢得鹿，不知其處。我今得之，彼真夢者矣。』」按：鹿樵生，梅村以自隱也。　撫几，出《南史》韋叡及任昉傳。撫，與拊通，如《小雅》「拊我畜我」、《左傳·宣十二年》「拊而勉之」之類。白詩：「含情疑睇謝君王。」久之，有聞其復東下者，主於海虞一故人，生偶過焉。尚書某公者，張具請為生必致之，眾客皆停杯不禦。已報曰：至矣。有頃，回車入內宅，屢呼之，終不肯出。生悒怏自失，殆不能為情，歸賦四詩以告絕。已而歎曰：「吾自負之，可奈何！」《晉書·地理志》：「吳郡有海虞縣。」《一統志》：「常熟縣，晉海虞縣。」　《史記·曹相國世家》：「取酒張坐飲。」《韻會》：「張，設也。」　鮑詩：「停觴不御欲誰須。」　梅村《琴河感舊詩序》：「主人命犢車以迎來，持羽觴而待至。停驂初報，傳語更衣，已託病痁，遷延不出。知其憔悴自傷，亦將委身於人矣。漫賦四章，以志其事。」踰數月，玉京忽至，有婢曰柔柔者隨之。嘗著黃衣作道人裝，呼柔柔取所攜琴來，為生鼓一再行，泫然曰：吾在秦淮，見中山故第有女絕世，名在南內選擇中，未入宮而亂作，軍府以一鞭驅之去。吾儕淪落，分也，又復誰怨乎？坐客皆為出涕。按：此段正與《聽女道士彈琴歌》相合，歌當作於其時也。《南史·梁宗室昂傳》：「徵為琅邪、彭城二郡太守。時有女子，年二十許，散髮黃衣，在武窟山石室中，人呼為聖姑。」《梁書·劉繢傳》：「繢剃髮為道人。」　鼓一再行，出《史記·

司馬相如傳》。 泫然，見《雕橋莊歌》。 《左傳·成九年》：「晉侯觀於軍府。」一鞭，見《老妓行》。《左傳·成二年》：「況吾儕乎！」淪落，見《避亂》其四。柔柔莊且慧，道人畫蘭，好作風枝婀娜，一落筆盡十餘紙。柔柔承侍硯席間，如弟子然，終日未嘗少休。客或導之以言，弗應；與之酒，弗肯飲。黃魯直詩：「風枝雨葉瘠土竹。」■婀娜，見《王郎曲》。 《板橋雜記》：「侍兒柔柔承奉硯席如弟子，指揮如意，亦靜好女子也。」 《會真記》：「稍以辭導之，不對。」踰兩年，渡浙江，歸於東中一諸侯，不得意，進柔柔奉之，乞身下髮，依良醫保御氏於吳中。保御者，年七十餘，侯之宗人築別宮，資給之良厚。侯死，柔柔生一子而嫁，所嫁家遇禍，莫知所終。李義山《柳枝詩序》：「柳枝，洛中里娘也。手斷長帶，結贈乞詩，後為東諸侯取去。」張如哉曰：「東中，謂會稽也。出《晉書·王羲之傳》。」 《戰國策》：「張儀謂秦王曰：『願乞不肖身之梁。』」《魏書·釋老志》：「沙門師賢，本罽賓國王種人。帝親為下髮。」 梅村《保御鄭三山墓表》：「君諱欽俞，三山其字。」道人持課誦戒律甚嚴。生於保御，中表也，得以方外禮見。道人用三年力，刺舌血為保御書《法華經》。既成，自為文序之，緇素咸捧手讚歎。凡十餘年而卒，墓在惠山祇陀庵錦樹林之原。後有過者，為詩弔之曰：《佛國記》：「法顯慨律藏缺，於是以弘治二年至天竺尋求戒律。」 《鄭三山墓表》：「余與君為中表。」又，《玉田公墓表》：「於吳門遇三山鄭君，曰：『余姻也。』詢之，則三山之兄曰某者，為伯祖壻，余姑尚在也。」《莊子》：「彼遊方之外者也。」 《南史·徐孝克傳》：「持菩薩戒，晝夜講誦《法華經》。」《宋史·藝文志》：「《法華經》三卷。」 緇素，見《讚佛詩》。《魏書·任城王雲附傳》：「捧手抗禮。」隋煬帝《重與智者請義書》：「忍師讚歎，惟唱希有。」《大清一統志》：「慧山在常州府無錫縣西。」《寰宇記》：「九龍山，一曰冠龍山，又曰惠山。」《常州府志》：「祇陀講寺在無錫縣東三十里。」

　　龍山山下茱萸節，泉響琤淙流不竭。但洗鉛華不洗愁，形影空潭照離別。離別沉吟幾回顧，游絲夢斷花枝悟。翻笑行人怨落花，從前總被春風誤。金粟堆邊烏鵲橋，玉娘湖上蘼蕪路。油壁曾聞此地遊，誰知即是西陵墓。從地與時說起，是題首過字，第十二句點出墓字。○《風土記》：「九月九日，律中無射而數九。俗尚此日折茱萸房以插頭上，言辟除惡氣，而禦初寒。」《隋書·地理志》：「九龍山有惠山寺，第二泉在焉。」庾詩：「懸崖泉溜響。」黃魯直詩：「邇來頗琤琮。」不竭，見《海戶曲》。 蘇詩：「洗盡鉛華見雪肌。」劉仲晦詩：「為君洗盡古今愁。」 司空表聖《詩品》：「空潭瀉春。」 沉吟，見《送何省齋》。回顧，

見《松鼠》。　沈休文詩:「游絲映空轉。」夢斷,詳《詩餘·念奴嬌》。　韓詠《落花詩》:「無端又被春風誤,吹落西家不得歸。」　杜詩:「君不見金粟堆前松栢裏。」烏鵲橋,見《青門曲》。　李義山詩:「玉孃湖上月應沉。」古詩:「上山採蘼蕪,下山逢故夫。」　蘇小小歌:「妾乘油壁車,郎跨青驄馬。何處結同心,西陵松栢下。」**烏栢霜來映夕曛,錦城如錦葬文君。紅樓歷亂燕支雨,繡嶺迷離石鏡雲。絳樹草埋銅雀硯,綠翹泥涴鬱金裙。**涴,烏臥切。**居然設色倪迂畫,點出生香蘇小墳。**此段贊墓,即以贊玉京也。張如哉曰:「此段寫錦樹林,從老杜詩『野花留寶靨,蔓草見羅裙』化出,清詞麗句,亦可為鄰。」○烏相,見《送龔孝升》。謝靈運靈詩:「夕曛嵐氣陰。」　錦城,見《哭志衍》。李詩:「千花畫如錦。」《史記·司馬相如傳》:「卓王孫有女文君。」　白詩:「紅樓富家女。」歷亂,見《殿上行》。《匈奴歌》:「失我焉支山,令我婦女無顏色。」李長吉詩:「桃花亂落如紅雨。」《一統志》:「繡嶺亨在無錫縣慧山西,宋光祿滕中充建,以花木繁盛,故名。」迷離,見《鴛湖曲》。《華陽國志》:「武都有一丈夫,化為女子,美而豔,蜀王納為妃。無幾,物故,蜀王遣五丁之武都擔土作冢,蓋地數畝,上有石鏡表其門,今成都北角武擔是也。」《路史》:「鏡週三丈五尺。」　魏文帝《與繁欽書》:「今之妙舞,莫巧於絳樹。」《記事珠》:「絳樹一聲能歌兩曲,二人相聽,各聞一曲,一字不亂,人疑其一聲在鼻。」《文房四譜》:「古瓦硯出相州魏銅雀臺,里人掘土,往往得之,貯水數日不滲。」《天中記》:「女道士魚玄機女童名綠翹,明惠有色。」韓詩:「勿使沉塵涴。」李義山詩:「折腰爭舞鬱金裙。」《莊子》:「居然不免於患。」《周禮》:「設色之工五。」《明史·隱逸傳》:「倪瓚,字元鎮,無錫人也。家雄於貲,工詩善畫,為人有潔癖。」侯朝宗《十萬圖記》:「雲林倪瓚自稱孃迂。」　徐孝穆《玉臺新詠序》:「辟惡生香,聊防羽陵之蠹。」《吳地記》:「嘉興縣有晉妓蘇小小墓。」《能改齋漫錄》:「蘇小小,錢塘名娼也。」按:此蓋南齊時人,故梅村絕句有「記得錢塘兩蘇小」。**相逢盡說東風柳,燕子樓高人在否。枉抛心力付蛾眉,身去相隨復何有。獨有瀟湘九畹蘭,幽香妙結同心友。十色箋翻貝葉文,五條弦拂銀鉤手。生死栴檀祇樹林,青蓮舌在知難朽。**此段櫽括玉京生平,畫圖、音樂、禪說,層次俱見。○東風柳,見《楚兩生行》。《一統志》:「燕子樓在徐州府銅山縣西北隅。唐貞元中,尚書張建封鎮徐州,築此樓以居愛妾盼盼。建封卒,盼盼樓居十五年不嫁。」秦少游詞:「人在樓中否。」　元詩:「槓拋心力畫朝雲。」　白諷關盼盼詩:「黃金不惜買蛾眉,揀得如花四五枝。歌舞教成心力盡,一朝身去不相隨。」辛稼軒詞:「當年燕子人何有。」　瀟湘,見《歸雲洞》。九畹,見《畫蘭曲》。　歐陽永叔《醉翁亭記》:「野芳

發而幽香。」《易》:「同心之言，其臭如蘭。」《續博物志》:「元稹使蜀，營妓薛濤造十色彩牋以寄。」《延漏錄》:「益州出十樣鸞牋，曰深紅、曰淺紅、曰杏紅、曰明黃、曰深青、曰淺青、曰深綠、曰淺綠、曰銅綠、曰淺雲，又有彩霞、金粉。」貝葉，見《贈蒼雪》。《禮》:「昔者舜作五絃之琴。」銀鉤，見《畫中九友歌》。梅檀，見《讚佛詩》。《金剛經注》:「須達多長者白佛言:『弟子欲營精舍，請佛住，惟有祇陀太子園廣八十頃，林木鬱茂可居。』」杜詩:「兄居祇樹園。」青蓮，見《贈蒼雪》。《史記·張儀傳》:「吾舌尚在不?」**良常高館隔雲山，記得斑騅嫁阿環。薄命只應同入道，傷心少婦出蕭關。紫臺一去魂何在，青鳥孤飛信不還。莫唱當時渡江曲，桃根桃葉向誰攀。**此段因玉京而並及柔柔，餘波瀠復。○《一統志》:「良常山在江寧府句容縣小茅峰之北。秦始皇嘗登句曲山北垂，歎曰:『巡狩之樂，莫過於山海。自今以往，良為常矣。』」《洞天福地記》:「第三十二洞良常山，周回三十里，名方會之天。」《晉書·華譚傳》:「虛高館以俟賢。」雲山，見《閬州行》。李義山詩:「腸斷斑騅送陸郎。」《漢武內傳》:「上元夫人又遣一侍女答問，云:『阿環再拜。』上問起居。」薄命，見《銀泉山》。入道，見《彈琴歌》。少婦，見《送龔孝升》。蕭關，見《送杜弢武》。文通《恨賦》:「紫臺稍遠。」杜詩:「一去紫臺連朔漠。」《漢武故事》:「七月七日，忽有青鳥飛集殿前。東方朔曰:『此王母欲來。』」李義山詩:「青雀西飛竟未回。」《隋書·五行志》:「陳時江南盛歌王獻之桃葉之詞，曰:桃葉復桃葉，渡江不用檝。」王子敬《桃葉歌》:「樹葉復桃葉，桃樹連桃根。」

張如哉曰:「《居易錄》:『倪元鎮故居，今為祇陀寺，在無錫縣東南二十里，雲林堂、清閟閣故址。至今猶多梧桐。』詩中『居然設色倪迂畫，點出生香蘇小墳』，正用此作點綴，非泛引也。」

悲滕城《大清一統志》:「滕縣在兗州府東南一百四十里。」《明史·五行志》:「崇禎三年，山東大水。四年六月，又大水。」程迓亭曰:「崇禎四年，河決金龍口，滕縣沉焉。」王貽上《水月今注》云:「山蛆生山鱒，重不過一斤。崇禎辛未浮河而下，或至六七斤。未幾，決荊隆口，漂沒萬家。」詩用《史記》河魚大上，正謂山蛆出也。《北史·祖瑩傳》:「尚書王肅曾於省中詠《悲平城》詩云:悲平城，驅馬入雲中。彭城王勰甚嗟其美，欲使肅更詠，乃失語云:『公可更為誦悲彭城詩。』肅因戲勰云:『何意呼《悲平城》為《悲彭城》也?』瑩應聲云:『悲彭城，楚歌四面起。』」按:詩題當本此。

悲滕城，滕人牧羊川之濆。雨工矯步趨其群，河魚大上從風雲。去山一尺雷殷殷，寺前鐵鐸多死聲。日暮雞犬慘不鳴，城上掌事報二更。鬼馬踏霧東南行，鼓音隆隆非甲兵。吁嗟龍伯何不仁，大水湯湯滔吾民。

此段悲滕城之天災。「滔吾民」引起下文。○《異聞集》:「柳毅見有婦人牧羊於道畔。曰:『非羊也,雨工也。』『何為雨工?』曰:『雷霆之類也。』」退之《與人書》:「天池之潰。」《列仙傳》:「託身風雨,遙然矯步。」蘇子卿詩:「胡馬失其群。」《史記·秦始皇紀》:「八年,河魚大上。」又,《老子傳》:「至於龍,吾不能知其乘風雲而上天。」《三秦記》:「民謠:孤雲兩角,去天一握。」《詩》:「殷其靁。」《五代史·于闐傳》:「冬夏殷殷,有聲如雷。」　宋齊丘詩:「風來蕭寺鐸。」《左傳·襄十八年》:「師曠曰:『南風不競,多死聲。』」《漢書·燕刺王旦傳》:「歸空城兮狗不吠,雞不鳴。」《宋史·樂志》:「掌事一名,在樂虛之西。」此借用。王詩:「空堂欲二更。」　杜詩:「鬼妾與鬼馬。」范致能詩:「馬蹄踏霧入空濛。」《古樂府》有《日出東南隅行》。　毛氏《詩傳》:「蘊蘊而暑,隆隆而雷。」梅聖俞詩:「漁陽三疊音隆隆。」《列子》:「龍伯之國有大人,舉足不盈數步,而暨五山之所。」漢武帝《瓠子歌》:「為我謂河伯兮何不仁。」《詩》:「汝水湯湯。」《說文》:「滔,水漫漫大貌。」**城中竽瑟不復陳,縞帶之價高錦純。路骨藉藉無主名,葬者死生俱未明。悲滕城,滕城訛言晝夜驚。百尺危巖浮車輪,海民投網獲釜錙。巫兒赤章賽水神,溝人匠氏脩防門。**此段悲滕城之人事。○《禮》:「鍾磬竽瑟以和之。」　韓詩:「隨車翻縞帶。」《戰國策》:「錦繡千純。」按:此句從《左傳·昭三年》「履賤踴貴」化出。　杜詩:「路有凍死骨。」《漢書·燕刺王旦傳》:「骨藉藉兮亡居。」《宋史·田瑜傳》:「有殺人投屍井中者,吏以其無主名,不以聞。」　按:死生未明,本隋煬帝齊王暕事,而加之葬者,則變化用之也。《通鑑》:「齊王暕素失愛於帝,恒相猜忌,父子至死不相明。」《詩》:「民之訛言。」　車輪,見《贈李雲田》。　潘安仁《西征賦》:「灑鉤投網。」《漢書·地理志》:「齊他長女不得嫁,名曰巫兒,為家主祠。」《梁書·沈約傳》:「乃呼道士奏赤章於天。」《史記·封禪書》:「冬賽禱祀。」《索隱》曰:「賽謂報神福。」張文昌詩:「誰家祭水神。」《考工記》:「匠人為溝洫。」《左傳·襄十六〔註11〕年》:「塹防門而守之。」

打冰詞 蘇詩:「不用防秋更打冰。」

　　北河風高水生骨,玉壘銀橋堆幾尺。新戍雲中千騎馬,橫津直渡無行跡。下流湍悍川途開,吹笳官舫從南來。帆檣山齊排浪進,牽船百丈聲如雷。雪深沒髁衣露肘,背挽頭低風塞口。相逢羨殺順流船,急問來時河凍否。溜過湖寬放艑平,集作「插」,非。長年穩望一帆輕。夜深側聽

〔註11〕按:「六」,當作「八」。

流澌響，瑣碎玲瓏漸結成。起四句點出冰字。湍悍下是打冰之由。○高達夫詩：「歸去北風高。」《四民月令》：「犁星沒，水生骨。」　左太沖《蜀都賦》：「包玉壘而為宇。」此借用。元裕之詩：「銀橋望極竟不歸。」《爾雅》：「戍，遏也。」《注》：「戍守所以止寇賊。」雲中，見《雁門尚書行》。《古樂府》：「東方千餘騎。」　王會之詩：「石筏橫津蛟莫窺。」行跡，見《松鼠》。　《史記·河渠書》：「水湍悍難以行平地。」虞伯施詩：「鳳吹溢川途。」　李君虞詩：「幾處吹笳明月夜。」官舫，見《捉船行》。《古樂府》：「使君從南來。」　李公垂詩：「水郭帆檣近斗牛。」韓君平詩：「浮雲不共此山齊。」　王仲初詩：「花裏牽船水上歌。」■〔註12〕《演繁露》：「杜詩多用百丈，問之蜀人，云：水峻，岸石又多廉稜，若用索牽，遇石輒斷，故劈竹為大瓣，用麻繩連貫，以為牽具，是名百丈。」《五代史·于闐傳》：「冬夏殷殷，有聲如雷，云禹貢流沙也。」　沒髁，見《馬草行》。露用，見《避亂》。　《談藪》：「王元景曰：『禾熟頭低，麥熟頭昂。』」《漢書·溝洫志》：「猶止兒啼而寒其口也。」　《爾雅》：「順流而下曰泝遊。」　杜詩：「河凍未漁不易得。」　《管子注》：「溜，發也。」《字典》：「水溜下也。」蘇詩：「放牐起膠艇。」　長年，見《送周子俶》。一帆，見《塗松晚發》。　側聽，見《讚佛詩》。《楚辭》：「流澌紛兮將來下。」　韓聯句詩：「竹影金瑣碎。」玲瓏，見《琵琶行》。■篙滑難施櫓枝折，舟人霜滿髭鬚白。發鼓催船喚打冰，衝寒十指西風裂。吁嗟河伯何硜硜，白棓如雨終無聲。魚龍潛逃科斗匿，殊耐鞭杖非窮民。官艙裘酒自高臥，只話篙師叉手坐。早辦人夫候治裝，明日推車冰上過。「篙滑」四句點出打冰。「河伯」四句寔寫打冰。「官艙」四句用督責語，是進一步寫打冰也。○揚子《方言》：「所以進船謂之篙。」《釋名》：「船尾曰柂，在旁曰櫓。櫓，膂也，用膂力然後舟行也。」　木玄虛《海賦》：「舟人漁子。」白詩：「帆白滿船霜。」劉夢得詩：「好染髭鬚事後生。」　杜詩：「打鼓發船何郡郎。」　又：「山意衝寒欲放梅。」白詩：「十指無定音。」　吁嗟河伯，見《悲滕城》。　《類篇》：「棒亦作棓。」《通鑑》：「唐玄宗二十三年，上御五鳳樓酺宴，觀者諠隘，樂不得奏，金吾白挺如雨，不能遏。」劉克莊《築城行》：「白棓訶責如風雨。」魚龍，見《送志衍入蜀》。科斗，見《二十五日詩》。　殊耐鞭杖，見《捉船行》。　高臥，見《退谷歌》。　篙師，見《捉船行》。《後漢書·馬援傳》：「咋舌叉手。」　《戰國策》：「於是約車治裝。」　《左傳·成二年》：「故不能推車而反。」

背挽頭低，白棓如雨，是畫工；風塞口，終無聲，是化工。梅村筆下貽無所不有。

〔註12〕■，天圖本作「按」。

再觀打冰詞杜有《觀打魚歌》，又《觀打魚》，詩題仿之。

官催打冰不肯行，座船既泊商船停。商船雖住起潛聽，冰底有聲柂牙應。桅竿旗動吹南風，舟子喜甚呼蒙衝。兒童操梃爭跳躍，其氣早奪馮夷宮。舂如蒼崖崩巨石，鏜如戈矛相撞擊。鏜，呼橫切。**翁如雲氣騰虛空，颯如雨聲飛淅瀝。**此段是方打時之冰。〇杜詩：「江平不肯流。」　《晉書·陶侃傳》：「山夷多斷江截掠，侃令諸將詐作商船以誘之。」　《後漢書·蔡邕傳》：「試潛聽之。」　黃魯直詩：「灣頭東風轉柂牙。」《廣韻》：「桅，小船檣也，舟上帆竿。」《詩》：「招招舟子。」《後漢書·禰衡傳》：「黃祖在蒙衝船上，大會賓客。」《注》：「外狹而長曰蒙衝。」　跳躍，見《哭志衍》。　馮夷宮，見《二十五日詩》。　《莊子》：「舂然向然。」蒼崖，見《臨江參軍》。《高唐賦注》：「巨石，大石也。」　班孟堅《東都賦》：「鍾鼓鏗鏜。」《廣韻》：「鍾鼓聲相雜也。」《詩》：「修我戈矛。」《戰國策》：「迫則杖戟相撞。」　翁若云，見《青門曲》。　《楚辭》：「風颯颯兮木蕭蕭。」歐陽永叔《秋聲賦》：「初淅瀝以蕭颯。」張如哉曰：「少陵《觀舞劍器行》『㸌如羿射九日落，矯如群帝驂龍翔。來如雷霆收震怒，罷如江海凝清光。』句法仿之。」**河伯娶婦三日眠，霜紈方空張輕煙。忽聞裂帛素娥笑，玉盤銀甕傾流泉。別有鮫鮛還未醒，沉魚浮藻何隱隱。上冰猶結下冰行，視水如燈取冰影。冰輪既展相催送，三千練甲皆隨從。激岸回湍冰負冰，白龍十丈鱗鱗動。**此段是既打之冰。〇《史記·滑稽傳》：「西門豹為鄴令，會長老問之，長老曰：『苦為河伯娶婦。』」岑參詩：「盡日窗中眠。」　劉夢得詩：「流塵蔽霜紈。」《後漢書·章帝紀》：「詔齊相省冰紈，方空縠，吹綸絮。」《注》：「即今方目紗也。」■■■梁元帝詩：「乍若輕煙散。」　子山《謝趙王賚絲布啟》：「妻聞裂帛，方當含笑。」《羅公遠傳》：「明皇遊月宮，見素娥十餘人。」張如哉曰：「《通鑑》『褒氏好聞繒聲，王發繒裂之，以適其意。』此暗用之。」　玉盤，見《海戶曲》。張道濟詩：「山如銀作甕。」流泉，見《題高士圖》。　白詩：「別有幽愁暗恨生。」按：鮫鮛俱海魚名。尹廷高詩：「日上海棠眠未醒。」《詩》：「魚在在藻。」司馬長卿《上林賦》：「沉沉隱隱。」　唐太宗詩：「交河冰已結。」　朱德潤詩：「一奩冰影對鈿花。」　按：詩人多以月為冰輪，如子瞻之「雲峰缺處湧冰輪」、務觀之「冰輪了無轍」是也。此更變化用之。《正韻》：「破，碾本字，所以轣物器也。」　《左傳·襄三年》：「楚子使鄧廖帥組甲三百、被練三千以侵吳。」　按：激岸，張融賦作「蕩洲礙岸」。駱賓王詩：「輕凍澀回湍。」《月令》：「魚陟負冰。」　朱子詩：「白龍飛下蔚藍天。」唐子西詩：「龍嗅揮水十丈餘。」何仲言詩：「鱗鱗送去水。」**自古水嬉無此觀，披裘起坐捲簾看。估客兼程貪**

夜發，卻愁明日西風寒。枕畔輕雷殊不已，醉裏扁舟行百里。安得并州
第四絃，彈徹冰天霜月起。此段是再觀，二字以詠歎出之，愁西風與喜南風相應。
○水嬉，見《琵琶行》。　姚合詩：「防冷欲披裘。」捲廉，見《青門曲》。　梁元帝詩：
「漫道江中無估客。」錢仲文詩：「有意兼程去。」《南史‧垣崇祖傳》：「受旨夜發。」
蘇子美詩：「枕畔冷香通醉夢。」歐陽永叔詞：「柳外輕雷池上雨。」　杜詩：「焉得并
州快剪刀。」《蔡琰別傳》：「邕夜鼓琴，絃絕。琰聞曰：『第二絃。』邕故斷一絃，聞
之曰：『第四絃。』」　江詩：「聲數燭冰天。」獨孤至之詩：「霜月照膽淨。」

　　　　伯喈之第四絃，琴絃也。琵琶亦四絃，如《琵琶行》「四條絃上煙塵生」是
　　也。然用并州字，俟考。

雪中遇獵

　　北風雪花大如掌，河橋路斷流漸響。愁鴟饑雀語啁啾，健鶻奇鷹姿
颯爽。起四句是雪中，而健鶻奇鷹已逗出獵字意。○李詩：「燕山雪花大如席。」
又：「雪花大如手。」　《晉書‧杜預傳》：「造舟為梁，則河橋之謂也。」流漸，見
《打冰詞》。　劉孝威詩：「愁鴟集古樹。」張伯雨詩：「饑雀搏窗紙。」啁啾，見《松
鼠》。　杜詩：「斯須領健鶻。」蔡珪《野鷹來曲》：「南山有奇鷹。」颯爽，見《二十
五日詩》。將軍射獵城南隅，軟裘快馬紅氍毹。秋翎垂頭西鼠煖，
鴉青徑寸裝明珠。金鵝箭褶袍花濕，挏酒駝羹馬前立。錦靴玉貌撥秦箏，瑟瑟
鬖多好顏色。此八句遇獵。前四句就將軍正寫，後四句就侍者旁寫。○高達夫詩：
「往來射獵西山頭。」又：「邯鄲城南遊俠子。」　杜詩：「軟裘快馬當冰雪。」紅氍
毹，見《臨頓兒》。　《會典》：「國朝定貝子戴三眼孔雀翎，根綴藍翎；鎮國公、輔國
公戴二眼孔雀翎，根綴藍翎；護軍統領、護軍參領戴一眼孔雀翎，根綴藍翎；護軍校
戴染藍鵰翎。順治十八年，議准貝子公戴翎，俱照舊例。內大臣，一等、二等、三等
侍衛，前鋒統領，護軍統領，前鋒參領，護軍參領，諸王府長史，一等護衛戴一眼孔
雀翎，根綴藍翎。貝勒府司儀長，王府貝勒府二等、三等護衛，貝子公府護衛及護軍
校，俱戴染藍翎。內外額駙如非係內大臣，俱不許戴。諸王府散騎郎有阿達哈哈番
以上世職，許戴一眼孔雀翎，根綴藍翎。」鎦炳詩：「番國胡僧青鼠帽。」　黃魯直
詩：「漫染鴉青襲舊書。」《史記‧田齊世家》：「尚有徑寸之珠，照車後各十二乘者
十枚。」　韋端己詩：「紫袍日照金鵝鬬。」《字典》：「《急就篇注》：褶其形若袍，短
身而廣袖，一曰左袵之袍也。」　挏酒，見《海戶曲》。按：杜詩「紫駝之峰出翠釜」，
則駝可為羹。　李詩：「青黛畫眉紅錦韡。」《史記‧魯仲連傳》：「今吾觀先生之玉貌，
非有求於平原君者也。」曹詩：「秦箏發西氣。」　瑟瑟，見《讚佛詩》。杜詩：「深知

好顏色。」少年家住賀蘭山，磧裏擒生夜往還。鐵嶺草枯燒堠火，黑河冰滿渡征鞍。十載功成過高柳，閒卻平生射雕手。漫唱千人敕勒歌，只傾萬斛屠蘇酒。此八句是將軍意中語，前四句追憶塞外，後四句追訴入塞也。○《大清一統志》：「賀蘭山在寧夏府寧朔縣西。」又：「陰山橫障北漠，起寧夏賀蘭山，蜿蜒而北至牧廠及察哈爾地，為蘇門哈達山、阿哈拉圖田古楚古特山。」李君虞詩：「磧里征人三十萬。」張繪之詩：「功名恥計擒生數。」劉文房詩：「田家數往還。」《一統志》：「銀州故城，今鐵嶺縣治，在奉天府北一百三十里。」王詩：「草枯鷹眼疾。」孫奕《示兒編》：「斥候之候，俗作堠。」杜詩：「候火雲峰峻。」黑河，見《海戶曲》。杜必簡詩：「艱險促征鞍。」《一統志》：「高柳故城在大同府陽高縣西北。」又：「高柳谷在克西克騰旗南四十里，蒙古名伊克布爾哈蘇臺。」蘇叔黨詞：「閒卻傳杯手。」《北史·斛律金傳》：「邢子高歡曰：『此射雕手也。』」司馬長卿《上林賦》：「千人唱，萬人和。」《北史·齊神武紀》：「使斛律金《敕勒歌》，神武自和之。」李詩：「美酒樽中置於斛。」《荊楚歲時紀》：「正月一日是三元之日也，長幼以次拜賀，進屠蘇酒。」今朝彷彿李陵臺，將軍喜甚圍場開。黃羊突過笑追射，鼻端出火聲如雷。此四句獵字正面。○《唐書·地理志》：「雲中都護府燕然山有李陵臺。」《大清一統志》：「威鹵廢驛，今牧廠地，土人呼為博羅城，在獨石口東北一百四十里，亦名李陵臺。」《宋史·禮志》：「太祖校獵於近郊，先出禁軍為圍場。」黃羊，見《贈馮訥生》。微之《馬射賦》：「旁瞻突過，咸懼發遲。」《史記·李將軍傳》：「今以百騎走，匈奴追射我立盡。」《南史·曹景宗傳》：「覺耳後生風，鼻端出火。」《詩》：「如霆如雷。」回去朱旗滿城闕，不信溝中凍死骨。猶有長征遠戍人，哀哀萬里交河卒。此四句獵字餘波。○《漢書·敘傳》：「朱旗乃舉。」《詩》：「在城闕兮。」凍死骨，見《悲滕城》。王少伯詩：「萬里長征人未還。」《後漢書·龐參傳》：「疲之以遠戍。」《詩》：「哀哀父母。」交河卒，見《行路難》。笑我書生短褐溫，蹇驢箬笠過前村。即今莫用梁園賦，扶杖歸來自閉門。以遇字作結。蹇驢，暗用浩然踏雪事。閉門，暗用袁安臥雪事。○書生，見《壽龔芝麓》。《漢書·貢禹傳》：「短褐不完。」蹇驢，見《宮扇》。張志和《漁父詞》：「青箬笠。」僧齊己詩：「前村深雪裏。」《史記·司馬相如傳》：「會景帝不好詞賦，因免遊梁。」梁園，見《送沈繹堂》。扶杖，見《送何省齋》。

　　通首正寫遇獵，而雪中字於旁襯得之，蓋軟裘、西鼠、袍濕、草枯、冰滿、屠蘇、凍骨、短褐、箬笠、歸來、閉門皆帶一雪境在內，而梁園之賦亦因《雪賦》中引梁王兔園也。組織工妙，都入渾成，是格力高人處。

吳詩補注

卷六

送沈繹堂太史之官大梁 《漢書·蕭望之傳》：「便道之官。」

李杜無遺恨按：《唐書·李白傳》：「舉有道，不應。」《杜甫傳》：「舉進士，不中第。」以比二沈之以白衣進也。

通玄老人龍腹竹歌

漢家使者白詩：「聞道漢家天子使。」奇事蘇詩：「蒼梧奇事豈虛傳。」良材《周語》：「衛彪侯曰：『夫周，高山、廣川、大藪也，故能生之良材。』」高人楊虞卿（字師皋）詩：「此時金谷有高人。」玉筍見《清風使節圖》。處士飢按：此句暗用淵明「疇昔苦長飢」也。遺經《晉書·荀崧傳·論》：「緝遺經於已紊。」

送舊總憲龔孝升以上林苑監出使廣東

交遊《禮》：「交遊稱其信也。」心期詳《贈穆大苑先》。客路王灣詩：「客路青山外。」行人騎劉文房詩：「行人一騎發金陵。」夢君杜詩：「三夜頻夢君。」

雁門尚書行

絕人《宋書·劉康祖傳》：「膂力絕人。」將吏見《贈吳雪航》。累檝按：《說文》訓累為增，蓋亦如《高唐賦》之「層累」、《王莽傳》之「疊累」也。《漢書·吳王濞傳》：「脅肩絫足。」師古曰：「絫，古累字。」《唐書》以後多云累封、累功、累官、累遷

之類。**滛雨**《左傳·莊十一年》:「天作滛雨。」**定襄**《一統志》:「定襄縣在忻州東少北五十里。」**坐上**見《王郎曲》跋。**相公**顧寧人曰:「前代拜相者必封公,故稱曰相公。」**定有無**杜詩:「三伏炎蒸定有無。」　黃庚,字星甫。

贈馮訥生進士教授雲中

名士詳《送王維夏北行》。**邊人**《左傳·昭二十四年》:「吳人踵楚,而邊人不備,遂滅巢。」**扁舟醉石頭**程《箋》:「謂訥生入南太學時也。」

雕橋莊歌

偃蓋魏伯起詩:「古松圖偃蓋。」**水部山莊遶碧渠**下文「我有山莊」注宜移於此。陸務觀詩:「碧渠通溜正濺濺。」**豪俠皆知名**《後漢書·竇融傳》:「始以豪俠為名。」**傾公卿**見《遇雪舫》。**同遊**詳《送李秀州》。**來去**詳《蒼公塔》。**老臣**《左傳·襄二十九年》:「毋寧夫人,而為用老臣?」**驚鷗鷺**呂洞賓詞:「驚起一行鷗鷺。」

海戶曲

嗇夫《漢書·張釋之傳》:「虎圈嗇夫從旁代尉對上所問禽獸簿,甚悉。」**春暖**謝靈運詩:「含悲忘春暖。」**樓閣**《〈爾雅·釋宮〉疏》:「臺榭樓閣之異。」**舊朝**謝靈運《宋武帝誄》:「雪愧舊朝。」**百花殘**李義山詩:「東風無力百花殘。」**霜天**王少伯詩:「霜天起長望。」**弔古**朱子詩:「弔古寧忘恨。」**鄠杜**《西都賦》:「鄠杜濱其足。」**丹青**見《西田詩》。

退谷歌元次山《招孟武昌詩·序》:「漫叟作退谷銘,指曰:『干進之客,不能遊之。』」

杳杳《古詩》:「杳杳即長暮。」**元氣茫茫**李長吉詩:「元氣茫茫收不得。」**棄妻子**見《贈吳錦雯》補注。**非朝非市非沉逾**《晉書·孫綽傳》:「吏非吏,隱非隱。」**碌碌**見《讀西臺記》。

贈文園公

主知《漢書·丙吉傳》:「群臣行能,聖主所知。」**好鼓琴四句**程《箋》:「陸啟浤《客燕雜記》:『崇禎戊寅,於官中鳴琴,製《於變》、《時雍》等曲,內監張姓者專主琴務,遍訪知音之士。』」**忠愛**《禮》:「忠愛以盡之。」**君臣朋友盡和平**《詩序》:「《伐木》,燕朋友故舊也。自天子至於庶人,未有不須友以成者。」《詩》:「終和且平。」**清宴**張如哉曰:「《拾遺記》:『河清海宴,至聖之君以為瑞。』」前注非是。**暗**

塵蘇味道詩：「暗塵隨馬去。」**報韓子弟幾沉族**程《箋》：「《成仁譜》：『文乘，字印符，吳縣諸生。吳易固文肅門下士，起兵吳中，時偶來通問。事泄，被收，土國寶命殺之。』」

畫中九友歌

連紙《榖璧》：「數人連紙。」

銀泉山

紅牆程《箋》：「《昌平山水記》：『凡陵及妃嬪諸王之墓，其外垣皆塗之以紅土。』」恩顧韓詩：「坐蒙恩顧重。」事蹟杜詩：「事蹟無固必。」**臺諫孤忠**《宋史·胡舜陟傳》：「祖宗法：上殿班，先臺後諫。」孤忠，詳《登數峰閣》。**舊恨**盧允言詩：「舊恨尚填膺。」信史《公羊傳·昭公十二年》：「春秋之信史也。」

田家鐵獅歌程《箋》：「陳奮永《寄齋集·鐵獅子記》：『禁城後之支衢有鐵獅焉，巷即以名，為明戚里田氏物。自田怙寵時，卿大夫之車馬日盤桓其間。明亡，田氏死，垂二十年無過者。』」〔註1〕

獸罔阮紫蘋曰：「自漢以來，俱稱虎圈。《北史》獸字，蓋避唐諱也。」**先朝異物徠西極**《明史·西域傳》：「撒馬兒罕，成化十九年貢二獅，帝遣中使迎之。獅日噉生羊二。弘治二年，貢獅子、鸚鵡諸物。帝曰：『珍禽奇獸，朕不受獻。』其即卻還。明年，又偕土魯番貢獅子。帝曰：『每獸日給一羊，不得妄費。』」「先朝異物」，「玉關罷獻」，指此。**欲表君恩示子孫**《史記·建元以來侯年表》：「金安上欲傳功德於子孫。」**鑄述銘詞鑴日月**《五代史·張策傳》：「父同居洛陽，浚井得古鼎，銘曰魏黃初元年春二月。策曰：『黃初元年無二月，銘何謬邪！』」**晴閃爍**杜詩：「無復晴閃爍。」老熊程迓亭曰：「《東林列傳》：『王應熊與田戚睕通，降中旨入閣。禮科章正宸疏諫，下詔獄。』」嬉游子建《銅雀臺賦》：「從明行而嬉遊兮。」**瞋目哮呼天下聞**程《箋》：「《綏寇紀略》：『田貴妃擅寵幸，其父弘遇數犯法，交結朝臣，謀傾中宮，漸有萌芽。』」

〔註1〕（民國）震鈞《天咫偶聞》卷三《東城》（清光緒三十三年甘棠轉舍刻本）：吳梅村有《田家鐵獅歌》，疑即鐵獅子胡同。雙獅在一狹巷中，已破碎，巷口另有二石臥獅，制作極工。梅村歌有「鑄就銘詞鑴日月」語，今獅半埋土中，銘詞有無不可知。巷北為志尚書和第，屋宇深邃，院落寬宏，不似士夫之居。後有土山，山上樹數圍，後牆外即順天府學。《帝京景物略》謂英國公園北臨柴市，疑即此地，或英國後人又鬻之田氏耳。又明成國公適景園，地在今十景花園，其巷至東半改而南折，今東邊祥氏之宅，佔地獨寬，或即園基也。

蝦蟇《史記‧龜策傳》:「日為德而君於天下,月為刑而相佐,見食於蝦蟇。」或謂以蝦蟇蝕月比田妃之讒后。然「青犢」云云,明指李自成擁慈琅事。若以「血灑上陽」為讒后,則「青犢」句又何說乎?按:顧俠君《昌黎詩注》引張衡《靈憲》:「姮娥奔月,是為蟾蜍。」是蝦蟇血灑謂以比田妃之死猶有可通,而非比其讒后也。然田妃之死在周后之前,周后非因田妃而死,則「血灑」云者亦泛指月被蝕而言之,並不必指定田妃矣。〇《南齊書‧武十七王傳》:「初,世祖夢金翅鳥下殿傳食小龍無數,乃飛上天。」霜摧白詩:「霜摧桃李風折蓮。」主人已去朱扉改程《箋》:「《綏寇紀略》:『賊破京城,劉宗敏居田弘遇第。』」月支使者《漢書注》:「月支,西域外國也。」《仙傳拾遺》:「漢延和三年,武帝幸安定,西胡月氏國王遣使獻香四兩、猛獸一頭,帝乃使使者勅猛獸發聲。」

松山哀

　　軍盤《元史‧兵志》:「以太平莊乃世祖經行之地,營盤所在。」按:軍盤即營盤也。不見人李遐叔《弔古戰場文》:「敻不見人。」

題崔青蚓洗象圖

　　十丈黃塵陸務觀詩:「道上紅塵高十丈。」名豪奪《漢書‧食貨志》:「不得豪奪吾民矣。」十餘年來人事變程《箋》:「■■■李定國用象後胯排桂林府城門,稻之,殺定南王孔有德。」如練《韓詩外傳》:「顏回從孔子登日觀,望吳門焉,見一疋練。孔子曰:『馬也。』」按:梅村變化用之。更作昆明象戰圖程《箋》:「郭若虛《圖畫見聞志》:『涿郡高益有《南國鬥象圖》傳於世。』」

臨淮老妓行程《箋》:「劉澤清轄淮海,所駐自在淮陰。其開鎮在臨淮者為廣昌伯劉良佐,轄鳳、壽九州縣,經理陳杞以西。此不應以淮陰為臨淮也。然明季諸人詩集皆然,不知何人始誤。」

　　貴勢倚椒房《後漢書‧朱穆傳》:「淳于以貴執引方進之言。」椒房,見《永和宮詞》。沿淮戍《南齊‧武帝紀》:「詔曰:緣淮戍將,久處邊勞。」長淮何仲言詩:「初宿長淮上。」

殿上行

　　遑惜《詩傳》:「遑,暇也。」密語張如哉曰:「用《易》『君不密則失臣,臣不密則失身』意。」史臣庾詩:「惟當一史臣。」

過錦樹林玉京道人墓

嚴淨無纖塵《大智度論》：「如此蓮華臺，嚴淨香妙可坐。」耿湋詩：「山河迢遞淨纖塵。」雙眸白詩：「雙眸剪秋水。」鹿樵生按：《鎮洋縣志》：「梅村有鹿樵書舍。」酒酣見《題高士圖》。亦有意乎《漢書‧李陵傳》：「霍光、上官桀素與陵善，遣陵故人任立政至匈奴收招陵，立政隨謂陵曰：『亦有意乎？』」故第鄭守愚詩：「苔色滿牆尋故第。」絕世《漢書‧外戚傳》：「北方有佳人，絕世而獨立。」南內見《永和宮詞》。風枝昭明太子詩：「舞袖寫風枝。」按：魯直句本此。落筆李詩：「興酣落筆搖五嶽。」下髮《唐書‧柳珪傳》：「願下髮為尼。」東中一諸侯程《箋》：「錢陸燦識曰：『鄭建德名應皋，號慈衛。』」良醫保御氏《左傳‧成十年》：「彼良醫也。」程《箋》：「錢識：『三山晚號初曉道人。』」宗人《周禮‧春官》：「都宗人掌都祭祀之禮，家宗人掌家祭祀之禮。」柔柔生一子而嫁程《箋》：「錢識：柔柔生一子，託三山，已而歸慈衛家，所寄箱篋衣裝悉為三山諸郎胠之一空矣。慈衛之婿李雲為余詳言之。」所嫁家遇禍不知所終程《箋》：「錢識：柔柔嫁袁大受。順治十六年，海寇破鎮江、金壇，羅禍至酷。大受全家處斬，柔柔入官為婢。」按：大受字亦文，金壇人。順治己丑進士。琮琤韓詩：「泉聲玉琮琤。」常草埋銅雀硯溫飛卿詩：「石麟埋沒藏秋草，銅雀荒涼對暮雲。」莫唱當時周美成詞：「悵恨周郎已老，莫唱當時曲。」良常高館隔雲山程《箋》：「以下八句記柔柔之給旗下為奴也。」大受，金壇人。良常山在金壇縣，故云。然按《一統志》，茅山在金壇縣西，與句容接界。《輿地紀勝》引《真誥》云：「第八洞天宮名曰金壇華陽之天，東北門在紫陽觀東北五里，今呼為良常北洞是也。東南二面屬金壇，西北二面屬句容。」前注止引句容之良常，非是。

打冰詞

夜深杜詩：「夜深殿突兀。」催船范致能詩：「疊鼓催船鏡裏行。」

再觀打冰詞

氣奪王仲宣《羽獵賦》：「魂亡氣奪。」

雪中遇獵

水滿薩天錫詩：「老子胸中冰雪滿。」歸來自閉門高達夫詩：「歸來獨閉門。」

吳詩集覽　卷七上

黎城靳榮藩介人輯

七言古詩四之上

曇陽觀訪文學博介石兼讀蒼雪師舊跡有感《里〔註1〕獲編》:「王太倉以侍郎竕江陵子,告歸。其仲女曇陽子者,得道化去。」又:「初,曇陽化去,弇州與相公俱入道,退居曇陽觀中,屏葷血,斷筆硯,與家庭絕。」梅村《文先生六十壽序》:「滇南文先生以計偕入太學。崇禎十六年,天子命為夔人師。」學博、蒼雪,並見卷一。《鎮洋縣志》:「文祖堯,字心傳,號介石,呈貢人。以明經授名山訓導。崇禎癸未,升太倉學正。鼎革後,棄官,寓州僧寺間,以青鳥〔註2〕術自給,人皆知滇南先生為古君子。久之,南歸,道卒。門人私諡貞道先生。」

　　先生頭白髮垂耳,博士無官家萬里。講席漂零笠澤雲,鄉心斷絕昆明水。先從介石說起,鄉心斷絕是通篇眼目。○杜詩:「白頭亂髮垂過耳。」　高伯恭《郡國建學表》:「請製大郡立博士二人、助教四人,次郡立博士二人、助教二人,中郡立博士一人、助教二人,下郡立博士一人、助教一人。」《左傳·定四年》:「五叔無官,豈尚年哉?」崔禮仙詩:「蝴蝶夢中家萬里。」　孟詩:「芰荷薰講席。」笠澤、鄉心,見《送何省齋》。　李詩:「曲罷心斷絕。」昆明水,見《贈蒼雪》。**南來道者為蒼公,說經如虎詩如龍。大渡河頭洗白足,一枝椰栗棲中峰。**椰,音唧。　四句點出蒼雪。大渡河映昆明,中峰映笠澤也。○《文先生壽序》:「蒼公者,滇人,住吳之中峰,以佛教重東南者也。」按:蒼雪有《南來集》。《漢書·藝文志》:「明夫子不以空言說經也。」《北史·夔后傳》:「汝父如龍,汝兄如虎。」　《大清一

〔註1〕「里」,稿本、天圖本、讀秀本作「野」,是。
〔註2〕按:「鳥」當為「烏」之誤。

統志》:「大渡河在越巂衞北,源出吐蕃。」《魏書‧釋老志》:「沙門惠始雖泥塵,初不污足,色愈鮮白,世號之曰白腳師。」《集韻》:「栯栗,木名,可為杖。」賈閬仙詩:「手中栯栗爐。」**與君相見書然笑,**書,應作晝。**石床對語羈愁空。故園西境接身毒,雪山照耀流沙通。神僧大儒卻並出,雕題久矣漸華風。**六句介石、蒼雪合說。○晝然,見《再觀打冰詞》。 王詩:「雨花應共石床平。」孟詩:「旅館益羈愁。」 身毒,見《行路難》。 《希通錄》:「雪山、祁連山、白山,其實天山。」潘安仁《籍田賦》:「金根照耀以炯晃兮。」流沙,見《龍腹竹歌》。 傅汝礪詩:「每說神僧飛杖錫。」大儒,見《壽王鑑明》。 《後漢書‧南蠻傳》:「《禮記》稱『南方曰蠻,雕題交趾』。」《注》:「題,額也。雕之為刻其肌以丹青涅也。」《書》:「東漸於海。」《廣韻》:「漸,流入也。」《魏書‧胡叟傳》:「涼州雖地居戎域,然自張氏以來,號有華風。」**嗚呼!銅鼓鳴,莊蹻起,青草湖邊築營壘,金馬碧雞悵已矣。人言堯幽囚,或言舜野死,目斷蒼梧淚不止。**此段言陵谷變遷,昆明非昔也。將明末諸稱監國者包羅其中。○銅鼓,見《送志衍入蜀》。 莊蹻,見《哭志衍》。 《一統志》:「青草湖在岳州府巴陵縣西南,湘水所滙為洞庭之南浹。」《後漢書‧公孫瓚傳》:「乃盛修營壘。」 金馬碧雞,見《洗象圖》。陳伯玉詩:「霸圖悵已矣。」 《史記正義》:「《括地志》云:『故堯城在濮州鄄城縣東北十五里。』《竹書》云:『昔堯德衰,為舜所囚也。』」 《國語》:「舜勤民事而野死。」李詩:「或言堯囚舜野死。」《雲南通志》:「順治九年,由楄奔廣南,孫可望安置於安籠,所相待無人臣禮。偽知府范應旭署其簿曰皇帝一員,后妃幾名,口支糧若干。」 目斷,見《送施愚山》。《禮》:「舜葬於蒼梧之野。」曹詩:「淚墮不能止。」**吾州城南祠仙子,窈窕丹青映圖史。玉棺上天人不見,遺骨千年蛻於此。先生結茅居其傍,歸不歸兮思故鄉。盡道長沙軍,已得滇池王。伏波南下開夜郎,烏爨孤城猶屈彊,**屈,渠勿切。彊,其良切。**青岭絕塞終微茫。**前六句說介石居疊陽觀,後五句足銅鼓鳴一段意。○李詩:「伯陽仙家子。」程迓亭曰:「疊陽觀祠疊陽子王相國錫爵女,名守貞。」 杜詩:「窈窕丹青戶牖空。」圖史,見《六真歌》。 玉棺,見《讚佛詩》。上天,出《史記‧封禪書》。 阮嗣宗《大人先生傳》:「禽生而獸死,理形而遺骨。」《事文類聚》:「武夷山石壁上有室,曰昇真洞。洞中神仙蛻骨,莫計其數。」 鮑詩:「結茅野中宿。」《文先生壽序》:「乃即城南精藍中置木榻,命一童子支鼎爨。」 《楚辭》:「王孫遊兮不歸。」《古詩》:「思念故鄉。」 長沙,見《贈吳雪航》。 《一統志》:「滇池故城在晉寧州東。」馬孝升曰:「是時洪承疇由長沙入雲貴,由楄遁入緬甸,為緬人獻出。」 伏波,見《茸城行》。《漢書‧西南夷傳》:「西

夷君長以什數，夜郎最大。」　烏爨，見《題洗象圖》。孤城，見《哭志衍》。屈彊，見《龍腹竹歌》。　《漢書・地理志》：「越嶲郡青蛉。」　《大清一統志》：「青蛉廢縣，今姚安府大姚縣治。」絕塞，見《雁門尚書行》。陳伯玉詩：「高丘正微茫。」**忽得山中書，蒼公早化去。支遁經臺樹隤花，文翁書屋風飄絮。噫嘻乎悲哉！香象歸何處，杜宇啼偏哀，月明夢落桃榔臺。丈夫行年已七十，天涯戎馬知何日。點蒼青，洱海白，道路雖開亦無及。**此兩段言蒼雪已沒，介石無歸也。或雙舉，或單言，波瀾回覆。〇山中書，見《送何省齋》。　《史記・武帝紀》：「李少君病死，天子以為化去不死也。」《大清一統志》：「晉支遁，字道林，天竺沙門。嘗從金陵乘船至姑蘇，訪瞿硎先生於梅里，清夜露坐論道，見東南一舍外有氣五色，詰旦於南沙盡界嶄地，得石函。函啟，二龜化鳳翔逝。遁因卓錫開山。咸和六年，賜名法輪寺。」鄭守愚詩：「穿樹墮花隨。」　文翁，見《閬州行》。此借用。書屋，見《題志衍畫》。顧垂象詩：「長堤未見風飄絮。」　噫嘻乎悲哉，見《退谷歌》。　香象，見《洗象圖》。　《禽經》：「江介曰子規，蜀右曰杜宇。」《成都記》：「望帝化為鳥，名曰杜鵑，亦曰子規。」　桃榔，見《哭志衍》。臺未詳。　《莊子》：「蘧伯玉行年五十而知四十九年之非。」　天涯，見《送何省齋》。戎馬，見《題志衍畫》。　點蒼、洱海，見《贈蒼雪》注。　杜詩：「驊騮開道路。」

　　　　陸翼王《送文介石學博歸滇南詩》：「滇客頻年賦式微，今朝纔見理征衣。三江日月孤臣老，六詔風煙萬里歸。山過碧雞多戍鼓，星窮朱鳥近親闈。好音為寄東來驛，莫道南天少雁飛。」　黃子羽《贈文介石廣文詩》：「自古恩深責亦深，更誰清夜細追尋。官階最是青氊冷，十載猶懸故主心。」　按：漢夜郎故城，《一統志》未詳，但云在貴州西界，而載唐之夜郎凡三，一在遵義府桐梓縣東，一在遵義府綏陽縣界，一在湖廣沅州界，其說與《明史・土司傳》遵義府即播洲，秦為夜郎且蘭地者相〔註3〕近。而竹三郎觀在平越府城十里，蓋秦、漢之夜郎，其地自大，而國在夜郎縣，今遵義是也。《漢書》、《後漢書》載夜郎始末不同。《通典》謂《後漢書》引《華陽國志》為詭異，當從班史。

贈陸生陸生借用，見《茸城行》。袁子才曰：「陸慶曾，字子元，雲間人。順治丁酉舉人。以科場牽連得罪，戍遼東。辛亥，以事至京師，酒闌長歌，梅村贈詩，慷慨泣數行下。」〔註4〕

─────────

〔註3〕「相」，底本誤作「想」。
〔註4〕（民國）翟文選修，（民國）王樹枏纂《民國奉天通志》卷二百二十一《人物四十九》（民國二十三年排印本）：

　　陸生得名三十年，布衣好客囊無錢。尚書墓道千章樹，處士江邨二頃田。京華浪跡非長計，賣藥求名總遊戲。習俗誰容我棄捐，才名苦受人招致。起四句敘陸生家世，「京華」四句言陸生聲望也。布雲好客，受人招致，已引起飛語之由。○《史記・孟嘗君傳》：「馮驩聞孟嘗君好客。」賀季真詩：「囊中自有錢。」　程迓亭曰：「『尚書墓道』謂其祖禮部尚書陸樹聲，『處士江村』謂機山下平原村，為機、雲讀書處，皆子元之先也。」千章，見《海戶曲》。　江邨，見《攀清湖》。《史記・蘇秦傳》：「使吾有洛陽負郭田二頃，能佩六國相印乎？」　郭景純詩：「京華遊俠窟。」浪跡，見《楚兩生》序。杜詩：「實籍久長計。」　《後漢書・韓康傳》：「採藥名山，賣於長安市，口不二價。有女子從康買藥，康守價不移，女子怒曰：『公是韓伯休耶？乃不二價乎？』康歎曰：『我本避名，今女子皆知有我，何用藥為？』」遊戲，見《讚佛詩》。　《漢書・楊惲傳》：「豈習俗之移人哉！」班婕妤詩：「棄捐篋笥中。」　才名，見《送沈繹堂》。《宋史・梁師成傳》：「日訪僊秀名士，必招致門下，往往遭點污。」古來權要嗜奔走，巧借高賢謝多口。古來貧賤難自持，一餐誤喪生平守。陸生落落真吾流，行年五十今何求。好將輕俠藏亡命，恥把文章謁貴遊。丈夫肯用他途進，相逢誤喜知名姓。狡獪原來達士心，棲遲不免文人病。「權要」二句承招致說下。「貧賤」二句承受招致說下。「落落」四句寫出陸生身份，見非奔走喪守者。「丈夫」四句是實寫「才名苦受人招致」也。○《宋書・張敷傳》：「中書令傅亮貴宿權要。」奔走，見《攀清湖》。　李詩：「薄俗棄高賢。」　盧子行詩：「輕盈不自持。」《漢書・梁孝王傳》：「為帝一餐。」　落落，見《石公山》。　顧硯堂《壬夏日錄》：「子元家世貴顯，年五十餘，以貢入京，慕之者爭羅致門下。」王詩：「七十老翁何所求。」　《漢書・尹賞傳》：「交通輕俠，藏匿亡命。」　貴遊，見《遇南廂園叟》。　《宋史・蘇軾傳》：「臣雖無狀，不敢自他途以進。」　相逢，見《二十五日詩》。名姓，見《送杜弢武》。　狡獪，見《退谷歌》。《後漢書・仲長統傳》：「達士拔俗。」《詩》：「或棲遲偃仰。」黃金白璧誰家子，見人盡道當如此。銅山一旦拉然崩，卻笑黔婁此中死。嗟君時命劇可憐，蜚語牽連竟配邊。木葉山頭悲夜夜，春申浦上望年年。「黃金」四句是反襯陸生。「時命」四句點出陸生被戍也。木葉山，指戍所。春申浦，指故鄉。○黃金白璧，見《行路難》。誰家子，見《臨頓兒》。　《漢書・食貨志》：「往往多即銅山而鑄錢。」

陸慶曾，字子元，雲間人。順治丁酉舉人。以科場牽連，長流遼東尚陽堡。辛亥以事至京師，酒闌長歌，吳梅村贈詩，慷慨泣數行下。梅村詩云：「嗟君時命劇堪憐，蜚語牽連竟配邊。木葉山頭悲夜夜，春申浦上望年年。」正詠陸被戍時也。詩長不全錄。〔《遼海志略》〕

《說文》:「拉，摧也。」　黔婁，見《行路難》。　時命，見《讀西臺記》。　《漢書‧竇嬰傳》:「乃有飛語為惡言聞上。」《淮南子》:「以摸蘇牽連物之微妙。」《韻會》:「配，流刑隸也。」《壬夏日錄》:「子元長流尚陽堡。」　《大清一統志》:「木葉山在外藩蒙古潢河與土河合處。」劉元叔詩:「夜夜思君遼海北，年年棄妾渭橋西。」《一統志》:「松江府黃浦江，戰國時楚黃歇鑿其旁支流，因稱為黃浦，亦稱春申浦。」**江花江月歸何處，燕子鶯兒等飄絮。紅豆啼殘曲裏聲，白楊哭斷齋前樹。屈指鄉園筍蕨肥，南烹置酒夢依稀。蓴鱸正美書堪寄，燈火將殘淚獨揮。**此八句跟春申句說下，層次詠歎。○梁簡文帝詩:「江花玉而兩相似。」何仲言詩:「江月初三五。」杜詩:「微風燕子斜。」金昌緒詩:「打起黃鶯兒。」飄絮，見《贈文學博》。　紅豆生南國，見《琵琶行》注。　《南史‧蕭惠開傳》:「寺內所住，齋前向種花草甚美，惠開悉剗除，別種白楊。」　陸務觀詩:「山童新采蕨芽肥。」　韓詩:「自宜味南烹。」置酒，見《永和宮詞》。李義山詩:「殘宵猶得夢依稀。」　蓴鱸，見《贈馮訥生》注。燈火，見《塗松晚發》。**君不見鴻都買第歸來客，駟馬軒車胡辟易。西園論價喜誰知，東觀掄文矜莫及。從他羅隱與方干，不比如君行路難。只有一篇思舊賦，江關蕭瑟幾人看。**上四句指黃金白璧，卻另用反襯法，意不犯複。下四句又以文人不遇者作反襯，亦是反覆詠歎法也。○《後漢書‧崔實傳》:「靈帝時，開鴻都門榜賣官爵，公卿州郡下至黃綬各有差。其富者則先入錢，貧者到官而後倍輸。」《南史‧袁憲傳》:「我豈能用錢為兒買第耶？」　駟馬，見《閬州行》相如車注。軒車，見《送沈繹堂》。《史記‧項羽紀》:「辟易數里。」　《山陽公載記》:「賣官於西園，立庫以貯之。」詳《讀史雜詩》。　《後漢書‧安帝紀》:「詔謁者劉珍及五經博士校定東觀五經、諸子百家、藝術，整齊脫誤，是正文字。」《說文》:「掄，擇也。」　《全唐詩話》:「羅隱，字昭諫，餘杭人。隱池之梅根浦。」方干，見《讀西臺記》。《方干傳》:「宰臣張文蔚奏文人不第者十五人，干預其數，追賜及第。」　行路難，見《行路難》。　子山有《思舊銘》。　杜詩:「庾信平生最蕭瑟，暮年詩賦動江關。」

吾谷行《蘇州府志》:「常熟縣虞山有哭王廟，榜曰虞山第一峰。又西為吾谷。」梅村《孫母金孺人墓誌》:「吾谷乃孫氏之世阡。」按:《蘇州府志》:「孫承恩初名曙，字扶桑，順治戊戌殿試第一，授修撰。數被顧問，寵遇日隆，從幸南海子，賜騎御閒名馬。適大風揚沙，中寒疾，卒，年僅四十。弟暘字赤崖，少游文社，名與兄埒。順治丁酉，舉順天鄉試。科場事發，為人牽連，謫戌尚陽堡。聖祖東巡，獻頌萬餘言，召至輦前，賦《東巡詩》，試以書法。上歎息其才。大學士宋德宜疏薦，不果用。久之，還里。所著有《蔗菴集》。」今按詩中「一株天矯」云云，指扶桑登上第事;「一株傴

寞」云云，指赤崖戍遼陽事；「便殿含毫」，指赤崖獻頌召試之事。此詩當在赤崖獻頌以後、歸里以前，蓋喜其得歸而深為慰藉耳。

吾谷千章萬章木，插石緣溪秀林麓。中有雙株向背生，並幹交柯互蟠曲。一株夭矯面東風，上拂青雲宿黃鵠。黃鵠引吭鳴一聲，響入瑤花飛簌簌。從吾谷樹引出雙株，從雙株引出兩一株，而先言其一株之向榮者也。兄在長安，當指此株。　青雲瑤花，言扶桑授修撰也。○梅村《孫母郭孺人壽序》：「吾谷有喬木千章，楓林赭葉。」　淵明《桃花源記》：「緣溪行。」《禮》：「林麓川澤，以時入而不禁。」　向背，見《畫蘭曲》。　庾詩：「交柯乍百頃。」杜篤《首陽山賦》：「形勢窟其蟠曲。」　杜詩：「海棕一株高入雲。」沈休文詩：「夭矯乘絳仙。」《字典》：「面，向也。」　《史記·范睢傳》：「須賈曰：『賈不意君能自致於青雲之上。』」　黃鵠，見《畫中九友歌》。　韓詩：「引吭吐鏗轟。」　張茂先詩：「豔質殞瑤花。」元詩：「風動落花紅簌簌。」一株偃蹇踞陰崖，半死半生遭屈辱。雷劈燒痕翠鬣焦，雨垂漏滴蒼皮縮。泥崩石斷迸枯根，鼠竄蟲穿隱空腹。行人過此盡彷徨，日暮驅車不能速。此言其一株之憔悴者。弟玉關當指此株。　偃蹇、屈辱，言赤崖被吏議也。○偃蹇，見《龍腹竹歌》。鮑詩：「陰崖積夏雪。」　《七發》：「龍門之桐，其根半死半生。」　唐宣宗《詠雷詩》：「只解劈牛兼劈樹。」劉文房詩：「春入燒痕青。」崔夢之詩：「翠鬣紅毛舞夕暉。」　杜詩：「黑入太陰雷雨垂。」曹夢徵詩：「掃庭秋漏滴。」蒼皮，見《松鼠》。　鮑詩：「蘭焚石既斷。」蘇子由詩：「枯根再生於時雨。」鼠竄，見《松鼠》注。子山《枯樹賦》：「鳥剝蟲穿。」空腹，見《松鼠》補注。　《莊子》：「彷徨乎無為其側。」　《史記·伍子胥傳》：「日暮途遠。」去車，見《下相懷古》。前山路轉相公墳，宰木參差亂入雲。枝上子規啼碧血，道旁少婦泣羅裙。羅裙碧血招魂哭，寡鵠孤雌不忍聞。同伴幾家逢下淚，羨他夫婿尚從軍。程迓亭曰：「《昭文縣志》：『吾谷宰樹四合，綠陰寒夏，丹楓柒秋。里許至高道山居。山居之西一里抵錦峰嚴相公祠。嚴相公者，嘉靖大學士嚴訥也。』《壬夏日錄》：『嚴貽吉，字子六，相公裔孫。癸未進士，官給諫，為科場居間事發，腰斬，籍沒，子[註5]妻妾俱流尚陽堡。』此段俱詠此事。」　按：夫婿從軍引超赤崖之戍，蓋此詩本為赤崖作耳。○范致能詩：「松林斷處前山缺。」歐陽永叔《醉翁亭記》：「峰迴路轉。」《明史·嚴訥傳》：「字敏卿，長熟人。嘉靖四十四年，兼武英殿大學士，入參機務。」《蘇州府志》：「嚴文靖公訥祖墓在錦峰之麓。訥曾祖昌、祖衡，皆贈大學士。父恪，封大學士。並葬此。」　《公羊傳》：「秦伯怒曰：『若爾之年者，宰上之木拱矣。』」《注》：

─────────

〔註5〕「子」，乙本誤作「於」。

「宰，冢也。」陸務觀詞：「煙樹參差認武昌。」杜詩：「半入江風半入雲。」　子規，詳《寄周芮公》注。碧血，見《青門曲》。　《漢書‧黃霸傳》：「食於道旁。」少婦，見《送龔孝升》。劉孝綽詩：「大婦縫羅裙。」《招魂》，《楚辭》篇名。　寡鵠，見《雁門尚書行》。謝靈運詩：「羈雌戀舊侶，迷鳥懷故林。」　同伴，見《玉京彈琴歌》。李詩：「平生不下淚。」　夫壻，見《青門曲》。從軍，見《行路難》。**可憐吾谷天邊樹，猶有相逢斷腸處。得免倉黃剪伐愁，敢辭漂泊風霜懼。木葉山頭雪正飛，行人十月遼陽戍。兄在長安弟玉關，摘葉攀條不能去。**此言赤崖初戍遼陽之事，蓋其時扶桑尚在長安也。○何仲言詩：「天邊看遠樹。」《胡笳十八拍》：「空斷腸兮思愔愔。」　倉黃，見《避亂》。剪伐，見《攀清湖》。　漂泊，見《避亂》。支道林詩：「玉質凌風霜。」　木葉山，見《贈陸生》。　沈雲卿詩：「九月寒砧催木葉，十年征戍憶遼陽。」　玉關，見《行路難》。　謝靈運詩：「攀林摘葉卷。」《古詩》：「攀條折其榮。」**昨宵有客大都來，傳道君王幸漸臺。便殿含毫題詔濕，閤門走馬報花開。宮槐聽取從官詠，御柳催成應制才。**此言赤崖獻頌之事。○大都，見《海戶曲》。　《三輔黃圖》：「漸臺在未央宮太液池中，高十丈。」　便殿，見《殿上行》。陸士衡《文賦》：「或含毫而邈然。」《漢制考》：「左掖門曰東上閤門，右掖門曰西上閤門。」　宮槐，見《永和宮詞》。《史記‧武帝紀》：「從官在山下聞若有言萬歲云。」　杜詩：「樓前御柳長。」李義山詩：「書被催成墨未濃。」《〈漢書‧高帝紀〉注》：「天子之言曰制。」按：隋以前詩多曰應詔，唐以後曰應制。**定有春風到吾谷，故園不用憂樵牧。雖遇彫枯墜葉黃，恰逢滋茂攢條綠。由來榮落總何常，莫向千門羨棟梁。君不見庾信傷心枯樹賦，縱吟風月是他鄉。**此總收全篇之意，又以扶桑反襯赤崖，兼因赤崖不果用，故云「莫向千門羨棟梁」，而以子山之不歸故鄉，為赤崖慰藉之，慶幸之也。○白詩：「榮落同一晨。」　班孟堅《西都賦》：「張千門而立萬戶。」《後漢書‧陳述傳》：「公為國棟樑。」　《北史‧庾信傳》：「字子山，南陽新野人。」倪魯玉《子山集注》：「《傷心賦》者，雖傷弱子，亦悼亡國也。《枯樹賦》者，庾子山鄉關之思所為作也。」《枯樹賦》：「臨風亭而唳鶴，對月峽而吟猿。」

　　　　此篇全用木部點染，而以「吾谷千章萬章木，中有雙株向背生」為眉目。「兄在長安弟玉關，摘葉攀條不能去」，則又眉目中點睛處也。然詩意本側重玉關一變，故於一株夭矯敘之頗略，一株偃蹇敘之綦詳，中間詠嚴子六事亦以宰木串下，用詩中夾敘法。至其點染之妙，與《蟋蟀盆歌》略同，足供玩賞。　孫赤崖《還家詩》：「歲歲還鄉夢，今朝夢始真。到家仍作客，無地可容身。山色迎人好，湖光入眼新。廿年成底事，悔不早投綸。」「弟妹何年別，盤飱此久同。看來頭盡

白，語罷淚俱紅。垂老重聞亂，還家舊業空。但能長聚首，不必問窮通。」「少小離鄉縣，何堪老大歸。出門童子問，見面故人稀。道路忘南北，溪橋半是非。青青山色在，猶到舊柴扉。」

圓圓曲《資治通鑑綱目三編》：「初，明吳三桂奉詔入援，至山海關，聞燕京陷，猶豫不進。自成執其父襄，令作書招之，三桂欲降。至灤州，聞愛妾為賊所掠，大憤，急回關，遣使乞降於我朝，求共〔註6〕討賊。自成率眾東犯，我大軍入關奮擊，大破賊，追北四十里。自成奔永平，殺吳襄，走還京師。」《明史‧流賊傳》：「吳三桂欲降。至灤州，聞愛姬陳沅被劉宗敏掠去，憤甚，疾歸山海關，襲破賊將。乞降於我大清。」鈕玉樵《觚賸》：「延陵將軍美丰姿，善射騎，軀幹不甚偉碩，而勇力絕人，沉鷙多謀。頗以風流自賞。常讀《漢紀》，至『仕宦當作執金吾，取妻當得陰麗華』，慨然歎曰：『我亦遂此願足矣！』雖一時寄情之語，而妄覬非分意肇於此。崇禎末，流氛日熾，秦豫之間關城失守，燕都震動。而大江以南，阻於天塹，民物晏如，方極聲色之娛，吳門尤盛。有名妓陳圓圓者，花明雪豔，獨出冠時。維時田妃擅寵，兩宮不協，烽火羽書相望於道，宸居為之憔悴。外戚周嘉定伯以營葬歸蘇，將求色藝兼絕之女，由母后進之，以紓宵旰憂，且分西宮之寵。因出重貲購圓圓，載之以北，納於椒庭。一日，侍后側，上見之，問所從來，后對：『左右供御，鮮同里順意者，茲女吳人，且嫻崑伎，令侍櫛盥耳。』上念國事，不甚顧，遂命遣還。故圓圓仍入周邸。延陵方為上倚重，奉詔出鎮山海。祖道者，綿亙青門以外。嘉定伯首置綺筵，餞之甲第，出女樂佐觴。圓圓亦在擁紈之列，輕鬟纖屨，綽約凌雲。每至遲聲，則歌珠累累，與蘭馨併發。延陵停卮流盼，深屬意焉。詰朝，使人道情於周，有紫雲見惠之請。周許諾。延陵陛辭，上賜三千金，分千金為聘。限迫即行，未及娶也。嘉定伯盛具奩滕，擇吉送其父襄家。未幾，闖賊攻陷京師，宮闈殲蕩。貴臣巨室，悉加繫累，初索金帛，次錄人產。襄亦與焉。闖擁重兵挾襄，以招其子，許以通侯之賞。家人潛至帳前約降，忽問陳娘何在。使不能隱，以籍入告。延陵遂大怒，按劍曰：『嗟乎！大丈夫不能自保其室，何以生〔註7〕為？』即作書與襄訣，勒軍入關，縞素發喪，隨天旅西下，殄賊過半。賊憤襄，殺之，懸其首於竿，襄家三十八口〔註8〕俱遭慘屠。蓋延陵已有正室，亦遇害，而圓圓翻以籍入無恙。闖棄京出走，十八營解散，各委其輜重婦女於途。延陵追，度故關至山西，晝夜不息，尚未知圓圓之存亡也。其部將已於都城搜訪得之，飛騎傳送。延陵方駐師絳州，將渡河，聞之大喜。遂於玉帳結五綵樓，備翟茀之服，從以香輿，列旌旗簫鼓三十里，親往迎迓。自此由秦入蜀，迄於秉鉞滇雲，垂旟洱海，人臣之位，於斯已極。圓圓皈依上將，匹合大藩，回憶當年牽蘿幽谷、挾瑟勾闌時，

〔註6〕「共」，乙本作「其」。
〔註7〕「生」，乙本作「主」。
〔註8〕「口」，乙本作「曰」。

豈復思有此日？是以鶴市蓮塘，採香舊侶，豔此奇逢，咸有咳吐九天之羨。梅村太史有《圓圓曲》云云。此史詩微詞也。皇朝順治中，延陵進爵為王。圓圓將正妃位，辭曰：『妾以章臺陋質，謬污瓊寢，始於一顧之恩，繼以千金之聘。流離契闊，幸保殘軀。獲與奉匜之役，珠服玉饌，依享殊榮，分已過矣。今我王析圭胙土，威鎮南天，正宜續鸞戚里，諧鳳侯門。上則立體朝廷，下則垂型裨屬。稽之大典，斯曰德齊若欲韋弱絮於繡袽，培輕塵於玉几，既蹈非偶之嫌，必貽無儀之刺。是重妾之罪也，其何敢承命？』延陵不得已，乃別娶中閫。而後婦悍妒絕倫，群姬之豔而進幸者，輒殺之。唯圓圓能順適其意，屏謝鉛華，獨居別院，雖貴寵相等，而不相排軋，親若娣姒。圓圓之養姥曰陳，故幼從陳姓，本出於邢，至是府中皆稱邢太太。居久之，延陵潛蓄異謀，邢窺其微，以齒暮請為女道士，霞帔星冠，日以藥鑪經卷自隨。延陵訓練之暇，每至其處清談，竟暑而還。癸丑歲，延陵造逆。丁巳，病歿。戊午，滇南平，籍其家。舞衫歌扇，稺蕙嬌鶯，聯鑪接軫，俱入禁掖。邢之名氏獨不見於籍，其玄機之禪化耶？其紅線仙隱耶？其盼盼之終於燕子樓耶？已不可知。然遇亂能全，捐榮不禦，皈心淨域，晚節克終，使延陵遇於九原，其負愧何如矣！」

　　鼎湖當日棄人間，破敵收京下玉關。慟哭六軍俱縞素，衝冠一怒為紅顏。〔註9〕紅顏流落非吾戀，逆賊天亡自荒讌。電埽黃巾定黑山，哭

〔註9〕（清）俞樾《茶香室四鈔・吳三桂家書》（清光緒二十五年刻春在堂全書本）：明內臣王永章《甲申日記》云：「四月初一日，吳襄繳到三桂廿二日書云：『聞京城已陷，未知確否？大約城已被圍，如可遷避出城，不可多帶銀物埋藏為是。並祈告知陳妾，兒身甚強，囑伊耐心。』又云：『得探報京城已破，兒擬即退駐關外。倘已事不可為，飛速諭知。家口均陷賊中，只能歸降。陳妾安否，甚為念。』又廿五日書云：『接二十日諭，知已歸降，欲保家口，只得降順，達變通權，方是大丈夫。惟來諭陳妾騎馬來營，何曾見有蹤跡？如此輕年小女，豈可放令出門？父親何以失算至此？兒已退兵至關，預備來降，惟此事實不放心。』又廿七日書云：『前日探報劉宗敏掠去陳妾，嗚呼哀哉！今生不能復見，初不料父親失算至此。昨乘賊不備，攻破山海關，一面已向清國借兵。本擬長驅直入，深恐陳妾或已回家，或劉宗敏知係兒妾，並未姦殺，以招兒降。一經進兵，反無生理，故飛稟問訊。』又一書云：『奉諭陳妾安養在宮，但未有確實之說，究竟何來？太子既在宮中，曾否見過？父親既已降順，亦可面奏，說明此意。但求將陳妾、太子兩人送來，立刻降順。』」按：世傳吳三桂與父書，有「父不能為忠臣，兒亦不能為孝子」之語，亦頗似有理。乃今讀此數書，但拳拳於陳妾，不以君父為念，此真狗彘之見也。世間罕見此書，故節錄之，以見三桂不忠不孝之罪。梅村云：「衝冠一怒為紅顏」，洵史筆也。乃又云：「紅顏流落非吾念」，轉似開脫三桂者，不知何意。

（民國）李岳瑞《春冰室野乘》卷下《吳三桂之逆跡》（民國二十三至二十五年陝西通志館排印關中叢書本）：

吳三桂之請援於我朝也，與其父襄書曰：「父不能為忠臣，兒自不能為孝子。」豈不儼然大義之言？今觀明內監王永章陷賊中所著《甲申日記》一書，中載三

罷君親再相見。此首以「慟哭六軍俱縞素，衝冠一怒為紅顏」作挈領，以「若非壯士全師勝，爭得蛾眉匹馬還」作中權，以「全家白骨成灰土，一代紅妝照汗青」作收束。此六句真史筆也，是全篇之眼目。　起八句用倒敘法，從三桂起兵說到重見圓圓。「非戀」句若為三桂分辨，「荒讌」句若為圓圓包含。然逆賊本由天亡，則非三桂戰功可知；而荒讌二字已包卻天邊粉絮、圍第、強呼等事，立言之妙，令人不可思議。○《史記・封禪書》：「黃帝採首山銅，鑄鼎於荊山。既成，有龍垂鬍髯下迎黃帝，黃帝上騎。後世因名其處曰鼎湖。」又，《留侯世家》：「願棄人間事。」　又，《范睢傳》：「卒為秦禽將破敵。」杜有《收京》詩三首。玉關，見《贈家侍御》。《明史・禮志》：「天子六軍，故用六纛。」《戰國策》：「天下縞素。」　衝冠，見《又詠古》。紅顏，見《讚佛詩》。　天亡，借用項羽語。荒讌，見《避亂》。　《後漢書・吳漢傳・贊》：「電埽群孽。」黃巾、黑山，並見《雒陽行》。定黑山，用《薛仁貴傳》將軍三箭定天山語。　李少卿《答蘇武書》：「違棄君親之恩。」**相見初經田竇家，侯門歌舞出如花。許將戚里箜篌伎，等取將軍油壁車。家本姑蘇浣花里，圓圓小字嬌羅綺。夢向夫差苑里遊，宮娥擁入君王起。前身合是採蓮人，門前一片橫塘水。**相見四句，言三桂初過圓圓時。姑蘇六句，補出圓圓鄉里。然夢擁宮娥已為下文「消息滿江〔註10〕鄉」、「夫壻擅侯王」作襯矣。結處用採香逕、響屧廊、吳宮曲等字，亦是從夫差苑、橫塘水縈繞而出也。　張如哉曰：「由再見說歸初見，由初見說歸本家，俱是倒序法。以下順敘。」○《史記・列傳》：「魏其侯竇嬰者，孝

月十九後，三桂與裏諸書，置君親於不顧，唯拳拳於陳妾一人，真所謂狗彘不食者。乃知世所傳前書兩語，皆亂賊矯誣文過之辭耳。記云：「四月初一日，吳襄繳到三桂廿二書云：『按此時裏已降闖，〔所謂繳到者，即繳之於闖也。〕聞京城已陷，未知確否？大約城已被圍，如可遷避出城，不可多帶銀物埋藏為是。並祈告知陳妾，兒身甚強，囑伊耐心。』第二書云：『得探報，京城已陷，兒擬即退駐關外。倘己事不可為，飛速諭知。家口均陷賊中，只能歸降。陳妾安否，甚為念。』第三書廿五日發，云：『接二十日諭，知已歸降，欲保家口，只得降順，達變通權，方是大丈夫。惟來諭陳妾騎馬來營，何曾見有蹤跡？如此輕年小女，豈可放令出門？父親何以失算至此？兒已退兵至關，預備來降，惟此事實不放心。』第四書廿七日發，云：『前日探報，陳妾被劉宗敏掠去。嗚呼哀哉！今生不能復見，初不料父親失算至此。昨乘賊不備，攻破山海關，一面已向清國借兵。本擬長驅直入，深恐陳妾或已回家，或劉宗敏知係兒妾，並未姦殺，以招兒降，一經進兵，反無生理，故飛稟問訊。』第五書云：『奉諭，陳妾安養在宮，但未有確實之說，究竟何來？太子既在宮中，曾否見過？父親既已降順，亦可面奏，說明此意。但求將陳妾、太子兩人送來，立刻降順』」云云。以此諸書觀之，梅村所謂「衝冠一怒為紅顏」者，真詩史之言也。

〔註10〕「江」，乙本作「汪」。

文後從兄子也。武安侯田蚡者，孝景后同母弟也。」駱賓王詩：「始見田竇相移奪。」按：此以比嘉定伯周奎耳。　崔郊詩：「侯門一入深如海。」歌舞，見《臨頓兒》。王僧孺詩：「二八人如華。」　戚里，見《青門曲》。箜篌，見《蕩子行》。《篇海》：「等，期待也。」油壁車，見《玉京墓》。　姑蘇，見《鬖清湖》。劉詵詩：「江村頗類浣花里。」左太沖《嬌女詩》：「小字為織素。」文通《別賦》：「羅與綺兮嬌上春。」　夫差宮，見《鬖清湖》。　姚合詩：「散逐宮娥舞袖回。」君王起，翻用《長恨歌》「從此君王不早朝」也。　前身，出《晉書・羊祜傳》。《一統志》：「採蓮涇在吳縣城內。」　常建詩：「直到明前溪水流。」橫塘，見《送志衍入蜀》。**橫塘雙槳去如飛，何處豪家強載歸。此際豈知非薄命，此時只有淚沾衣。薰天意氣連宮掖，明眸皓齒無人惜。奪歸永巷閉良家，教就新聲傾坐客。**前四句圓圓離蘇州而入周邸，後四句出宮中而再入周邸也。坐客句引起三桂。〇雙槳，見《題志衍畫》。王仲宣詩：「擊櫂若飛。」　豪家，見《蕭史青門曲》。載歸，借用《史記》齊太公載與俱歸。「此際」二句，用劉希夷《公子行》句法。薄命，見《銀泉山》。　淚沾衣，見《青門曲》。　薰天，見《老妓行》。意氣，見《贈李雲田》。宮掖，見《遇劉雪舫》。明眸皓齒，見《銀泉山》。　按：奪歸，即強載之意，非奪自永巷歸而閉之於家也。圓圓自椒庭遣還，仍歸周邸，故云。徐孝穆《玉臺新詠序》：「四姓良家，馳名永巷。」白詩：「黃金費盡教歌舞。」新聲，見《琵琶行・序》。杜詩：「一見能傾坐。」坐客，見《行路難》。**坐客飛觴紅日暮，一曲哀弦向誰訴。白晰通侯最少年，揀取花枝屢回顧。早攜嬌鳥出樊籠，待得銀河幾時渡。恨殺軍書底死催，苦留後約將人誤。**此段就三桂說。前四句聘定圓圓，後四句奉出關之命也。〇飛觴，見《茸城行》。杜詩：「金鐙下山紅日晚。」　白詩：「莫辭更坐彈一曲。」魏文帝詩：「哀弦微妙。」班叔皮《北征賦》：「永伊鬱其誰訴。」　白晳，見《臨頓兒》。通侯，見《楚兩生・序》。白詩：「十七人中最少年。」　又：「揀得如花四五枝。」〔註11〕回顧，見《松鼠》。　溫飛卿詩：「籠中嬌鳥暖猶睡。」陶詩：「久在樊籠裏。」　銀河，見《青門曲》。陳子良《七夕看新婦停車詩》：「只言更尚淺，未是渡河時。」《漢書・息夫躬傳》：「軍書交馳而輻輳。」孫巨源詞：「何須抵死催人去。」《世說》：「羊孚食畢便退，遂苦相留。」《史記・高祖紀》：「後天下約。」**相約恩深相見難，一朝蟻賊滿長安。可憐思婦樓頭柳，認作天邊粉絮看。遍索綠珠圍**

〔註11〕按：白居易《感故張僕射諸妓》：「黃金不惜買蛾眉，揀得如花三四枝。」（南宋）姜特立《和樂天為張建封侍兒盼盼作仍繼五篇》五首，每首首二句為「黃金不惜買蛾眉，揀得如花四五枝」。

內第，強呼絳樹出雕欄。若非壯士全師勝，爭得蛾眉匹馬還。此段就圓圓說。前四句在周邸而被闖禍，後四句離周邸而合破鏡也。「若非」二句筆勢飛動，靈心四映。○李義山詩：「相見時難別亦難。」恩深，見《贈家侍御》。　蟻賊，見《蟋蟀盆歌》。　思婦樓頭，見《贈李雲田》。　范致能詩：「無風楊柳漫天絮。」獨孤至之詩：「花作鉛粉絮。」《晉書・石崇傳》：「本受命指索綠珠。」《北齊・彭城王浟傳》：「逕向浟第，至內室。」　絳樹，見《玉京墓》。雕欄，見《宮扇》。　壯士，見《雁門尚書行》。李遐叔《弔古戰場文》：「全師而還。」　張如哉曰：「壯士二句暗用許俊挾章臺妓上馬事。詳《琴河感舊》。」蛾眉馬上傳呼進，雲鬟不整驚魂定。蠟炬迎來在戰場，啼妝滿面殘紅印。專征簫鼓向秦川，金牛道上車千乘。斜谷雲深起畫樓，散關月落開妝鏡。前四句是「哭罷君親再相見」，後四句指圓圓從三桂入蜀之事。蓋吳逆於國初已封平西王矣。○傳呼，見《玉京彈琴歌》。　雲鬟，見《讚佛詩》。白詩：「花冠不整下堂來。」子瞻《謝表》：「驚魂未定。」　杜詩：「吟詩蠟炬紅。」李昂詩：「銀燭迎來在戰場。」　《漢書・五行志》：「桓帝元嘉中，婦女作愁眉啼粧。」王仲初詩：「樹頭樹底覓殘紅。」　專征，見《夜宿阜昌》。漢武帝《秋風辭》：「簫鼓鳴兮發棹歌。」《三國志・諸葛亮傳》：「以出秦川。」　金牛，見《閬州行》。　斜谷，見《行路難》注。張見賾詩：「鷟嶺白雲深。」司空表聖詩：「蜀柳絲絲罥畫樓。」　《寰宇記》：「大散關在鳳翔府岐山縣西南五十二里。」《一統志》：「大散關在漢中府鳳縣東北五十里。」杜牧之《阿房宮賦》：「開粧鏡也。」傳來消息滿江鄉，烏柏紅經十度霜。教曲妓師憐尚在，浣紗女伴憶同行。舊巢共是銜泥燕，飛上枝頭變鳳皇。長向尊前悲老大，有人夫壻擅侯王。此一段與「家本姑蘇」一段相對照，即摩詰「當時浣紗伴，莫得同車歸」之意。○薛元卿詩：「飛來飛去傳消息。」杜詩：「別恨滿江鄉。」　烏柏，見《送龔孝升》。賈閬仙詩：「客舍并州已十霜。」　妓師，見《臨淮老妓行》。杜詩：「亂後吾還在。」　王詩：「當晴浣紗伴。」女伴，見《玉京彈琴歌》。《詩》：「攜手同行。」　李詩：「飛鳥還舊巢。」庾子慎詩：「不及銜泥燕。」　《宋書・王微傳》：「與王僧綽書曰：『巖穴，人情所難，吾得當此，則雞鶩變作鳳凰。』」■〔註12〕《南史・范雲傳》：「雲之幸於子良，江祐〔註13〕求雲女婚姻。至是祐貴，雲曰：『昔與將軍俱為黃鵠，今將軍化為鳳凰。荊布之室，理隔華盛。』」謝氏《詩源》：「姑蘇城中父老相傳吳時有二鶴，在其地對舞，已而飛集金昌門外青楓橋東，化為鳳凰，飛入雲際，今鳳凰橋是也。」　老大、尊前，

〔註12〕墨丁，讀秀本作空格。

〔註13〕「祐」，《南史》卷五十七《范雲傳》作「祐」。

見《臨淮老妓行》。　夫壻，見《青門曲》。侯王，見《彈琴歌》。按：長向句，指女伴。有人句，指圓圓也。**當時祇受聲名累，貴戚名豪競延致。一斛明珠萬斛愁，關山漂泊腰肢細。錯怨狂風颺落花，無邊春色來天地。**此六句與橫塘雙槳四句相照應，而無邊春色仍引歸蜀地上。○韓詩：「士生為名累。」　名豪，見《贈馮訥生》。《漢書・王貢傳・序》：「迎而致之。」　《梅妃傳》：「上令樂府以新聲度之，號一斛珠。」萬斛愁，見《讀西臺記》。　關山，見《琵琶行》。杜詩：「飄泊損紅顏。」唐無名氏詩：「東風捏就腰支細。」　狂風，見《行路難》其三。杜牧之詩：「茶煙輕颺落花風。」　蘇詩：「誰言一點紅，解寄無邊春。」杜詩：「錦江春色求天地。」**嘗聞傾國與傾城，翻使周郎受重名。妻子豈應關大計，英雄無奈是多情。全家白骨成灰土，一代紅妝照汗青。**此一段詠歎之。前四句又若為三桂分辨者，其詞婉而多風。後兩句則史家之直筆也。○傾國傾城，見《永和宮詞》。　周郎，借用《周瑜傳》。《晉書・衛玠傳》：「妻父樂廣有海內重名。」　《後漢書・竇武傳》：「宜速斷大計。」　唐油蔚詩：「憐君無那是多情。」顧寧人曰：「六朝人多書奈為那，唐人詩多以無奈為無那。」　馮敬通《與陰就書》：「眾呴飄山，當為灰土。」阮詩：「身竟為土灰。」皮襲美詩：「豔骨已成蘭麝土。」　喬知之詩：「一代紅顏為君盡。」文宋瑞詩：「留取丹心照汗青。」**君不見館娃初起鴛鴦宿，越女如花看不足。香徑塵生鳥自啼，屧廊人去苔空綠。換羽移宮萬里愁，珠歌翠舞古梁州。為君別唱吳宮曲，漢水東南日夜流。**此一段再詠歎之，若預知三桂有覆滅之禍者。太白能辨汾陽之忠，梅村能料吳逆之亂，孰謂吟風弄月者無益於經濟之實耶？○《越絕書》：「吳人於硯石山作館娃宮。」《一統志》：「靈巖山頂舊有秀峰寺，即館娃宮也。」杜詩：「鴛鴦不獨宿。」　宋延清詩：「越女顏如花。」白詩：「盡日君王看不足。」　《一統志》：「採香涇堰在吳縣西。」李從一詩：「梁宋人稀鳥自啼。」　《一統志》：「響屧廊以梗梓藉其地，西施步屧遶之則有聲，故名。」謝希逸《月賦》：「綠苔生閣。」　換羽移宮，見《琵琶行》。王少伯詩：「無那金閨萬里愁。」　周美成詞：「仍慣見珠歌翠舞。」元詩：「忽驚身在古梁州。」■■■〔註14〕《述異記》：「夫差時童謠：『梧宮秋，吳王愁。』」按：末二語亦富貴逝水之意，其所以譏切於吳者深矣。李詩：「漢水亦應西北流。」謝靈運詩：「大江流日夜。」

　　陳其年《婦人集》：「圓圓，字畹芬。色藝擅一時。崇禎末年，戚畹武安侯劫置別室中。侯，武人也，圓圓若不自得者。李自成之亂，為賊帥劉宗敏所掠。」

〔註14〕自「周美成詞」至此，天圖本、讀秀本作「揭曼碩詩：『珠歌翠舞忽如空。』曲調有《梁州序》，見《臨淮老妓行》」。

馬孝升曰：「嘉定伯已將圓圓進，未及召見，旋因出永巷宮人，貴妃遂竄名藉中，出付妃父田弘遇家，而吳於田席上見之也。」按：陸雲士《圓圓傳》與《觚賸》小異。然果如《觚賸》所云，則圓圓勝吳逆多矣。吾從《觚賸》。

張如哉曰：「『貴戚名豪競延致』，亦似後轉入田家也。」又曰：「篇中有自相蟬聯之句，如相見橫塘、坐客相約、馬上皆是也。然盧昇之《長安古意》、劉希逸《公子行》之類已有之矣。」

送杜大于皇從婁東往武林兼簡曹司農秋岳范僉事正

《感舊集補傳》：「杜濬，字于皇，號茶村，初名詔。先湖廣黃岡人。明副榜貢生。有《變雅堂集》。」 《大清一統志》：「太倉州前橫婁江，東接巨海。」武林，見《楚兩生行·序》。邵重生《武林山辨》：「武林，杭之名山，因以名郡。《漢書》明載武林山，安有避諱之說？」 曹秋岳，見《送龔孝升》。《通考》：「秦曰治粟內史，漢景帝更名大司農。」 「正」字下脫一字，俟考。按：于皇《祭梅村文》：「己亥之別，尤不可忘。」此詩蓋作於順治十六年。

五月江村客行曉，僮無朝餔馬無草。路穿槐柳到柴門，滿架藤花屋灑掃。與君相別定何年，一見嗟余頭白早。東鄰濁酒賒未到，盤格庵疏具梨棗。莫怪貧家一飯難，主人長饑客不飽。此薦士詩，蓋因于皇來吳，資之遊浙，欲曹、范兩公壯其行色耳。首段言于皇初到婁東時。○江村，見《礜清湖》。陳無己詩：「歲後朝餔定不難。」王子淵《謝賚馬啟》：「邊城無草。」按：杜詩：「與僕白飯馬青芻。」此反用之。 白詩：「路穿天地險。」柴門，見《避亂》。 駱賓王詩：「山酒酌藤花。」 杜詩：「鄰人有美酒，稚子也能賒。」 《字典》：「格，庋格也凡。書架肉架皆曰格。」嵇叔夜《絕交書》：「足下素知我潦倒麤疏。」杜詩：「庭前八月梨棗熟。」 貧家，見《遇南廂園叟》。《國語》：「寡人禮先一飯矣。」 陶詩：「疇昔苦長饑。」解囊示我金焦詩，四壁波濤驚欲倒。一氣元音接混茫，想落千峰入飛鳥。近來此地擅時譽，粉飾開元與天寶。我把耒鋤倦唱酬，恥畫蛾眉鬥工巧。看君爽氣出江山，始悔從前作詩少。此段贊于皇之詩。○張如哉曰：「解囊，用李長吉佳句貯錦囊事。」金焦，見《贈蒼雪》。 波濤，見《送周子俶》。賈閬仙詩：「突出驚我倒。」 杜詩：「俯視但一氣。」李遐叔詩：「黃鍾叩元音。」杜詩：「篇終接混茫。」 千峰，見《西田詩》。入飛鳥，見《避亂》。 《魏書·羊深傳》：「亦有時譽。」 《史記·滑稽傳》：「共粉飾之如嫁女。」《唐書·明皇紀》：「群臣上尊號曰開元天寶聖文神武皇帝。」 耒鋤，見《礜清湖》。《宋史·沈遼傳》：「曾鞏、蘇軾、黃庭堅皆與唱酬。」 秦韜玉詩：「敢將十指誇纖巧，不把雙眉鬥畫

長。」《晉書‧王徽之傳》:「西山朝東,致有爽氣。」張如哉曰:「爽氣江山暗用張燕公詩。得江山之助,上承金焦,下起登臨西子湖。」《詩》:「作為此詩。」**海內悠悠識者誰,汝有平生故人好。副相猶然臥茂陵,侍郎已是歸嶺表。況逢少伯共登臨,西子湖頭月皎皎。人生貧賤何足悲,縱酒高歌白雲杳。勝絕容留我輩狂,劫灰燒盡雷峰小。**此段兼簡司農僉事,仍點染武林。副相二句指司農,少伯二句指僉事。歸嶺表者,自嶺表歸也。○《晉書‧王雅傳》:「將參副相之重。」■■■■■〔註15〕茂陵,見《送何省齋》。 《唐書‧杜如晦傳》:「監察御史陳師合斥嶺表。」 少伯,見《攀清湖》。登臨,見《送志衍入蜀》。 《一統志》:「西湖在錢塘縣西。」蘇詩:「若把西湖比西子。」杜詩:「客子入門月皎皎。」 《史記‧高祖紀》:「悉召故人父老子弟縱酒,發沛中兒,得百二十人,教之歌。」趙子昂詩:「目斷南雲杳。」 我輩,見《送龔孝升》。 劫灰,見《避亂》。《西湖志》:「慈淨寺北有山,為南屏之支脈。昔郡人雷就居之,因名雷峰。吳越王妃建塔於峰頂,塔上向有重簷飛棟,窗戶洞達,後毀於火,孤塔獨存。磚皆赤色,日光西照,亭臺金碧,與山光倒映,如金鏡初開,火珠將墜,雖赤城、棲霞,不是過也。」**落落窮途感快遊,愧我菰蘆色枯槁。佳句流傳遍世間,寄書早慰江潭老。**此段望于皇寄書,是深一層寫送字。○落落,見《石公山》。窮途,見《贈家侍御》。 《建康實錄》:「殷禮與張溫使蜀,諸葛亮見而歎曰:『江東菰蘆中生此奇才。』」《楚辭》:「形容枯槁。」 杜詩:「猥誦佳句新。」 寄書,見《贈馮訥生》。江潭,見《送志衍入蜀》。
　　　　杜于皇《登金山塔》二首:「極目非無岸,滄波接大荒。人煙沙鳥白,春色嶺雲黃。出世登初地,思家傍戰場。呰哉天咫尺,消息轉茫茫。」「薄暮難為狀,空中別有聞。懸燈江海合,望月水天分。寥廓身何在,飄零與不群。向來峰頂色,看作下方雲。」又,《焦山》一首:「出郭來差遠,憑高望獨深。江分神禹跡,海見魯連心。密竹藏金像,回流灌石林。擬尋幽絕處,卻誦白頭吟。」

悲歌贈吳季子原注:松陵人,字漢槎。 悲歌,見《臨江參軍》。《池北偶談》:「吳江吳孝廉漢槎,以順治十五年流寧古塔。」《蘇州府志》:「吳兆騫,字漢槎。少有雋才,與慎交社,名聞遠近。順治丁酉,舉於鄉。科場事發,遣戍寧古塔。所著有《秋笳集》。」按:漢槎之稱為季子,以有兩兄,兆寬宏人、兆宮聞夏也。《公羊傳》:「季子弱而才。」此借用。松陵,詳《題蘗菴像》其二。■〔註16〕

〔註15〕自「晉書」至此,天圖本、讀秀本作「唐中宗制:『誠副相之榮級,實次卿之通任』」。
〔註16〕「其二■」,天圖本、讀秀本作「第二首」。

人生千里與萬里，黯然銷魂別而已。君獨何為至於此，山非山兮水非水，生非生兮死非死。起筆如淒風驟雨，霎颯而來。○文通《恨賦》：「人生到此，天道寧論。」又，《別賦》：「復燕宋兮千里。」又：「暫遊萬里，少別千年。」又：「黯然銷魂者，惟別而已矣。」《楚辭》：「子非三閭大夫與？何故至於斯？」《後漢書·五行志》：「靈帝末童謠：『侯非侯，王非王。』」《晉書·孫綽傳》：「山濤吏非吏，隱非隱。」十三學經並學史，生在江南長紈綺。詞賦翩翩眾莫比，白璧青蠅見排抵。一朝束縛去，上書難自理，絕塞千山斷行李。送吏淚不止，流人復何倚？彼尚愁不歸，我行定已矣。此補敘漢槎之才高被禍，謫居塞外也。○《漢書·夏侯勝傳》：「學經不明，不如歸耕。」沈雲卿詩：「丹唇曾學史，白首不成儒。」潘安仁《秋興賦序》：「珥蟬冕而襲締之士，此焉遊處。」翩翩，見《贈吳錦雯》。《詩》：「營營青蠅，止于樊。愷悌君子，無信讒言。」陳伯玉詩：「青蠅一相點，白璧遂成冤。」《恨賦》：「敬通見抵。」《漢書·賈誼傳》：「若夫束縛之。」《晉書·王濬傳》：「上書自理。」絕塞，見《雁門尚書行》。千山，見《贈願雲師》。行李，見《送周子俶》。《後漢書·第五種傳》：「遮險格殺送吏。」《莊子》：「子不聞夫越之流人乎？」《詩》：「胡不歸？」又：「我行永久。」八月龍沙雪花起，橐駝垂腰馬沒耳。白骨磊磊經戰壘，黑河無船渡者幾。前憂猛虎后蒼兕，土穴偷生若螻蟻。大魚如山不見尾，張鬣為風沫為雨。日月倒行入海底，白晝相逢半人鬼。此形容塞外之苦，摹寫險謠，如奇鬼礙人。○龍沙，見《東萊行》。雪花，見《雪中遇獵》。橐駝，見《鐵獅歌》。按：垂腰、沒耳，皆謂雪也。蘇詩：「試掃北臺看馬耳，未隨埋沒有雙尖。」此變化用之。磊磊，見《廿五日詩》。《說文》：「壘，軍壘也。」《周禮·夏官》：「量人掌營軍之壘舍。」黑河，見《海戶曲》。又，《一統志》：「黑水河在錦州府寧遠州西一百二十里。」《古樂府》有《猛虎行》。《論衡》：「夫蒼兕，水中之獸也，善覆人船。」杜詩：「前有毒蛇後猛虎。」《詩》：「陶復陶穴。」《箋》：「復者，復於土上鑿地為穴，皆如陶然。」李少卿《答蘇武書》：「豈偷生之士而惜死之人哉！」賈生《弔屈原賦》：「固將制於螻蟻。」曹詩：「大魚若曲陵。」《舊唐書·真臘傳》：「海中大魚，有時半出，望之如山。」《吳志·孫休傳》：「夢乘龍上天，顧不見尾。」潘安仁《西征賦》：「素鱮揚鬐。」崔豹《古今注》：「鯨魚者，海魚也，大者長千里，小者數十丈，鼓浪成雷，噴沫為雨。」《西京賦》：「迺有昆明靈沼，日月於是乎出入。」曹孟德《樂府》：「日月之行，若出其中。星漢燦爛，若出其裏。」《隋書·李德林傳》：「談人鬼之謀。」噫嘻乎悲哉！生男聰明慎勿喜，倉頡夜哭良有以。受患祗從讀書始，君不見，吳季子。以悲歡作收

束，此變徵之聲。○噫嘻乎悲哉，見《退谷歌》。《史記・外戚世家》：「生男勿喜。」蘇詩：「人家養子要聰明。」《春秋元命苞》：「倉頡創字，天為雨粟，鬼為夜哭。」《三國志・王肅傳》：「良有以也。」蘇詩：「人生識字憂患始。」

　　原評：漢槎極人世之苦，然不如此，無《秋笳》一集，其人恐不傳。天之阨之，正所以傳之也。詩格從嘉州《蜀葵花歌》化出。徐原一尚書《懷漢槎在獄》詩：「吳郎才筆勝諸昆，冬難方知獄吏尊。誰為解驂存國士，可憐一飯困王孫。蟬吟織室秋聲靜，劍沒豐城夜氣昏。聞道龍沙方議讞，聖朝解網有新恩。」又，《懷友人遠戍》詩：「邊城日日聽鳴笳，極目辰韓道路賒。三襲貉裘猶未暖，一生雪窖便為家。晨看軍府飛金鏑，暮向溪山引犢車。千載管寧傳皂帽，難從遼海問生涯。」已甘罪讁戍荒蹊，又發家人習鼓鼙。孟博暫能隨老母，子卿猶得見生妻。鸊鵜原上聞猿嘯，雞鹿山前聽馬嘶。夢裏依稀歸故國，千重關隘眼中迷。」吳漢槎《奉酬徐健庵見贈之作》：「金燈簾幙欸清觴，把臂翻疑夢寐間。一去塞垣空別淚，重來京洛是衰顏。脫驂深愧胥靡贖，裂帛誰憐屬國還。酒半卻嗟行戍日，鴉青江畔渡潺潺。」沈歸愚師曰：「此贖歸後晤健庵尚書作，感激中自存身份，見古道交。」王貽上《和徐健庵宮贊喜吳漢槎入關之作》：「丁零絕塞鬢毛斑，雪窖招魂再入關。萬古窮荒生馬角，幾人樂府唱刀鐶。天邊魑魅愁遷客，江上蓴鱸話故山。太息梅村今宿草，不留老眼待君還。」自注：吳梅村先生昔有《送漢槎出塞》長句，見集中。宋牧仲《吳漢槎歸自塞外邀同王阮亭祭酒毛會侯大令錢介維小集用東坡海市詩韻》：「塞外長白橫長空，吳君廿〔註17〕載冰天中。豈意玉關得生入，雲霄重望蓬萊宮。哀笳聽罷鬢毛改，縱橫老筆偏能工。魚皮之衣捕貂鼠，曾披榛莽尋黃龍。甫草寓書感生別，題詩慘絕梅村翁。歸來兩公已宿草，惟君懷抱猶豪雄。時平好獻大禮賦，少陵遇合無終窮。相逢一笑快今日，俯仰況復當春融。談詩命酒皆老輩，何惜頻倒玻瓈鐘。楛矢石砮誇創見，君之所得亦已豐。夜闌醉眼望天漢，恍惚鴨綠磨青銅。世間萬事一海市，且看梅萼開春風。」徐氏《續本事詩》：「漢槎驚才絕豔，數奇淪落，萬里投荒，驅車北上時，嘗託名金陵女子王倩孃題詩驛壁，以自寓哀怨。兩河三輔間多有和者，故計改亭詩云：『最是倩孃題壁句，吳郎絕塞不勝情。』」《感舊集補傳》：「兆騫以〔註18〕科場事，讁寧古塔，與明太傅珠之子侍御成容若為友，懇侍御救之，未即許。顧貞觀作《金縷曲》二闋以寄兆騫，

<hr>

〔註17〕「廿」，乙本作「甘」。
〔註18〕「以」，乙本作「息」。

　　侍御見之，泣曰：『山陽思舊之作，都尉河梁之什，並此而三矣。』■■■■■
■■■
■〔註19〕兆騫■〔註20〕以辛酉入關。」

織婦詞梁武帝有《織婦詩》。

　　黃繭繰絲不成匹，停梭倚柱空太息。少時織綺貢尚方，官家曾給千
金直。孔雀蒲桃新樣改，異繡奇文不遑識。桑枝漸枯蠶已老，中使南來
催作早。齊紈魯縞車班班，西出玉關賤如草。黃龍袱子紫橐駝，千箱萬
疊奈爾何。起二句作破題，「少時」二句追遡盛時新樣，以下太息時事。「賤如草」正
與「千金直」作對照也。末二句作結語。此詩絕類昌黎。○《說文》：「繭，蠶衣也。」
《禮》：「夫人繰三盆手。」《集韻》：「繰或作繰。」溫飛卿詩：「鴛鴦艷錦初成匹。」
梁元帝詩：「停梭還斂色。」《琴操》：「魯漆室女倚柱悲吟。」　梁武帝詩：「莫愁十三
能織綺。」　尚方，見《讀佛詩》。　官家，見《永和宮詞》。白詩：「虛費千金直。」
孔雀蒲桃錦，見《讀佛詩》。新樣，見《永和宮詞》。　《西京雜記》：「五絲為繡，倍繡
為升。」傅休奕《贈扶風馬鈞序》：「舊綾機五十綜者五十躡，六十綜者六十躡，先生
患其喪功費日，乃皆易以十二躡。其奇文異變，因感而作者，猶自然之成形，陰陽之
無窮。」《說文》：「綜，織縷也。」《六書故》：「繡絲，接岐也。」按：《魏志》傳、集
皆作躡，當依《西京雜記》作「繡」。《詩》：「不遑啟處。」　崔顥詩：「幽冀桑始青，
洛陽蠶欲老。」　中使，見《海戶曲》。按：作，織作也。《三輔黃圖》：「暴室主掖庭
織作染練之署。」　梁簡文帝《謝賚納袈裟啟》：「魯縞齊紈，藉新香而受採。」《後漢
書·五行志》：「車班班。」杜詩：「齊紈魯縞車班班。」　玉關，見《贈家侍御》。　按：
《明史·魏忠賢傳》有黃龍袱字。紫駝，見《雪中遇獵》注。　歐陽永叔詩：「文章富
於箱。」《宋史·樂志》：「銀濤千萬疊。」杜詩：「雞棲奈汝何。」

贈穆大苑先原注：從汝寧確山歸。確山，余兄純祜治也。　穆苑先，見《廿五日詩》。
《大清一統志》：「汝寧府在河南布政司南四百六十里。確山縣在府西南九十里。」梅
村《穆苑先墓誌》：「余之初就君齋讀書也，有同時遊處者四人，志衍、純祜為兄弟，
魯岡與之共事，其輩行差小，皆吳氏余宗也。鄰舍生孫令修亦與焉，晚而從純祜於汝
南之確山。純祜仕宦失志，所守又山城殘破，本不足以屈知己。君特狥窮交之請，雖

〔註19〕墨丁，稿本、天圖本、讀秀本作「此事三千六百日，中弟當以身任之，不俟兄
　　　　再囑也。貞觀曰：『人壽幾何，請以五載為期。』侍御告之太傅」。
〔註20〕「■」，稿本、天圖本、讀秀本作「遂」。

至顛躓道途，無所恨。然亦自此東歸，不復出矣。」按：《現果隨錄》：「吳純祜，諱國傑。庚辰進士。曾為永嘉令。」而張受先《太倉州志》丙子舉人許國傑人胾，本姓吳，志衍弟子，庚辰進士。內不書國傑也。人胾蓋即純祜，而其為永嘉令亦不可考耳。

穆生同學今頭白，讀書不遇長為客。亂離諸子互升沉，共樂同愁不相失。出入知交三十年，江山幾處供遊歷。此段籠起通篇。共樂同愁，江山游歷，是苑先身份。○穆生字借用，見《二十五日詩》。同學，見《贈蒼雪》。　杜詩：「不辭萬里長為客。」　李詩：「升沉應已定。」《中說》：「可與共樂，未可與共憂。」韋端已詩：「也同歡笑也同愁。」　知交，見《送周子俶》。《晉書·王獻之傳》：「遊歷既畢，旁若無人。」承平初謁武夷君，荔支日啖過三百。兵火桐江遇故人，釣臺長嘯凌千尺。身軀雖小酒腸寬，坦腹鄉村話疇昔。此段言苑先遊歷閩浙。○承平，見《王郎曲》跋。《史記索隱》：「建安有武夷山溪，有仙人葬處，即《漢書》所謂武夷君。」《一統志》：「武夷山在建寧府崇安縣南三十里。」　蘇詩：「日啖荔支三百顆，不妨長作嶺南人。」《苑先墓誌銘》：「令修官閩中，君過建溪以送之，因留啖荔枝，商所以為治甌寧之政，遂為八閩最。」　兵火，見《遇南廂園叟》。桐江，見《贈馮訥生》。　釣臺，見《讀西臺記》。長嘯，見《壽龔芝麓》。《苑先墓誌》：「吾師張西銘先生方以復社傾東南，君進而與之遊。先生之幼弟曰籹菴，其遇君特厚。籹菴由睦之桐廬令入為給諫，君為之上嚴灘者三，過京師者再。」《鎮洋縣志》：「雲桂敏達豪宕，篤友誼，張溥以復社傾海內，雲桂從之遊。黨禍熾，同社生往往從決策，多所挽救。博弟工治以給諫改官，甫旋里，跟蹌就逮，禍不測。雲桂先明北發，傾身營護，得削籍歸，而雲桂幾為忌者所中。平生周旋故舊於患難，死生之際，凡三十年。王治，字無近，號籹菴。順治丁亥進士。」　《晉書》：「《隴上歌》：驅幹雖小腹中寬。」孟東野詩：「為君開酒腸。」　杜詩：「坦腹江亭暖。」疇昔，見《六真歌》。《苑先墓誌》：「等輩皆貴，恥復與後生相角逐，摧撞息機，一以寓之於酒。」訪友新年到蔡州，淮西風浪使人愁。峭帆直下雙崖險，奇石橫空眾水流。泊口斷磯傳禹跡，山根雷雨鎖獼猴。捨舟別取中都道，寢廟高原陵樹秋。定有風雲歸大澤，不堪弓劍弔荒丘。仰天太息頻搔首，失腳倒墮烏犍牛。偶來帝鄉折左臂，吾苦何足關封侯。此段言苑先遊歷蔡州，由江南而之江北，道經淮徐也。○杜詩：「鶯入新年語。」蔡州，見《楚兩生行》。　退之有《平淮西碑》。崔顥詩：「下渚多風浪。」又：「煙波江上使人愁。」　李詩：「狂風愁殺峭帆人。」杜詩：「雙崖洗更清。」《大清一統志》：「塗山在鳳陽府懷遠縣東南八里。荆山在懷遠縣西南一里。」《水經注》：「淮水出於荆山之左，當塗之右。」《圖經》：「荆、塗二山相為一脈，

禹鑿為二，以通淮流。」按：雙崖應指此。 《一統志》：「金山在丹徒縣西北七里大江中，其西南水中三石奇險峭拔，雖大水不沒，曰石排山。」按：奇石應指此。 《一統志》：「泰山墩在淮安府清河縣東。天妃閘在墩北，惠濟閘在墩南。南北兩岸皆為運口。」按：泊口應指此。陳伯玉詩：「奔橈驚斷磯。」禹蹟，見《讀西臺記》。 庾詩：「山根一片雨。」《易》：「雷雨之動滿盈。」《唐國史補》：「楚州有漁人，忽於淮中釣得古鐵鎖，挽之不絕，以告官。刺史李陽大集人力引之，鎖窮，有青獼猴躍出水，覆沒而逝。後有驗《山海經》云：『水獸好為害，禹鎖於軍山之下，其名曰無支奇。』」《一統志》：「淮安府，唐武德四年於山陽置東楚州。八年，更名楚州。天寶初，復曰淮陰郡。乾元初，復曰楚州。」按：此則軍山應在淮安府。 謝靈運詩：「捨舟得平地。」陳陶詩：「刺桐屏障滿中都。」說附後。 《漢書·叔孫通傳》：「先帝園陵寢廟，群臣莫習。」元詩：「況有高高原，秋風四來迫。」陵樹，見《蘆洲行》。 《漢書·高祖紀》：「自歌曰：『大風起兮雲飛揚。』」又：「母媼嘗息大澤之陂。」《寰宇記》：「大澤在豐縣北六里。」 弓劍，見《過南廂園叟》。羅昭諫詩：「三分孫策竟荒丘。」 《史記·李斯傳》：「仰天而歎。」搔首，見《哭志衍》。 失腳，見《贈願雲師》。烏健牛，見《畫中九友歌》。 《後漢書·劉隆傳》：「南陽帝鄉多近親。」 《晉書·羊祜傳》：「祜竟墮馬折臂，位至公。」**丈夫落落誇徒步，芒鞋踏遍天涯路。中原極目滿蓬蒿，海內於今信多故。萬事無如散誕遊，一官必受羈棲誤。傷心憔悴朗陵侯，征蹄奔命無朝暮。身親芻秣養驊騮，供頓三軍尚嗔怒。赤日黃埃伏道旁，鞭梢拂面將誰訴。故舊窮途識苦辛，掉頭舉世寧相顧。**此段言苑先既到蔡州，適純祐供億軍興，亟須共樂同愁之人也。○落落，見《石公山》。徒步，見《送沈繹堂》。 陳無己詩：「竹杖芒鞋取次行。」胡天遊《楊花吟》：「夢魂不識天涯路。」 中原，見《贈蒼雪》。極目，見《贈李雲田》。蓬蒿，見《雁門尚書行》。 《史記·陳丞相世家》：「呂后時，事多故矣。」 散誕，見《廿五日詩》。 一官，見《哭志衍》。羈棲，見《送杜弢武》。 朗陵侯，見《送何省齋》。詳《送純祐之確山》。 《左傳·成七年》：「子重、子反於是乎一歲七奔命。」 芻秣，見《馬草行》。驊騮，見《贈家侍御》。 《唐書·高祖紀》：「詔所過供頓，免今年租賦之半。」韓致光詩：「嗔怒難逢笑眼開。」 王詩：「赤日滿天地。」明遠《蕪城賦》：「惟見起黃埃。」道旁，見《吾谷行》。 陸務觀詩：「畫橋飛架逐鞭梢。」拂面，見《琵琶行》。 窮途，見《贈家侍御》。杜詩：「不復同苦辛。」 掉頭，見《六真歌·序》。《楚辭》：「舉世皆濁我獨清。」**嗚呼！汝南風俗天下稀，死生然諾終難移。相逢應自有奇士，客中可以談心期。君行千里徇友急，此意豈得無人知。**此段言苑先共樂同愁，

篤於知交，而點入確山也。○《一統志》：「汝寧府，漢汝南郡。」《後漢書・許劭傳》：「汝南俗有月旦評焉。」杜詩：「閬州城南天下稀。」　然諾，見《哭志衍》。　《漢書・司馬遷傳》：「自守奇士。」　任彥升詩：「中道遇心期。」　《司馬遷傳》：「徇公家之急。」　白詩：「此意人不知。」

　　按：《禮》：「夫子制於中都。」《注》：「中都，魯邑名。孔子嘗為之宰。」《一統志》：「中都城在兗州府汶上縣西。春秋時魯邑是也。」《左傳・昭二年》：「晉侯謂陳無宇非卿，執諸中都。」杜《注》：「中都，晉邑，在西河介休縣東南。」《史記・秦本紀》：「惠文君後九年伐趙，取中都。」《漢書・文帝紀》：「為代王，都中都。」《武帝紀》：「元封四年，幸中都宮，殿上見光。」師古曰：「中都在太原。」《一統志》：「中都故城在汾州府平遙縣西北。」而謂杜《注》譌北為南者，是也。《通鑑》：「晉惠帝永興元年，劉淵遣劉曜寇太原，取中都。」胡身之《注》：「中都屬太原郡，而後魏遂移置於榆次縣界。」《一統志》「中都故城在榆次縣東十五里」是也。《金史・海陵紀》：「貞元元年，改燕京為中都。」《一統志》「京師，金為中都，元為大都」是也。然兗州、太原、汾州、燕京皆非自太倉入汝寧之路。或謂寢廟、荒丘似指昌平諸陵，於《苑先墓誌》「歸自京師與汝南」句合。中都字，似用《金史》。然《一統志》：「君山在泗州盱眙縣東北六里，亦名軍山。」又云：「支祈井在盱眙縣東北下龜山寺後，即禹鎖水神處。」又：「鳳陽府，東魏武定七年改北徐州曰楚州。明初，吳元年曰臨濠府。洪武二年，以臨濠為中都。」《明史・禮志》：「熙祖墓在鳳陽府泗州蠙城北，薦號曰祖陵。仁祖墓在鳳陽府太平鄉，薦號曰英陵，後改稱皇陵，設皇陵衛。」阮紫坪曰：「中都、寢廟、陵樹、帝鄉，俱指鳳陽言之耳。」　又按：失腳折臂，即《墓誌》中「顛踣道途無所恨」意。

遣悶 李文山詩：「短篇纔遣悶。」按：此聞京江之亂而作。其一夜不成寐。其二晨省而語其親也。其三悔不能死憔悴，而今困於此，即「艾灸眉頭瓜噴鼻，早患苦重來千疊」之意。但此就兵變言之，彼就病困言之耳。「故人往日燔妻子」，即「故人慷慨多奇節」之意。「欲往從之愧青史」，即「一錢不值何須說」之意。蓋兵而死，病而死，均之死也，不如以餓死。窘迫之時，言最深恫。然兵尚可避，故詩猶以親在為解；病不能逃，故詞遂以「脫屣妻孥非易事」直言窘迫之境，尚分緩急，是以其言亦微有曲直也。梅村是閱歷以後語，足令讀者悚然於見義不為之無益矣。其四為兒女而悶。其五為田園而悶。其六為著述而悶。而其六末四語更反言以寫其悶也，立言具有次第。

秋風泠泠蛩唧唧，中夜起坐長太息。我初避兵去城邑，田野相逢半親識。扁舟遇雨煙村出，白版溪門主人立。雞黍開尊笑延入，手持釣竿

前拜揖。十載鄉園變蕭瑟，父老誅求窮到骨。一朝戎馬生倉卒，婦人抱子草間匿。津亭無船渡不得，仰視烏鵲營其巢。天邊矰繳猶能逃，我獨何為委蓬蒿，搔首回望明星高。前八句去城邑，是避兵入攀清湖之事。後九句鄉園變，是海寇陷鎮江，江南被兵之事。誅求、蓬蒿，兼及奏銷事也。○宋玉《風賦》：「清清泠泠。」《木蘭詩》：「唧唧復唧唧。」一作「促織何唧唧」。　中夜，見《贈李雲田》。《楚辭》：「長太息以掩涕。」　避兵，見《東萊行》。《漢書·韓信傳》：「以天下城邑封功臣。」　田野，見《西田詩》。陶詩：「親識豈相思。」　白詩：「煙村混舳艫。」　又：「畫扉扃白版。」蘇養直詞：「莫掩溪門。」　開尊，見《後東皋歌》。《史記·晏嬰傳》：「晏子於是延入為上客。」　釣竿，見《攀清湖》。《唐書·王無功傳》：「惟簡放，不喜拜揖。」　元次山詩：「鄉園不見重歸鶴。」蕭瑟，見《彈琴歌》。　父老，見《贈吳雪航》。誅求到骨，見《遇南廂園叟》。梅村《行狀》：「先生以奏銷事，幾至破家。」　戎馬，見《題志衍畫》。倉卒，見《讀西臺記》。　王仲宣詩：「路有餓婦人，抱子棄草間。」　王介甫詩：「津亭把手坐一笑。」李頎詩：「津吏停舟渡不得。」《後漢書·馬援傳》：「仰〔註21〕視飛鳶，跕跕墮水中。」《宋史·樂志》：「伊鵲營巢，珍禽攸處。」　矰繳，見《哭志衍》。　蓬蒿，見《雁門尚書行》。　搔首，見《哭志衍》。《詩》：「明星有爛。」

　　　　張如哉曰：「去鄉五載者，癸巳被徵，丁酉歸里，共〔註22〕五載也。《攀清湖》詩序謂『三載得歸』者，實計官京師三載也。『十載鄉園變蕭瑟』者，乙酉至丁酉，計十年也。『一朝戎馬生倉卒』，即其二之『江湖到處逢征戰』，其三之『京江戰骨無人問』也，故又云『風塵咫尺何時定』，若陳墓之變事早定矣。」

其二

　　雞既鳴矣升高堂，問我消息來何方。欲語不語心彷徨，當年奔走雖茫茫。兩親筋力友風霜，上有王母方安康。下有新婦相扶將，小妹中夜縫衣裳。百口共到南湖莊，只今零落將誰望。出門一步紛蜩螗，十人五人委道旁。去鄉五載重相見，江湖到處逢征戰。一家未遂升平願，百年那得長貧賤。起三句，現在之事。「當年」六句，追寫攀清湖逆兵之事。「只合」三句，現在之事。末四句詠歎。　「兩親」五句，即「我家兩衰親，上奉高堂姑。艱難總頭白，動止須人扶」云云也。只今零落以下，即《七夕感事》之「南飛烏鵲夜，北顧

〔註21〕「仰」，乙本作「俾」。按：《後漢書》卷五十四《馬援列傳》原作「仰」。
〔註22〕「共」，乙本作「其」。

鸛鵞軍」，《哭亡女》之「兒女關餘刦，干戈逼小年」也。○《詩》：「雞既鳴矣。」高堂，見《攀清湖》。　來何方，見《遇南廂園叟》。　彷徨，見《吾谷行》。　奔走筋力，見《攀清湖》。　風霜，見《吾谷行》。　《易》：「于其王母。」《爾雅》：「父之姊為王母。」《三國志·孫綝傳》：「安康社稷。」　焦仲卿妻詩：「新婦語府吏。」又：「好自相扶將。」　王詩：「小妹日成長。」《詩》：「可以縫裳。」　百口〔註23〕，見《避亂》。南湖，即攀清湖。　零落，見《避亂》。　《詩》：「如蜩如螗。」　十人五人，見《高士圖》。《易林》：「委積道旁。」　鮑詩：「去鄉三十載。」　李詩：「樓船習征戰。」升平，見《琵琶行》。　《史記·陳丞相世家》：「豈有美好如陳平而長貧者乎？」

　　　　按：梅村《秦母於太夫人壽序》：「吾因留仙之言而喟然有感於余祖母湯淑人也。衰門貧約，吾母操作勤苦，以營舅姑滫瀡之養。湯淑人憐其多子，代為鞠育。余自少多病，由衣服飲食、保抱提攜，惟祖母之力是賴。憶自早歲通籍，祖母年七十有三。及以南都恩貤封三世，湯淑人期屆九袠，笄珈白首，視聽不衰，里人至今以為太息。」與此詩王母安康足相印證。

其三

　　人生豈不繫時命，萬事憂愁感雙鬢。兄弟三人我衰病，齒牙落盡誰能信。疇昔文章傾萬乘，道旁爭欲知名姓。中年讀易甘肥遯，歸來擬展雲山興，赤城黃海東南勝。故園烽火憂三徑，京江戰骨無人問，愁吟獨向南樓憑，風塵咫尺何時定。故人往日燔妻子，我因親在何敢死。憔悴而今困於此，欲往從之愧青史。此首感歎時命而以不能死為恨也。「疇昔文章」二句，指中上第，官翰詹時。中年肥遯，指南中立君，登朝一月歸時。末四句，即「君親有愧吾還在」意。○時命，見《讀西臺記》。　王詩：「獨坐悲雙鬢。」　孟詩：「衰病恨無能。」　韓文：「而齒牙動搖。」又：「動搖者，或脫而落矣。」　杜詩：「往時文采動人主。」《後漢書·第五倫傳》：「安能動萬乘乎？」　名姓，見《送杜弢武》。　《南史·隱逸傳》：「阮孝緒有高志，及布卦，果成《遯》卦。張有道歎曰：『此所謂肥遯无不利。』孝緒乃著《高隱傳》。」　杜詩：「雲山已發興。」　赤城，見《讀西臺記》。黃海，見《九友歌》。　烽火，見《送周子俶》。《三輔決錄》：「蔣詡隱於杜陵，舍中三徑。」　《大清一統志》：「鎮江府大江，即楊子江也，亦曰京江。」戰骨，見《蟋蟀盆歌》。　杜詩：「愁吟獨老翁。」南樓，見《送志衍入蜀》。　《吳越春秋》：「要離曰：『臣聞安其妻子之樂，不盡事君之義，非忠也。臣詐以負罪出奔，願

〔註23〕　「口」，乙本誤作「日」。

王戮臣妻子。」《漢書‧鄒陽傳》:「要離燔妻子。」《史記‧刺客傳》:「聶政曰:『老母在,政身未敢以許人也。』」 青史,見《又詠古》。

其四

生男歡喜生女憐,嗟我無子誰尤天。傷心七女盡亡母,啾啾乳燕枝難安。一女血淚啼闌干,舅姑嶺表無書傳。一女家破歸間關,良人在北愁戍邊。更有一女憂烽煙,圍城六月江風寒。使我念此增辛酸,其餘燈下行差肩。見人悲歡殊無端,攜手遊戲盈床前。相思夜闌更剪燭,嚴城鼓聲振林木。眾雛怖向床頭伏,搖手禁之不敢哭。此首專悲諸女而作,是兒女之情長也。〇首句,見《悲歌》。 《詩》:「嗟我婦子。」 何仲言詩:「啾啾雀隱樹。」鮑詩:「乳燕逐草蟲。」 白詩:「夢啼粧淚紅闌干。」《韻會》:「眼眶亦謂之闌干。」 《禮》:「婦事舅姑,如事父母。」嶺表,見《送杜于皇》。 《唐書‧魏徵傳》:「間關草昧。」 蘇詩:「戍邊回雁寄情郎。」 烽煙,見《宮扇》。 《史記‧魯仲連傳》:「曷為久居此圍城之中而不去?」杜詩:「江風颯長夏。」 陸士衡《感時賦》:「恒覩物而增酸。」 杜詩:「差肩列鳳輿。」 曹詩:「悲歡有餘哀。」 攜手,見《西田詩》。遊戲,見《讚佛詩》。杜詩:「床前兩小女。」 又:「夜闌更秉燭。」 嚴城,見《石公山》。《列子》:「秦青撫節悲歌,聲振林木。」 眾雛,見《礬清湖》。王接武曰:「《後漢書‧馬援傳》:『良怖急者,可床下伏。』」 《漢書‧成帝許后傳》:「且使妾搖手不得。」梁簡文詩:「拭淚空搖手。」不敢哭,見《行路難》拾遺。

按:《梅村墓表》:「女子九人」。此詩之「一女血淚啼闌干,舅姑嶺表無書傳」,是歸於王子彥之子■■〔註24〕者,見《短歌》及《送王子彥南歸》諸首。「一女家破歸間關,良人在北恐戍邊」,是歸於陳彥升之子直方者,見《贈遼左故人》及《寄懷陳直方》諸首。「更有一女憂烽煙,圍城六月江風寒」,是歸於何蓉菴之子者,見《送何蓉菴出守贛州》諸首。然《送何蓉菴》云「郡閣登臨迥,江湖已解兵」,似與圍城烽煙不合。贛在國初,屢遭兵革。江湖解兵者,蓋其時楊廷麟、萬元吉之儔已為大清所誅,故止云弱息還幼、天涯遠嫁也。烽煙圍城,似指順治四年,提督金聲桓副將王得仁反攻,圍贛州,及十二年〔註25〕,劇賊曾拱辰據興國之梅窖坑,剽掠吉、贛二郡之事也。又,《墓表》:「子三人。」而此云無子,蓋作於得子以前耳。

〔註24〕 「■■」,天圖本、讀秀本作「天植」。
〔註25〕 「年」,乙本誤作「午」。

其五

　　舍南春水成清渠，其上高柳三五株。草閣窈窕花扶疏，園有菜茹池
有魚。蓬頭奴子推鹿車，藝瓜既熟分里閭。忽聞兵馬來城隅，南翁北叟
當匆趨。我把未鋤心躊躇，問言不答將無愚。老大無成灌蔬壤，暫息干
戈竊偃仰。捨之出門更何往，手種松杉已成長。此首是興思避亂都非也。〇
杜詩：「舍南舍北皆春水。」左太沖《蜀都賦》：「嘈吮清渠。」　儲光羲詩：「高柳三
五株。」　杜詩：「五月江深草閣寒。」淵明《歸去來辭》：「既窈窕以尋壑。」扶疏，見
《雕橋莊歌》。　《漢書·食貨志》：「菜茹有畦。」《易》：「他有魚。」　子山《小園賦》：
「蓬頭王霸之子。」梁武帝詩：「平頭奴於擎履箱。」《風俗通》：「俗說鹿車窄小，纔容
一鹿。」　杜詩：「瓜熟亦不早。」左太沖《魏都賦》：「班之以里閭。」　《詩》：「俟我
於城隅。」　杜詩：「垂白辭南翁，委身希北叟。」　未鋤躊躇，見《攀清湖》。　老大，
見《贈家侍御》。韋應物詩：「春流灌蔬壤。」《詩》：「或棲遲偃仰。」　歐陽永叔詞：
「手種堂前垂柳。」松杉，見《高士圖》。杜詩：「長成何容易。」

其六

　　白頭儒生良自苦，獨抱陳編住環堵。身歷燕南遍齊魯，摩挲漆經觀
石鼓。上探商周過三五，矻矻窮年竟奚補。岣嶁山頭祝融火，叶後五切。
百王遺文棄如土。馬矢高於瞿相圃，箋釋蟲魚付榛莽。叶莫補切。寓言何
必齊莊周，屬辭何必通春秋。一字不向人間留，亂離已矣吾無憂。此首
言身經兵火，文章零落也。〇《史記·叔孫通傳》：「諸弟子儒生隨臣久矣。」《漢書·
司馬相如傳》：「何至自苦如此。」　退之《進學解》：「窺陳編以盜竊。」環堵，見
《海戶曲》。　《三國志·公孫瓚傳》：「燕南垂，趙北際。」《易林》：「東上泰山，南
遊齊魯。」　摩挲，見《行路難》。《後漢書·杜林傳》：「前於西州得漆書《古文尚
書》一卷。」石鼓，見《廿〔註26〕五日詩》。　《史記·孔子世家》：「孔子述三五之
法。」　矻矻，見《行路難》。《唐書·韓愈傳》：「常矻矻以窮年。」李詩：「我縱言
之將何補。」　岣嶁，見《廿五日詩》。《史記·楚世家》：「重黎為帝嚳，高辛居火正，
甚有功，能光融天下，帝嚳命曰祝融。」吳邁遠《杞梁妻詩》：「千載炳遺文。」棄如
土，見《蟋蟀盆歌》。　馬矢，見《汲古閣歌》。《禮》：「孔子射於瞿相之圃。」　韓詩：
「爾雅注蟲魚，定非磊落人。」李詩：「嵯峨蔽榛莽。」　《史記·莊周傳》：「其著書十
餘萬言，大抵率寓言也。」《晉書·孫放傳》：「放字齊莊。年七八歲，從庚亮獵。亮謂

〔註26〕「廿」，乙本誤作「甘」。

曰：『欲齊何莊邪？』放曰：『欲齊莊周。』」《禮》：「屬辭比事，《春秋》教也。」《元史‧歐陽原功傳》：「片言隻字，流傳人間。」

　　　　子美《同谷七歌》從《四愁詩》、《胡笳十八拍》化出，文山《六歌》從《同谷七歌》化出。此六首蓋本於子美、文山而稍變其體，所謂子雲、相如同工異曲者。

詠拙政園山茶花並引 〔註27〕

　　拙政園，故大弘寺基也。其地林木絕勝，有王御史者侵之，以廣其宮。後歸徐氏最久，兵興，為鎮將所據。已而海昌陳相國得之，內有寶珠山茶三四株，交柯合理，得勢爭高。每花時，鉅麗鮮妍，紛披照矚，為江南所僅見。相國自買此園，在政地十年不歸，再經譴謫遼海，此花從未寓目。余偶過太息，為作此詩。他日午橋獨樂，定有酬唱，以示看花君子也。《蘇州府志》：「拙政園在婁、齊二門之間。嘉靖中，王御史獻臣因大宏寺廢地營別墅，文待詔徵明記其子以樗蒲負失之，歸里中徐氏。國初，海寧陳相國之遴得之，籍官，為駐防將軍府。旗軍撤，迭居營將，又為兵備道館。既而為王永寧所有，復籍官。康熙十八年，改蘇松常道新署。蘇松常道裁缺，後散為民居。中有連理寶珠山茶樹，花時爛紅奪目。」又：「大弘寺在長洲縣治東北。元大德間建，元末毀。」《唐書‧百官志》：「上鎮，將一人，鎮副二人。中鎮，將一人，鎮副一人。下鎮，將一人，鎮副一人。」《一統志》：「海寧縣，三國吳置海昌都尉於此。」　沈歸愚師曰：「陳之遴，字彥升，浙江海寧人。崇禎丁丑進士第三人。國朝官至大學士。」《群芳譜》：「山茶，一名曼陀羅樹，以葉類茶，又可作飲，故得茶名。花有數種。十月開至二月，就中寶珠為佳。」　庾詩：「交柯年百頃。」按：合理，即連理，見下文。　庾

〔註27〕（民國）劉聲木《萇楚齋隨筆》卷八：

　　吳梅村祭酒偉業，才華綺麗，冠絕千古。及其出仕國朝，後人憐其才，每多恕詞，蓋不知當時情形也。祭酒因海寧陳相國之遴所薦起，時在順治十五年。當時相國獨操政柄，援引至卿相極易。未薦之先，必有往來書札，雖不傳於世，意其必以卿相相待，故祭酒欣然應詔，早已道路相傳，公卿餞送。迨至祭酒已報行期，而相國得罪遣戍，欲中止則勢有所不能，故集中《詠拙政園山茶》以誌感慨，園即相國產也。及其到京，政府諸公以其為江南老名士，時方延攬人才，欲不用恐失眾望，因其前明本官祭酒，仍以祭酒官之，非祭酒所料也。祭酒若早知其如此，必不肯出世，但知其為老母，而不知亦為妻少子幼，故偷生忍死，甘仕二姓。人生一有繫念，必不能以節烈稱。祭酒所繫念有四：官也，母也，妻也，予也。宜其不克以身殉義，得享令名，後雖悔恨，屢見之詩詞，然已無及矣。

子慎《書品》：「探妙測深，盡形得勢。」《冷齋夜話》：「老杜《北征》詩忠義之氣與秋色爭高。」　李義山詩：「花時隨酒遠。」司馬長卿《上林賦》：「君未覩夫巨麗也。」元詩：「佳色有鮮妍。」　杜詩：「紛披為誰秀。」鍾仲偉《詩品序》：「欲以照燭三才，輝麗萬有。」　梅村《亡女權厝誌》：「陳海寧，大姓也。司農再相，未一歲，用言者讁居瀋陽。已而相國召入京，為宿衛，再以他事下請室，全家徙遼左。」《宋史·王韶傳》：「驟躋政地。」　李詩：「亭伯流離放遼海。」《左傳·僖二十八年》：「得臣與寓目焉。」　《舊唐書·裴度傳》：「又於午橋創別墅。」《元城語錄》：「司馬溫公既居洛，於國子監之側得故營地，創獨樂園。」　唱酬，見《送杜于皇》。　劉夢得有《贈看花君子》詩。

　　拙政園內山茶花，一株兩株枝交加。豔如天孫織雲錦，頳如姹女燒丹砂。吐如珊瑚綴火齊，在詣切。**映如蟬蜍凌朝霞。**此段贊山茶，仿退之《南山》筆意。○《群芳譜》：「山茶枝幹交加。」　天孫，見《宮扇》。蘇詩：「天孫為織雲錦裳。」　《〈詩·周南〉注》：「頳，赤也。」《參同契》：「姹女黃芽章第廿〔註28〕五。」杜詩：「或紅如丹砂。」《群芳譜》：「寶珠千葉，含苞歷幾月而放，殷紅若丹砂，最可愛。」　珊瑚，見《讚佛詩》。班孟堅《西都賦》：「翡翠火齊，流耀含英。」《詩》：「蟬蜍在東。」子建《洛神賦》：「皎若太陽升朝霞。」**百年前是空王宅，寶珠色相生光華。長養端資鬼神力，優曇湧現西流沙。歌臺舞榭從何起，當日豪家擅閭里。苦奪精藍為玩花，旋拋先業隨流水。兒郎縱博賭名園，一擲留傳猶在耳。**此段言拙政園為大弘寺基，王御史侵之以廣其基也。○《圓覺經》：「佛為萬法之王，又曰空王。」　《佛國記》：「僧泥羅國王以金等身鑄佛像，髻裝寶珠。」《楞嚴經》：「無別淨居，及金色相。其人信受，亡失先心。身命歸依，得未曾有。」《黃庭內景經》：「體生光華香氣蘭。」　長養，見《遇南廂園叟》。　《法華經》：「如是妙法，諸佛如來時乃說之，如優曇華，時一現爾。」流沙，見《龍腹竹歌》。　杜牧之《阿房宮賦》：「歌臺暖響。」《〈書·泰誓〉傳》：「土高曰臺，有木曰榭。」　豪家，見《圓圓曲》。《三輔黃圖》：「長安閭里一百六十。」　精藍，見《讚佛詩》。翫花，見《永和宮詞》。　《國語》：「亦能纂修其身，以受先業。」流水，見《直溪吏》。　徐孝穆詩：「風流荀令好兒郎。」縱博，見《茸城行》博場注。名園，見《鴛湖曲》。　一擲，見《哭志衍》。《左傳·文七年》：「穆嬴曰：『言猶在耳。』」徐健菴《蘇松常道新署記》：「王侍御有子，弗克負荷，以檇蒲與里中豪士徐君決賭，一擲失之。徐君傳子及孫，而生產亦耗矣。」**後人修築改池臺，石梁路轉蒼苔履。曲檻奇花拂畫**

樓，樓上朱顏嬌莫比。千條絳蠟照鉛華，十丈紅牆飾羅綺。鬥盡風流富管絃，更誰瞥眼閒桃李。齊女門邊戰鼓聲，入門便作將軍壘。荊棘從填馬矢高，斧斤勿剪鶯簧喜。此二段言園歸徐氏，兵興，為鎮將所據也。○修築池臺，本《孟子》。　張見賾詩：「石梁雲外立。」路轉，見《吾谷行》。蒼苔，見《讚佛詩》。　陸魯望詩：「高窗曲檻仙侯府。」李咸用詩：「奇花不敢妖。」畫樓，見《圓圓曲》。　朱顏，見《卞玉京歌》。　賈幼鄰詩：「千條弱柳垂青瑣。」白詩：「花房絳蠟珠。」鉛華，見《玉京墓》。　李義山詩：「本來銀漢是紅牆。」羅綺，見《讚佛詩》。　《漢書・張禹傳》：「後堂理絲竹筦絃。」　瞥眼，見《松鼠》。　《吳越春秋》：「齊使女為質於吳，吳王因為太子波聘齊女。女少思齊，日夜號泣，闔閭乃起北門，名曰望齊門，令女往遊其上。」戰鼓，見《東萊行》。　荊棘，見《雒陽行》。馬矢，見《汲古閣歌》。　勿剪，見《攀清湖》注。歐陽永叔詩：「暖入鶯簧舌漸調。」近年此地歸相公，相公勞苦承明宮。真宰陽和暗回斡，長安日日披薰風。花留金谷遲難落，花到朱門分外紅。獨有君恩歸未得，百花深鎖月明中。此段言海昌陳相國得之寶珠山茶，為江南僅見，在政地十年不歸也。○相公，見《雁門尚書行》。　《詩》：「母氏勞苦。」承明，見《送何省齋》。　真宰，見《廿五日詩》。《史記・秦始皇紀》：「時在中春，陽和方起。」張茂先詩：「太儀斡運，天迴地遊。」　《家語》：「舜彈五絃之琴，歌南風之詩，曰：『南風之薰兮。』」　唐試帖有《金谷園花發懷古詩》。　朱門，見《臨頓兒》。杜詩：「賞妍又分外。」　辛幼安詞：「怕君恩未許。」杜詩：「故林歸未得。」　《舊唐書・楊貴妃傳》：「如百花之煥發。」許仲晦詩：「樓臺深鎖無人到，落盡東風第一花。」杜牧之詩：「鳳樓空鎖月明天。」灌花老人向前說，園中昨夜零霜雪。黃沙淅淅動人愁，碧樹垂垂為誰發。可憐塞上燕支山，染花不就花枝殷。江城作花顏色好，杜鵑啼血何斑斑。花開連理古來少，並蒂同心不相保。名花珍異惜如珠，滿地飄殘胡不掃。楊柳絲絲二月天，玉門關外無芳草。縱費東君著意吹，忍經摧折春光老。看花不語淚沾衣，惆悵花間燕子飛。折取一枝還供佛，征人消息幾時歸。此五段言相國再經謫遣遼海，此花從未寓目，風履摹寫，感歎祝誦俱從花字生情，極芊眠麗密之致。○戴昺字景屏詩：「汲水灌花私雨露。」元詩：「宮邊老人為余說。」《史記・貨殖傳》：「犯晨夜，冒霜雪。」　謝無逸詩：「黃沙似舒金。」淅淅，見《送何省齋》。　班孟堅《西都賦》：「珊瑚碧樹，周阿而生。」杜詩：「江邊一樹垂垂發。」《漢書・霍去病傳》：「過焉支山千有餘里。」《一統志》：「焉支山在甘州府山丹縣東南。」　歐陽永叔詩：「東皇柒花滿春國。」岑參詩：「柳鞸鶯嬌花復殷。」　杜詩：「江城含變態。」鮑詩：

「念其霜中能作花。」又：「當時見我顏色好。」　杜鵑啼血，見《永和宮詞》。李義山詩：「後房點臂斑斑紅。」　《晉書・元帝紀》：「連理之木。」　杜詩：「並蒂芙蓉本自雙。」張平子《西京賦》注：「蒂，花鼻也。」江總持詩：「長作照日同心花。」　名花，見《雕橋莊歌》。　白詩：「落葉滿階紅不掃。」　李義山詩：「回頭更望柳絲絲。」韋端己詩：「滿街楊柳綠絲煙，畫出清明二月天。」　《後漢書・班超傳》：「但願生入玉門關。」蘇詞：「天涯何處無芳草。」　王晉卿詞：「經年費盡東君力。」　《漢書・賈山傳》：「雷霆所擊，無不摧折。」岑參詩：「三月灞陵春已老。」　溫飛卿詩：「百舌問花花不語。」淚沾衣，見《圓圓曲》。　惆悵，見《西田詩》。隋煬帝詩：「宮木陰濃燕子飛。」　《南史・晉安王子懋傳》：「有獻蓮花供佛者一。」張繪之詩：「欲寄征人問消息。」李義山詩：「每朝珠館幾時歸。」

　　袁子才曰：「梅村之出山也，海寧實推轂之，■■■■■■〔註29〕及出山，而海昌之局已變。■■■■■■■■■■■■■■■■■■■■■〔註30〕婁東之不振，亦因海昌之勢衰也。」　按：梅村《送龔孝升》云：「祇因舊識當塗少，坐使新知我輩輕。」與此說合。〔註31〕　張如哉曰：「此雖太息海寧，兼亦為其仲女而詠，故用花開連理、并蒂同心、摧折春光、看花不語等句，皆兒女子語也。《女厝志》云：『女甥四五歲，頗慧黠，教之禮佛，祈直方早歸，女凝視長籲』云云，末二句正詠其事。」

短歌曹孟德有《短歌行》。按：梅村《遣悶》詩：「一女血淚啼闌干，舅姑嶺表無書傳。」而■■■〔註32〕《送王子彥南歸》自注：「子彥近得孫，余之外孫也。」又，《王增城子彥罷官哭子留滯不歸近傳口信不得字詩以歡之》中有句云：「關心惟少子，失計在微官。庾嶺應逢雁，章江莫寄魚。」正與「舅姑嶺表無書傳」相合，又與此詩「罷官嶺表歸來遲，愛子摧殘付託空」相合。此詩蓋為子彥作耳。《廣東通志》：「增城知縣王瑞國，江南太倉舉人。順治十四年任。」《唐詩正・姓氏》：「王瑞國，字子彥。」

　　王郎頭白何所為，罷官嶺表歸來遲。衣囊已遭盜賊笑，襆被尚少親朋知。此詩苦徭役而作，從王郎歸來起。○《晉書・列女傳》：「王郎，逸少子。」此借用。頭白，見《琵琶行》。　賈誼《陳政事疏》：「稱病而賜罷。」嶺表，見《遣悶》。孟東野詩：「不恨歸來遲。」　《後漢書・吳祐傳》：「王陽以衣囊徵名。」《左傳・哀十

〔註29〕墨丁，天圖本作「將以臺鼎相傳」。
〔註30〕墨丁，天圖本作「年少氣盛、腸肥腦滿之徒將落海昌之機牙，遂肆意於婁東」。
〔註31〕「袁子才曰」至此，讀秀本為空白。
〔註32〕■■■，天圖本、讀秀本作「五言律」。

六年》：「盜賊之失若傷君。」《晉書・陸納傳》：「出為吳興太守，臨發，止有被襆而已。」**我書與君堪太息，不如長作五羊客。君言垂老命如絲，縱不歸人且歸骨。**四句中有一番客主，是王郎歸來之由。○《番禺雜記》：「廣州昔有五仙，騎五羊而至，遂名五羊城。」皮襲美詩：「五羊城在蜃樓邊。」按：增城縣屬廣州府。　杜詩：「垂老不得安。」又：「兩京三十口，雖在命如絲。」　江詩：「歸人望煙火。」《左傳・成三年》：「知罃曰：『纍臣得歸骨於晉。』」**入門別懷未及話，石壕夜半呼倉卒。肱篋從他悞攫金，告緡憐我非懷璧。田園斥盡敝裘難，苦乏家錢典圖籍。愛子摧殘付託空，萬卷飄零復奚惜。**此實寫追呼繁擾，以見歸來之困。○杜詩：「暮投石壕村，有吏夜捉人。」倉卒，見《讀西臺記》。《莊子》：「將為胠篋探囊發匱之盜而為守備。」《列子》：「人皆在焉，子攫人之金何？」張如哉曰：「《漢書・雋不疑傳》：『不疑為郎，有同舍誤持其同舍郎金去，同舍郎意不疑，不疑買金償之。後同舍歸金，亡金郎大慙。』悞攫金，暗用此事。」　告緡，見《茸城行》。《左傳・桓十年》：「匹夫無罪，懷璧其罪。」　田園，見《蘆洲行》。按：斥如《史記・貨殖傳》「斥賣求奇繒物」之斥。岑參詩：「青春換敝裘。」　家錢，見《後東皋歌》。《史記・張儀傳》：「按圖籍。」　愛子，見《閩州行》。陳後主詩：「摧殘枯樹影。」付託，見《讀史雜詩》。　飄零，見《閩州行》。**吁嗟乎十上長安不見收，千山遠宦終何益。君不見鬱孤臺臨數百尺，惡灘過處森刀戟。歷遍風波到故鄉，此中別有盤渦石。**六句感慨淋漓，如聞歎息之聲。○《戰國策》：「蘇秦說秦王，書十上而說不行。」　千山，見《雁門尚書行》。張道濟詩：「蹉跎遠宦心。」　鬱孤臺，見《送何省齋》。　楊誠齋詩：「惡灘洶洶雷出吼。」刀戟，見《行路難》。按：鬱孤、惡灘皆由增城旋里之所經也。　風波，見《鴛湖曲》。　盤渦，見《行路難》。

西爢顧侍御招同沈山人友聖虎丘夜集作圖紀勝因賦長句

梅村《顧開明祠堂記》：「山東道御史漢陽顧公如華，字西爢。」　王丹麓《南總文略》：「予友雲間沈子友聖，道風秀世，才博遇窮，衡門樂饑，雋聲遐播。」按：《唐詩正》：「華亭沈麟，字友聖。」　虎丘，見《楚兩生行・序》。

漢陽仙人乘黃鵠，朝發三巴五湖宿。春深潮滿闔閭城，剪得晴川半篙綠。錦涇催動木蘭橈，恣討名山縱心目。判牘揮毫撥若雲，支筇屏騎從惟鹿。此段言侍御自楚入蜀，入蜀入吳，公餘覽勝也。○《大清一統志》：「漢陽府在湖北布政使司西北十里。」《述異記》：「荀瓌憩江夏黃鶴樓上，望西南有物，飄然降自云漢，乃駕鶴之賓也。」陸璣《詩疏》：「黃鶴，古人常言之，又多言鵠。鵠即是

鶴音之轉，後人以鵠名頗著，謂鶴之外別有所謂鵠。漢昭帝時，黃鵠下建章宮而歌，則名黃鶴。」按：此則仙人乘鵠，仍用黃鶴樓事耳。《寰宇記》：「費文禕登仙，每乘黃鶴，於此樓憩駕，故名。」　《楚辭》：「朝發軔於天津兮。」譙周《巴記》：「劉璋分巴，以永寧為巴東郡，墊江為巴郡，閬中為巴西郡，是為三巴。」五湖，見《贈雪航》。　春深，見《鴛湖曲》。沈雲卿詩：「潮滿九江春。」《一統志》：「周敬王六年，闔閭使子胥築大城，亦曰闔閭城，即今蘇州府城。」　又：「晴川閣在漢陽縣東北五里。」周美成詞：「半篙春水滑。」　《一統志》：「錦帆涇在吳縣城南盤門內。」蘇詩：「獻花游女木蘭橈。」　名山，見《讚佛詩》。心目，見《西田詩》。　朱治憪詩：「判牘日勾押。」揮毫，見《茸城行》。李詩：「撥雲尋古道。」　張復之詩：「衝寒試與小撺筇。」《宋史·蘇雲卿傳》：「帥漕乃屏騎從，更服為遊士，入其圃。」《易》：「即鹿無虞，以從禽也。」《晉書·陶淡傳》：「於長沙臨湘山中結廬居之，養一白鹿以自偶。」**蒼丘虎氣鬱騰驤，一片盤陀徑廣場。平座千人填語笑，危欄百尺沸絲簧。夫差石上杯浮月，歐冶池邊劍拂霜。花雨講臺孤塔迥，風流捨宅六朝荒。**此段總寫虎丘之勝，因上文有「恣討名山」語，故不突然。○杜詩：「虎氣必騰上。」《晉書·夏侯湛傳》：「騰驤於四極之外。」　劉文居詩：「空留一片石。」范致能詩：「倦拂盤陀蒼石坐。」廣場，見《楚兩生行》。　《一統志》：「劍池旁有石，可坐千人，號千人石，又曰千人坐，俗傳因生公說法得名。」　李義山詩：「輕命倚危欄。」《文心雕龍》：「視之則錦繪，聽之則絲簧。」　按：《吳地記》所載始皇求劍擊虎中石，或云吳王試劍石，而不紀其為夫差。夫差石應指此。　《吳地記》：「闔閭葬其下，以扁諸、魚腸等劍三千殉焉，故池以劍名。」按：歐冶池即指劍池，與上《周芮公》詩序指福州府者一不同，蓋歐冶子本鑄劍，故因池而及之。《越絕書》：「薛燭曰：『當造此劍之時，歐冶乃因天之精神，悉其伎巧，造為大刑三、小刑二。』」李詩：「胡霜拂劍花。」　《蘇州府志》：「虎丘山雨花亭僅存廢址。」《吳郡圖經續記》：「虎丘寺前有高僧竺道生講堂。」蘇詩：「只尋孤塔認東西。」　《吳地記》：「山本晉司徒王珣與弟司空珉之別墅，舍為東西二寺。」羅鄴詩：「六朝空認舊江山。」**曾來此地探奇蹟，薄晚迎流刺舟入。攜手何人沈與吳，詞客青衫我頭白。脫略才知興會真，冥搜務取煙霞適。火照靈湫暑月，寒鐘埋苦霧陰崖黑。魯公擘窠字如斗，忠孝輪囷鬼神走。蘚剝苔侵耿不磨，手捫沉吟立來久。重燒官燭奏鷗絃，今夕歡遊逢快友。後約須聽笠澤鶯，臨分忍折閶門柳。**此段是招同沈友聖虎丘夜集也。後約、臨分，漸引到作圖上。○陸士衡《漢高祖功臣頌》：「獨昭奇蹟。」　沈初明詩：「竹煙生薄晚。」顧瞻泰曰：「《淮南子》：『短袂攘卷，

以便刺舟。』」　攜手，見《西田詩》。　王詩：「夙世謬詞客。」元詩：「青衫玉貌何處去，安得紅旗遮頭白。」　脫略，見《送周子俶》。《世說》：「王恭與王建武每至興會，故有相思時。」　孫興公《遊天台山賦》：「非夫遠寄冥搜。」煙霞，見《讀西臺記》。　杜有《奉同郭給事湯東靈湫作》。李詩：「松風五月寒。」　何仲言詩：「苦霧黑晨流。」陰崖，見《吾谷行》。　《唐書‧顏真卿傳》：「字清臣，封魯郡公，天下不以姓名稱而獨曰魯公。」《洞天清錄》：「漢印多用五字，不用摹篆篆。」李義山詩：「碑高三丈字如斗。」《一統志》：「虎丘劍池，唐顏真卿書。生公講堂，李陽冰書。今並存。」　忠孝，見《臨江參軍》。輪囷，見《龍腹竹歌》。李詩：「怳怳如聞鬼神驚，時時只見龍蛇走。」　吳子華詩：「青蒼苔剗新。」虞伯施詩：「階上綠苔侵。」退之《送窮文》：「吾立子名，百世不磨。」　歐陽永叔詩：「歎息但以兩手捫。」沉冷，見《送何省齋》。徐鼎臣詩：「折花閒立久。」　燒燭，見《汲古閣歌》。李詩：「官燭未曾燃。」鷗絃，見《琵琶行》。　《詩》：「今夕何夕。」白詩：「去歲歡遊何處去。」　後約，見《圓圓曲》。笠澤，見《送何省齋》。　閶門柳，見《送志衍入蜀》。**七里山塘五月天，玉絲金管自年年。江村茶熟橋成市，溪館花開樹滿船。賀老一歌嘗月下，泰娘雙槳即門前。泥車瓦馬兒童戲，竹幾蕉團估客眠。**此段言遊人之多，引起作圖，故與蒼丘虎氣一段不復。○山塘，見《玉京彈琴歌》。　李詩：「玉簫金管坐兩頭。」　江村，見《攀清湖》。元詩：「夢覺茶香熟。」周為憲詩：「城郭半淹橋市鬧。」　杜牧之詩：「夜涼溪館留僧話。」《江寧府志》：「几案所供盆景舊，惟虎刺一二品而已。近來花園子自吳中運至，品目益多，有天目松、瓔珞松、海棠、黃楊、石竹、瀟湘竹、水冬青、水仙、小芭蕉、枸杞、梅花之屬，務取其根幹老而枝葉有畫意者，更以古甓佳石安置之，一盆至數千錢。」　元詩：「夜半月高絃索鳴，賀老琵琶定場屋。」按：賀老指懷智。　劉夢得《泰孃歌引》：「泰孃本韋尚書家主謳者。」《北里志》：「劉泰孃，北曲內小家女也。」雙槳，見《送何省齋》。《晉西州曲》：「樹下即門前。」　《潛夫論》：「作泥車、瓦狗〔註33〕、馬騎、倡俳諸戲弄小兒之具。」　朱子詩：「蒲團竹幾睡騰騰。」估客，見《再觀打冰》。**萬事韶華有凋替，煙蕪漸失層巒翠。鼠竄迴廊僧舍空，鴉啼廢井漁扉閉。赤幰黃驄佳氣浮，姑蘇臺上春風細。令出天清鸛鶴高，詩成日落溪山麗。**此段言勝遊難常，而適有佳遊，更不可不作圖也。○白詩：「勿歎韶華子。」凋替，見《送何省齋》。　權載之詩：「煙蕪斂暝色。」《滕王閣序》：「層巒聳翠。」　鼠竄，見《松鼠》奉頭注。杜詩：「小院迴廊春寂寂。」許仲晦詩：「僧舍覆碁消白日。」　秦少

〔註33〕「狗」，《潛夫論‧浮侈第十二》作「狗」，稿本、天圖本、讀秀本同。

游詩：「落紅滿地乳鴉啼。」李詩：「廢井蒼苔積。」漁扉，見《避亂》。　駱賓王詩：「青牛紺幰紅塵度。」《北史·裴果傳》：「時號黃驄年少。」《後漢書·光武紀·論》：「氣佳哉，鬱鬱蔥蔥然！」　姑蘇臺，見《讀西臺記》注。　司馬退之詩：「沈寥楚天清。」柳子厚詩：「鸖鶴雲間舞。」　杜詩：「遲日江山麗。」**筍屐籃輿逐後塵，碧油簾舫夜留賓。棲遲我已傷頹老，歷落君偏重散人。好把丹青垂勝事，可憑詩卷息閒身。襄陽寺壁摹羊祜，句曲山圖補許詢。**此段點明作圖。○筍屐，見《廿〔註34〕五日》筍屬補注。籃輿，見《縹緲峰》。明遠《舞鶴賦》：「逸翮後塵。」　元詩：「窗紙碧油糊。」杜詩：「青簾白舫益州來。」梁簡文帝詩：「夜夜尚留賓。」　棲遲，見《贈陸生》。頹老，見《送何省齋》。《晉書·桓彝傳》：「字茂倫，雅為周顗所重，曰：『茂倫嶔崎歷落。』」陸魯望有《江湖散人傳》。　丹青，見《西田詩》。勝事，見《廿〔註35〕五日詩》。　張文昌詩：「朝衣暫脫見閒身。」　襄陽，見《送黃子羽》。《晉書·羊祜傳》：「襄陽百姓於峴山祜平生遊憩之所建碑立廟，歲時享祭焉。」　《大清一統志》：「茅山在江寧府句容縣東南。」《元和志》：「本名句曲，以形似己字，句曲有所容，故邑號句容。」《續晉陽秋》：「許詢，字元度，高陽人。魏中領軍允玄孫，總角秀惠，眾稱神童。長而風情簡素，司徒掾闢不就。」按：李義山詩：「但驚茅許同仙籍。」《一統志》：「漢茅楹得道，隱句曲，人稱茅君。晉許邁字叔元，一名映，句容人。」俟考。**妙手生綃經想像，兔毫點出雙瞳玉。抱膝看雲見礧砢，支頤藉草耽疏放。半衲誰堪竺道生，一樽足擬陶元亮。絹素流傳天壤存，他年相見欣無恙。**此段就圖上作詠歎，正是詠歎勝遊也。○妙手，見《廿〔註36〕五日詩》。生綃，見《永和宮詞》。想像，見《西田詩》。　許仲晦詩：「更立螭頭運兔毫。」雙瞳，見《王郎曲》。《世說》：「顧長康畫人，或數年不點目睛，問共故，曰：『四體妍蚩，本無關於妙處。傳神寫照，正在阿堵中。』」按：王字如《汲古閣歌》神王之王。　抱膝，見《送何省齋》。王詩：「坐看雲起時。」礧砢，見《龍腹竹歌》。　王詩：「搘頤問樵客。」藉草，見《送龔孝升》。杜詩：「吾將終疏放。」　張文潛詩：「半衲遮背是生涯。」《高僧傳》：「竺道生本姓魏氏，鉅鹿人。」　沈休文詩：「勿言一樽酒。」《南史·隱逸傳》：「陶潛，字淵明，或云字深明，名元亮，尋陽柴桑人。」　絹素，見《送沈繹堂》。杜詩：「今人嗤點流傳賦。」《戰國策》：「名與天壤相敝也。」　無恙，見《下相懷古》。**黃鶴高飛玉笛殘，舊遊我**

〔註34〕「廿」，乙本誤作「甘」。
〔註35〕「廿」，乙本誤作「甘」。
〔註36〕「廿」，乙本誤作「杜」。

亦夢湘沅。峭帆此去應千里，郢樹參差響急灘。飲君酒，送君還，王程
長作畫圖看。攜將老筆龍眠輩，寫盡江南江北山。與起處一段相應作結。本
是侍御楚人遊吳，卻說到自己吳人遊楚。而王程畫圖關合，更為入妙。末二句又推
廣作圖也。○李詩：「黃鶴樓中吹玉笛。」《詩》：「有鳥高飛。」　舊遊，見《遇劉
雪舫》。《一統志》：「湘江自廣西全州流至黃沙河，入東安縣境，至石期市入永州府
零陵縣境。」又：「沅水在常德府武陵縣南。」按：此亦指丙子典試湖廣也。　峭帆，
見《贈穆苑先》。　杜詩：「郢樹發南枝。」參差，見《吾谷行》。崔道融詩：「卻放輕
舟下急灘。」　李詩：「飲君酒，為君吟。」　李頎詩：「春草是王程。」畫圖，見《六
真歌》。　元裕之詩：「老筆鬱盤盤。」龍眠，見《清風使節圖》山莊注。　黃魯直詩：
「江北江南飽看山。」

高涼司馬行 原注：贈孫孝若。　《大清一統志》：「廣東高州府，漢為合浦郡高涼縣
地。」白詩：「四十著緋軍司馬。」孝若，見《吾谷行》注。按：《蘇州府志》：孝若初
授衢州府推官，故用三衢橘柚語；陞高州府同知，故云高涼司馬。

　　高涼司馬才如龍，眼看變化疇人中。豪華公子作能吏，刻苦不與尋
常同。十年太末聲名好，隨牒單車向嶺表。猿嘯天邊雁北飛，相思不斷
如春草。起八句裝完題面。豪華刻苦，見家門才地之盛。太末、嶺表，紀故鄉遠宦
之地。猿嘯二句，似跟太末、嶺表說下，而已引入交情，敘明作詩緣起也。○如龍，見
《茸城行》。　《管子》：「龍生於水，被五色而遊，故神，變化無日，上下無時。」《史
記·曆書》：「故疇人子弟分散。」　豪華，見《青門曲》。能吏，見《贈家侍御》。《宋
史·楊徽之傳》：「幼刻苦為學。」　《漢書·地理志》：「會稽郡有太末縣。」《一統志》：
「太末故城，今衢州府龍游縣治。」　《漢書·匡衡傳》：「但以無階朝廷，故隨牒在遠
方。」《注》：「謂隨選補之常牒。」《史記·信陵君傳》：「今單車來代之，何如哉？」
嶺表，見《送杜于皇》。　杜詩：「風急天高猿嘯哀。」天邊，見《吾谷行》。《北齊書》：
「《五郊樂歌》：斗東指，雁北飛。」　周美成詞：「乍奈向，一縷相思，隔溪山不斷。」
范彥龍詩：「思君如蔓草。」謝靈運詩：「池塘生春草。」**官清喜得鄉園近，載米
嘗聞上山郡。此去雖持合浦珠，炎州何處沽佳醞。君言萬事隨雙屐，浮
蹤豈必嗟行役。婚嫁粗完身計空，掉頭且作天涯客。**官清四句，設為問孝若
之詞。君言二字，直貫飽啖荔枝，是代孝若答也。問者頗惜遠別，即相思不斷之意。
掉頭作客，則不必近郡矣。○蘇詩：「亂山深處長官清。」　《晉書·鄧攸傳》：「吳郡
闕守，帝以授攸。攸載米之郡，惟飲吳水而已。」張道濟詩：「山郡不溝郭。」　《後

漢書‧孟嘗傳》：「遷合浦太守。郡海出珠，與交趾常通商販。先時宰守多貪，珠漸徙於交趾郡界。嘗到官，未踰歲，去珠復還。」　韓詩：「乃反遷炎州。」《元史‧百官志》：「嘉醖局，秩五品。」　劉文房詩：「披榛著雙屐。」　《詩》：「父曰：嗟！予子行役。」　《後漢書‧向長傳》：「男女娶嫁既畢，勅斷家事，無相關。」身計，見《送沈繹堂》。　掉頭，見《六真歌‧序》注。天涯客，見《東萊行》。**江南賦稅愁連天，笑余賣盡江南田。京華權貴書盈寸，笑余不作京華信。平生聲伎羅滿前，襆被獨上孤篷船。到日蘭芽開百本，飽啖荔枝寧論錢。**此承作客句而暢言之。言不戀故鄉，不慕貴遊，不攜家累，而獨赴炎州也。啖荔枝正與沽佳醖相對。○《唐書‧陽城傳》：「賦稅不時。」杜詩：「連天走窮谷。」　《漢書‧貢禹傳》：「臣賣田百畝，以供車馬。」　京華，見《贈陸生》。《齊書‧王秀之傳》：「三世不事權貴。」《酉陽雜組》：「山茶花大盈寸。」　聲伎，見《贈文園公》。退之《送李愿序》：「才俊滿前。」　襆被，見《短歌》。孤篷，見《避亂》。　劉孝綽詩：「蘭芽隱陳葉。」《漢書‧龔遂傳》：「令民口種百本薤，五十本蔥。」　飽啖荔枝，見《贈穆苑先》。陸務觀詩：「滿街丹荔不論錢。」**故舊三人腸幾轉，白頭老輩攤吟卷。王宰丹青價自高，周郎酒興愁來減。三衢橘柚廣州柑，夢遶江南與海南。吾谷霜楓回首處，錯認桄榔是鄉樹。**此段申言相思不斷之意。「夢遶江南與海南」，是兩地相思。而錯認鄉樹寫孝若之相思，愈見作者之相思矣。是進一層寫法。○陸士龍有《羊腸轉賦》　。老輩，見《題志衍畫》。　杜詩：「王宰始肯留真蹟。」丹青，見《西田詩》。價高，見《洗象圖》。　周郎，見《圓圓曲》。張如哉曰：「酒興用《周瑜傳》三爵顧曲事。」《周書‧長孫澄傳》：「澄雖不飲酒，而好觀人酣興。」按：王宰、周郎皆故舊之姓，合孝若為三人也。　《一統志》：「三衢山在衢州府常山縣北。」《元和志》：「以州有三衢山，因名。」《明統志》：「衢州西安縣產獅橘。」《書》：「厥包橘柚錫貢。」《一統志》：「廣州府至京師八千一百八十五里。」《元和志》：「廣州貢柑子。」　《唐書‧藝文志》：「達奚通《海南諸蕃行記》一卷。」　吾谷，見《吾谷行》。謝靈運詩：「曉霜楓葉丹。」　劉克莊詩：「錯認是天明。」桄榔，見《哭志衍》。張子壽詩：「里樹桄榔出。」

吳詩集覽　卷七下

七言古詩四之下

魯謙庵使君以雲間山人陸天乙所畫虞山圖索歌得二十七韻《蘇州府志》：「海防同知魯超，字文遠，大興人。生員。康熙三年任。十年調京口船政同知。」程迓亭曰：「謙菴，名超，紹興人。庚子，順天副榜，歷官右通政、江蘇布政使。」《後漢書・寇恂傳》：「使君建節銜命，以臨四方。」　雲間，見《哭志衍》。《唐書・李泌傳》：「著白〔註1〕者山人。」程迓亭曰：「陸灝，字平遠，華亭人。所題畫自署天乙山人。」虞山，見《汲古閣歌》。按：海防同知，順治十八年移駐常熟縣，故有虞山圖也。

　　江南好古推海虞，大癡畫卷張顛書。士女嬉遊衣食足，丹青價重高璠璵。不知何事今蕭索，異聞只說姑蘇樂。西施案舞出層臺，瑟瑟珍珠半空落。聞道王孫愛畫圖，購求不惜千金諾。此地空餘好事家，扁舟載入他人橐。玉軸牙籤痛惜深，丹崖翠壁精華弱。此段言蘇州昔為書畫之藪，今成歌舞之地，書畫漸稀，名山減色也。每四句一小段，是反襯法。○海虞，見《玉京墓・序》。《圖繪寶鑑》：「黃公望，字子久，號一峰，又號大癡道人，平江常熟人。」《唐書・張旭傳》：「蘇州吳人。每大醉，呼叫狂走，乃下筆。世呼張顛。」　嬉遊，見《鐵獅歌》。《史記・管仲傳》：「衣食足而知榮辱。」　價高，見《洗象圖》。劉孝綽詩：「無以儷璠璵。」　蕭索，見《哭志衍》。　姑蘇，見《礬清湖》。　西施，見《茸城行》。徐晶詩：「秦樓案舞時。」《老子》：「九層之臺，起於累土。」　瑟瑟，見《讚

〔註 1〕「白」，乙本作「曰」。《新唐書》卷一百三十九《李泌傳》原作「白」。

佛詩》。珍珠，見《臨頓兒》。張道濟詩：「寒山上半空。」 《史記索隱》：「秦末多失國言，王孫公子尊之也。」 李詩：「一諾許他人，千金雙錯刀。」《漢書·揚雄傳》：「好事者載酒肴從之。」 玉軸，見《觀通天帖》。韓詩：「懸牙籤。」痛惜，見《鴛湖曲》。 丹崖，見《歸雲洞》。李詩：「橫天聳翠壁。」《古歌》：「菁華已竭，褰裳去之。」**魯侯魯侯何太奇，此卷留得無人知。一官三載今上計，粉本溪山坐臥持。九峰主人寫名勝，百年絹素猶蒼潤。云是探微後代孫，飄殘兵火遺名姓。我也菰蘆擁被眠，舊遊屈指嗟衰病。忽聽柴門枉尺緘，披圖重起籃輿興。**此段先點出魯謙菴愛畫，次點出陸天乙作畫，次點出梅村見畫也，亦每四句作一小段。○《詩》：「魯侯燕喜。」《通鑑·唐紀》：「李泌曰：『臣功太高，跡太奇。』」 《書》：「三載考績。」《〈史記·范睢傳〉注》：「凡郡長論課殿最，歲盡遣吏上計。」 粉本，見《題志衍畫》。溪山，見《避亂》。《淨住子》：「行住坐臥。」 《一統志》：「雲間有九峰三泖之勝。」詳《九峰草堂歌》及《九峰詩》。《北齊書·韓晉明傳》：「飲美酒，對名勝。」 絹素，見《送沈繹堂》。按：王介甫詩：「月團蒼潤紫煙浮。」蓋詠茶也。侯朝宗《十萬圖記》已借用於畫矣。 探微，見《洗象圖》注。 兵火，見《遇南廂園叟》。 菰蘆，見《送杜于皇》。擁被，見《送志衍入蜀》。 舊遊，見《遇劉雪舫》。衰病，見《遣悶》。 《廣韻》：「緘，封也。」 《穆天子傳》：「天子大朝於黃之山，乃披圖視典。」籃輿，見《縹緲峰》。**烏目煙鬟妙蜿蜒，西風拂水響濺濺。使君自是神仙尉，老我堪依漁釣船。招真治畔飛黃鵠，七檜盤根走麋鹿。寫就青山當酒錢，醉歌何必諧絲竹。魯侯笑我太顛狂，不羨金張誇顧陸。**此段寔寫虞山圖，而歌字在內。○《寰宇記》：「虞山或曰烏目山也。」煙鬟，見《二十五日詩》。蜿蜒，見《松山哀》。 《一統志》：「拂水巖在常熟縣虞山之南嶺上。風拂掠之，則水倒飛，噴濺如雨。」《木蘭詩》：「但聞黃河流水鳴濺濺。」 陳伯玉詩：「聞道神仙尉，懷德遂為鄰。」張如哉曰：「用漢梅福事。」 歐陽永叔詩：「老我倦鞍馬。」漁釣，見《攀清湖》。 《蘇州府志》：「致道觀在常熟縣西一里虞山南嶺下。梁天監間，嗣真人張道裕建，號招真治，其遺跡有手種七星檜。宋政和七年，改致道觀。」黃鵠，見《虎丘夜集圖》。 按：《一統志》：「七檜堂在長洲縣南。然此詩自指七星檜耳。」盤根，見《清風使節圖》。走麋鹿，見《讀西臺記》。 《晉書·阮修傳》：「以百錢掛杖頭，至酒店，便獨酣暢。」 王詩：「醉歌田舍酒。」左太沖詩：「何必絲與竹，山水有清音。」 杜詩：「顛狂柳絮隨風舞。」 金張，見《行路難》。顧陸，見《洗象圖》。**登臨落日援吟毫，太息當年賢與豪。請為陸生添數筆，**

絳雲樓樹舊東皋。此段是作歌既畢，餘興不淺也，有「江上數峰青」之致。○登臨，見《送志行入蜀》。李詩：「援毫投此詞。」　賢豪，見《贈家侍御》。　陸生，見《贈陸生》。　按：潘次耕《論子美洗兵行》：「明末黨人多依傍一二大老，脫失路，輒言坐某人故，牽連貶謫，怨誹其君，無所不至，此自門戶習氣。牧齋而秉史筆，三百年人物枉抑必多，絳雲一炬，有自來矣。」則絳雲樓樹指錢氏也，別載《觚賸》、《吳觚》。東皋，見《後東皋草堂歌》。

九峰草堂歌並序

　　九峰草堂者，青溪諸乾一進士所搆也。乾一取第後未仕，著書九峰山下。每峰皆有卜築，而神山為最。明初彭素雲仙翁修真此山，徵書至而蛻去。丹井尚存，金蛇著異，故名神鼉峰焉。少參陸蘭陔誅茅山麓，而其旁張王屋先生舊墅，有孫漢度能繼家風。余詩中所援陸瑁、張融，蓋指兩人也。九峰，詳七律《九峰》詩。　按：《一統志》：「青溪在江寧府上元縣東。今云青溪諸乾一者，因青浦名之耳。」《唐詩正・姓氏》：「青浦諸嗣郢乾一。」《松江府志》：「嗣郢，字越臣。」《精華錄訓纂》：「諸公辛〔註2〕丑進士。未殿試，遇逋糧案起，遭錮廢，隱居九峰中。」　李詩：「所期俱卜築。」　《一統志》：「神山在青浦縣南，又名細林山。」　《松江府志》：「彭宏文，法名通微，號素雲，河南汝陽人。洪武十四年，始至細林山，結茅居之。山舊有泉，久涸。一日，純陽真人降之，謂素雲曰：『晚來當具一井，助汝修持。』其暮，雷擊石罅，遂成一井云。明太祖遍求天下高人有司以聞。廿七年秋八月二十一日清旦，啟關，沐浴更衣，趺坐，遂翛然而逝。是歲十月，太祖命中使鄭承恩入山宣召，以羽化聞。越月，復遣中使入山，啟竁視之，正身不倚，長爪遶身，命有司甃以磚石，繚以垣牆。相傳其爪乘風化為金蛇，似蜥蜴而無足，長三四寸，今辰山猶有之。取置器中，俄失所在。」《天隱子》：「人之修真達性，不能頓悟，故設漸門。」　錢原溥《細林八詠序》：「有石井，源深色瑩，大旱不竭，為丹井靈源。」　《松江府志》：「細林山舊有神鼉仙館四字，是呂純陽書，筆法奇異。明嘉靖間，為太守吳黃州取去。今榜蓋臨本。」　又：「陸萬鍾，字元量，嘉靖四十四年進士。監察御史。歷任江西參政。」子山《哀江南賦》：「誅茅宋玉之宅。」《松江府志》：「張之象，字元超，正德丙子舉人。鳴謙子就浙江按察司知事，投劾，歸築秀林山。」又，《藝文志》：「《張王屋集》，按察知事張之象著。」《三國志》：「陸瑁，字子璋，遜弟。」《齊書》：「張融，字思光。」■余山為陳徵君眉公隱處，吾友

〔註2〕「辛」，乙本誤作「幸」。

董得仲以詩文為此峰主人。乾一葺徵君廢屋置祠，而橫雲為李氏園。相望則天馬峰有鐵崖舊墓，機山則二陸故宅也。《一統志》：「佘山在青浦縣南，舊傳有佘氏居此，故名。」《明史‧陳繼儒傳》：「字仲醇，築室東佘山，杜門著述，有終焉之志。屢奉詔徵用，皆以疾辭。」 程迓亭曰：「得仲，名黃，一字律始，青浦人。」■■■■■■■■■■■■■■■■■■■■■■■■■■■■■〔註3〕 《一統志》：「橫雲山在婁縣西北。」 又：「干山在婁縣西北，又名天馬山。」《明史‧文苑傳》：「楊維楨，字廉夫，山陰人，自號鐵崖。」詳《天馬山過鐵崖墓》。 《松江府志》：「機山在橫雲後，南北相望，以陸士衡得名。山下有平原村，亦以機為平原內史也。《圖經》云：『崑山之北又有機、雲兩山，以兄弟得名。』」又：「二陸故居在崑山之陰，相傳二陸草堂在圓智寺，為士衡讀書處。圓智教寺在干山。」乾一拉余同遊，坐客有許九日、沈友聖、倪思曼及故人徐、陳二子。而小司空張公尋攜尊至，凡乞花場、種藕塘、仙人棋枰、厙將軍兵書鐵鎖，並玉屏、石床、龍洞、虎塔，皆一時杖屨所登歷，故敘次及之。其詳在《九峰志》中。按：梅村《太倉十子詩序》以許旭九日為第三。沈歸愚師曰：「九日著有《秋水集》。」 友聖，見《虎丘夜集圖》。 《周書‧郭彥傳》：「贈小司空。」張公說附後。韓持國詩：「應許攜尊與抱琴。」 《松江府志》：「陳繼儒結茅崑山之陽山，為二陸讀書地，植名花，廟祀焉，號乞花場。」 又：「薛山在佘山東，山下有羅池，產藕甚佳。」 《一統志》：「薛山在福泉山南，佘山東，山下嘗掘地得石，曰玉屏，又稱玉屏山。」《松江府志》：「橫雲山在崑山東北，其巔有白龍洞，潛通澱湖，深不可測。下有祭龍壇，歲旱禱焉。」又：「明心教寺在上海縣西南六十里。治平間，有希最法師居此講經，緇流愛而畏之，號曰義虎。」又：「普照寺本佘山東菴。宋太平興國三年，聰道人開山。治平二年，賜額。有道人塔。下有月軒，旁有虎樹亭。道人在山時，有二虎隨侍。道人死，虎亦死，瘞之塔旁。」按：佘山於九峰為合。然下文云「講虎經銷妙塔年」，似合用之。杜詩：「興來猶杖屨。」王詩：「明發更登歷。」

九峰草堂神鼉峰，丹崖啟自彭仙翁。終南曳杖來採藥，眼看江上飛虬龍。紫泥欲下早蟬蛻，掉頭不肯隨東封。金蛇三寸戲沙礫，玉棺萬古懸虛空。仙井曾經鬼神鑿，九還洗出桃花紅。霓旌羽節往來過，月明鸞鶴吟天風。此段見九峰為仙靈窟宅，尚未寫到草堂，已自今人神往。○丹崖，見《歸

〔註3〕自「程迓亭曰」至此，天圖本、讀秀本作「程迓亭曰：『得仲名俞，號蒼水，有《三岡識略》，載松江諸事。其述彭素雲又詳。』按：蒼水，詳七言律《雲間公讌》。

－528－

雲洞》。《西河詞話》：「雲間諸進士嗣郢、董孝廉俞、諸君曾於重陽後作神山之會，即彭仙人棲神處也。時婁東吳學士偉業在座。」《詩》：「終南何有。」此借用。曳杖，字出《檀弓》。採藥，見《送何省齋》。　王叔師《離騷章句》：「虯龍鸞鳳，以託君子。」《西京雜記》：「中書以武都紫泥為璽室，加綠綈其上。」蟬蛻，見《送何省齋》。　掉頭，見《六真歌・序》注。《史記・封禪書・贊》：「余從巡祭天地諸神、名山大川而封禪焉。」陳後主詩：「太平無以報，願上東封書。」《說文》：「礫，小石也。」　玉棺，見《讚佛詩》。按：建寧之武夷山半巖有懸棺數十，顧野王謂之地仙之宅。此言玉棺懸空，蓋亦其類也。　仙井，即丹井，見《序》。《隱丹經》：「九還丹合九轉，言九遍循環也。」李詩：「紅入桃花嫩。」　宋玉《高唐賦》：「霓為旌。」王詩：「羽節朝玉帝。」　江詩：「此山具鸞鶴，往來盡仙靈。」《逸史》引許澶詩：「天風吹下步虛聲。」又：「十里下山空月明。」**九峰主人青溪曲，上清謫受金門祿。一鞭槐市撼鳴珂，脫卻朝衫友麋鹿。地近寧移許掾家，身輕未闢留侯谷。層閣嶔嶔俯碧潭，迴廊窈窕穿修竹。同志相期四五人，幽棲幾處依林麓。陸瑁溪堂薄宦成，張融岸屋先人築。曹唐道者伴吹笙，注罷南華理松菊。**原注：道士曹耕雲同隱。**葉落閒階閬苑鐘，薰香小史清如玉。**此段言乾一卜築草堂，為九峰作主人也。○《尊鄉偶筆》：「予同年進士嗣郢，好奇士。築室九峰間，自號九峰主人。」《太真經》：「三清之間，各有正位，聖登玉清，真登上清，仙登太清。」金門，見《贈文園公》。　一鞭，見《臨淮老妓行》。槐市，見《行路難》。徐孝穆詩：「飛蓋響鳴珂。」　脫朝衫，見《壽龔芝麓》。《世說》：「支道林問孫興公：『君何如許掾？』」按：許掾謂詢也。《史記・留侯世家》：「乃學辟穀，道引輕身。」　沈休文詩：「送日隱層閣。」《晉書・桓彝傳》：「嶔崟歷落。」宋延清詩：「碧潭可遺老。」　迴廊，見《虎丘夜集圖》。窈窕，見《遣悶》其五。枚叔《兔園賦》：「修竹檀欒夾池水。」　《唐書・韋嗣立傳》：「封嗣立逍遙公，名所居曰清虛原棲谷。」林麓，見《吾谷行》。　溪堂，見《送周子俶》。《南史・陶潛傳》：「弱年薄宦，不絜去就之跡。」　又，《張融傳》：「上問其從兄緒，緒曰：『融近東出，未有居止，權牽小船於岸上住。』」《唐詩紀事》：「曹唐，字堯賓，桂州人。為道士。太和中，舉進士，累為諸府從事。」張如哉曰：「吹笙暗用王子晉事。」《舊唐書・明皇紀》：「天寶元年二月，莊子號為南華真人，所著書改為真經。」淵明《歸去來辭》：「松菊猶存。」　韓致光詩：「獨立俯閒階。」李義山詩：「蓬島煙霞閬苑鐘。」　劉孝威詩：「羅衣似適薰。」黃魯直有《謝友惠寶薰香》詩。《北史・徐之才傳》：「又以

小史好嚙筆，故常執管，就元文遙口曰：『借君齒。』」如玉，見《西田詩》。主人詩酒真人豪，好將蹤跡從漁樵。痛飲恕人容水部，原注：乾一善飲，而余口不識杯勺。長吟懷古繼龍標。名高仕宦從教懶，金盡妻孥任見嘲。是處亭臺添布置，到來賓客共逍遙。精藍每與支公會，原注：支公指大衢和尚。快友還將董相招。原注：得仲。我輩漫應誇隱遁，此君猶復困蓬蒿。小園涉趣知能賦，中歲離愁擬續騷。右手酒杯澆塊壘，雙眸書卷辨秋毫。原注：得仲目疾復明。　此段寫乾一好客樓逸，而以自己夾序也。○人豪，見《行路難》。　何仲言詩：「予念返漁樵。」《世說》：「王孝伯曰：『但得常無事，痛飲讀《離騷》，可稱名士。』」陶詩：「君當恕醉人。」《南史·陳暄傳》：「與兄子秀書曰：『何水曹眼不識盃鎗，吾口不離瓢杓。』」　杜詩：「新詩改罷自長吟。」懷古，見《鄭世子傳》。《唐詩紀事》：「王昌齡，字少伯，江寧人。」《一統志》：「昌齡明皇時以秘書郎謫龍標尉。」又：「龍標故城，今湖南辰州府黔陽縣治。」　韓非《說難》：「所說出於為名高者也。」《史記·平準書》：「市井之子孫不得仕宦為吏。」　《戰國策》：「黃金百斤盡。」子瞻表：「妻孥之所竊笑。」　《文心雕龍》：「布置物類，撮題近意。」　逍遙，見《退谷歌》。　精藍，見《讚佛詩》。支公，見《宿福源精舍》。　《漢書·董仲舒傳》：「天子以仲舒為江都相。」　隱遁，見《避亂》。　《晉書·孟嘉傳》：「此君小異。」蓬蒿，見《雁門尚書行》。　子山有《小園賦》。淵明《歸去來辭》：「園日涉以成趣。」　何仲言詩：「中歲多乖違。」《史記·屈原傳》：「離騷者，猶離憂也。」李義山詩：「賦續楚離騷。」　《晉書·畢卓傳》：「卓常謂人曰：『右手持酒盃，左手持蟹螯。』」《世說》：「王大曰：『阮籍胸中壘塊，故須酒澆之。』」張如哉曰：「《世說》是王忱。又，壘塊本或作磊隗。此詩倒作塊壘，非是，當作壘塊。」　白詩：「雙眸剪秋水。」鮑詩：「昭晰辨秋毫。」憶昔溪山正全盛，徵君比屋開三逕。筍屐籃輿鶯燕忙，酒旗歌板花枝映。處士詩成猿鳥知，尚書畫就煙巒潤。客過嘗逢太守車，書來每接高僧信。李氏名園士女遊，徐公別墅琴尊興。原注：文貞別業在西佘。禊飲壺觴妙妓弦，餅師粗粆山翁印。原注：眉公好說餅，市者以為名。　用「憶昔」二字開下兩段。此段追寫九峰盛時，在乾一卜築以前。○溪山，見《避亂》。全盛，見《遇劉雪舫》。　徵君，見《蘇門高士圖》。按：徵君應指仲醇。《尚書大傳》：「周人可此屋而封。」三逕，見《遣悶》。　筍屐，見《二十五日詩》補注。藍輿，見《縹緲峰》。蘇詩：「公子歸來燕燕忙。」　李長吉詩：「試問酒旗歌板地。」杜牧之詩：「深感杏花相映紅。」　按：《一統志》：「佘山穠鬱深秀，明陳繼儒、施紹莘隱此。」

則處士指比屋之人，而不指仲醇，方與上下文勢相合。王元長詩：「猿鳥時斷續。」
《明史・陳繼儒傳》：「同郡徐階特器重之。長為諸生，與董其昌齊名。」尚書，見《畫
中九友歌》。煙鬟，見《二十五日詩》。　《漢書・百官志》：「每郡置太守一人。」《通
典》：「漢景帝中元二年，更名郡守為太守。」　《隋書・經籍志》：「《高僧傳》六卷。」
《陳繼儒傳》：「性喜獎掖士類，屨常滿戶外，片言酬應，莫不當意去。暇則與黃冠老
衲窮峰泖之勝。」　徐公，出《戰國策》。此借用。別墅，見《送沈繹堂》注。王子安
詩：「琴樽俗事稀。」《明史・徐階傳》：「字子升，松江華亭人。武英殿大學士，贈太
師，諡號文貞。」　禊飲，見《畫蘭曲》。淵明《歸去來辭》：「舉壺觴以自酌。」張茂
先詩：「妙妓絕陽阿。」　《全唐詩話》：「寧王取賣餅者妻，問曰：『汝憶餅師否？』」
〔註4〕又，賣餅師，見《又詠古》。《楚辭》：「粔籹蜜餌，有餦餭些。」西風急浪五
湖天，四月江村響杜鵑。仙客棋枰拋浩劫，道人局鐍隱殘編。乞花何處
花如錦，種藕曾無藕似船。鐵笛已稀天馬逝，玉屏雖在石床鐫。豢龍洞
暗荒祠雨，講虎經銷妙塔年。此段追寫九峰衰時，亦在乾一卜築以前，將仙人棋
枰、兵書、鐵鎖、花場、藕塘、玉屏、石床、龍洞、虎塔登歷之地皆納入其中。○宋
延清詩：「吼沫跳急浪。」蘇詩：「相逢卵色五湖天。」　江村，見《攀清湖》。王詩：
「千山響杜鵑。」　唐玄宗詩：「仙客厭人間。」梁武帝《圍棋賦》：「枰則廣羊文犀。」
《注》：「枰，木名，其木可為棋局，故棋局曰枰。」《隋書・經籍志》：「一成一敗，謂
之一劫。自此天地以前則有無量劫矣。」張如哉曰：「浩劫兼用棋中之劫。」秦少游詞：
「翻身整頓著殘棋，沉吟應劫遲。」　局鐍，見《二十五日詩》。殘編，見《送周子俶》。
如錦，見《玉京墓》。　韓詩：「太華峰頭玉井蓮，花開十丈藕如船。」　《松江府志》：
「楊廉夫自稱鐵笛道人。」按：《元詩選》作「鐵篴」。　《左傳・昭二十九年》：「劉累
學擾龍於豢龍氏。」　妙塔，見《過南廂園叟》。九峰主人三歎息，赤烏臣主真
相得。儒將雍容羽扇風，歌鐘槀戟王侯宅。勳業將衰文字興，江山秀弱
機雲出。寶玉空埋劍影寒，蘆花一片江湖白。英雄已往餘氣在，後來往
往生遺佚。青史人間歲月遒，老鐵歌殘歌白石。原注：眉公自稱白石山人。
此段俯仰今昔，感懍繫之，見乾一非枯隱一流。○《禮》：「一唱三歎。」　《三國志》：

〔註4〕按：（唐）孟棨《本事詩・情感第一》：「寧王曼貴盛，寵妓數十人，皆絕藝上
　　色。宅左有賣餅者妻，纖白明媚。王一見注目，厚遺其夫取之，寵惜逾等。環
　　歲，因問之：『汝復憶餅師否？』默然不對。王召餅師，使見之，其妻注視，
　　雙淚垂頰，若不勝情。時王座客十餘人，皆當時文士，無不淒異。王命賦詩。
　　王右丞維詩先成：『莫以今時寵，寧忘昔日恩。看花滿眼淚，不共楚王言。』」

「吳■赤烏元年，詔曰：『間者赤烏集於殿前，朕所親見，改年宜以赤烏為元。』」按：赤烏臣，謂遜、抗也。見《茸城行》「三世為將」注。相得，見《雕橋莊歌》。　薛大拙詩：「儒將不須誇郤縠。」雍容，見《送施愚山》。《晉書·顧榮傳》：「祖雍，吳丞相。吳平，榮與陸機兄弟同入洛。陳敏反，南渡江〔註5〕，榮起兵攻敏，敏率萬餘人出，不獲濟，榮揮以羽扇，其眾潰散。」《國語》：「鄭伯納女樂二人、歌鐘二肆。」榮戟，見《壽龔芝麓》。古詩：「王侯多第宅。」　杜詩：「勳業青冥上。」《帝王世紀》：「蒼頡造文字。」　《世說》：「士龍為人，文弱可愛。」　《晉書·庾亮傳》：「埋玉樹於土中。」衛象詩：「鸊鵜新淬劍光寒。」　王詩：「一片揚州五湖白。」《晉書·天文志》：「日月者，陰陽之餘氣也。」　《楚辭》：「歲忽忽而遒盡兮。」　《明史·楊基傳》：「於座上賦《鐵笛歌》，維楨驚喜，語從遊者曰：『吾在吳又得一鐵矣，若曹就之學，優於老鐵學也。』」《一統志》：「白石山僚在青浦縣東佘山，明陳繼儒棲隱處。」**我聽君談意悽哽，停樽不禦青燈耿。相看徐孺與陳郎，**原注：闇公、大樽之子。**雜坐迂倪**原注：思曼。**偕瘦沈。**原注：友聖。**彊項還推一老生，江都著作攄孤憤。**原注：得仲。**展齒俄聞到茂先，一坐傾靡再張飲。有客依人話過秦，**原注：客有談關中事。**無家二子同哀郢。**原注：即徐、陳二子。**感舊思今涕淚多，荒雞喔喔催人寢。**此段點出同遊之人，宵深高語，令讀者神遊其際。○《南史·晉熙王昶傳》：「左右莫不哀哽。」　杜牧之詩：「停樽遲晚月。」鮑詩：「停觴不御欲誰須。」劉子翬詩：「青燈耿柴門。」朱子《詩傳》：「耿耿，小明也。」　相看，見《雁門尚書行》。《後漢書·徐稺傳》：「字孺子。」《南部新書》：「陳嶠已耳順矣，賦《催粧詩》曰：『彭祖尚聞年八百，陳郎殖猶是小孩兒。』」按：此皆借用字。徐、陳說附後。　雜坐，見《遇劉雪舫》。迂倪，見《玉京墓》。《南史·沈約傳》：「革帶常應移孔，以手握臂，率計月小半分。」蘇詩：「沈郎清瘦不勝衣。」按：倪、沈亦借用也。　《後漢書·董宣傳》：「帝令小黃門持之，使宣叩頭謝主，宣不從。強使頓之，宣兩手據地，終不肯俯，因勅彊項令出。」老生，見《攀清湖》。　江都，見上注。按：《孤憤》，《韓非子》篇名。　《南史·謝靈運傳》：「常著木屐，上山則去其前齒，下山則去其後齒。」《晉書·張華傳》：「字茂先。」　《漢書·司馬相如傳》：「一坐盡傾。」《戰國策》：「張樂設飲，郊迎三十里。」　依人，見《遇劉雪舫》。按：賈生有《過秦論》三篇。《詩》：「樂子之無家。」按：《哀郢》，《楚辭》篇名。　《晉書·祖逖傳》：「逖中夜聞荒雞鳴。」白詩：「喔喔雞下樹。」**九峰九峰空巑岏，朝來重上仙翁壇。浮生感歎誠無**

〔註5〕「江」，乙本誤作「汪」。

端，拂衣長嘯投漁竿，煙波一葉愁風湍。願君授我長生訣，攜向峰頭萬仞看。此段欲與乾一偕隱，而點歸仙壇，更拓一步，仍回顧篇首也。○巉岏，見《松山哀》。《晉書·王徽之傳》：「西山朝來。」 浮生，見《二十五日詩》。 拂衣，見《贈家侍御》。長嘯，見《壽龔芝麓》。嵇叔夜詩：「放櫂投竿。」 唐太宗詩：「煙波澄舊碧。」一葉，見《鴛湖曲》。嚴季膺詩：「懶眠沙草愛風湍。」 長生，見《西田詩》。 陸魯望詩：「萬仞峰排千劍束，孤舟夜繫峰頭宿。」

　　按：《松江府志》：張有光星燦，工部員外；張翼軫宿夫、張方健懋倩、張安茂子美、張雲孫天士，皆工部主事。不知小司空孰是也。程迓亭、張如哉俱謂即張宏軒侍御。按：「展齒」二句與宏軒合。詳《送別倩扶女郎》。 闇公、大樽之子。張如哉曰：「徐孚遠，字闇公。陳子龍，字大樽。非以闇公為大樽子也。《明史·夏允彝傳》：『與子龍、孚遠結幾社。南都失，自投深淵以死。徐孚遠舉於鄉，松江破，遁入海，死於島中。』」■■■〔註6〕

　　徐健菴《將之九峰寄諸乾一》詩：「海郡霏微九點青，紆餘縠水接林坰。懷賢千載名常在，修禊群公屐每停。列3到後賓朋留譜諜，傳來詩句當圖經。玉山佳處榛蕪久，百里今看聚德星。」■〔註7〕「一臥滄江歲月徂，季鷹逸少是吾徒。狂吟那少詩千首，豪興曾聞飲百壺。白髮著書推董相，得仲，紅牙顧曲識周瑜。子俶，此中饒有青雲侶，得句爭探象罔珠。」《述異記》：「青溪諸嗣郚習玄門之學，築精室佘山，號九峰山人。晚年無疾，騎鶴化去。後忽寓書於崑山葉訒菴，筆跡宛然。寄仙茅三兩。」仙家騎鶴化最難得，謂手抱一膝坐化也。

觀王石谷山水圖歌

《居易錄》：「王翬，字石谷，自號烏目山人，常熟人。」《蘇州府志》：「石谷幼嗜畫，運筆搆思，天機迅露，迥出時流。太倉王鑑遊虞山，見其所畫扇，大驚異，請相見，翬遂執弟子禮。鑑即載之歸，與奉常、時敏邀致西田別墅，悉發所藏，相與探尋，翬逐一臨摹。自董、巨而下，至黃、王、倪、吳諸家，盡得其用筆之法。」

〔註6〕自「《明史·夏允彝傳》」至此，天圖本、讀秀本作「程迓亭曰：徐、陳二子，徐昭法與陳闇公也。徐崧《百城煙水》：『徐枋，字昭法。崇禎壬午舉人。父少詹事汧。乙酉殉難。枋隱於上沙，窮臥以死。闇公，陳大樽子也。』」按：迓亭與梅村同里，所見宜審然。《明史·夏允彝傳》：「與子龍、孚遠結幾社。」而孚遠字闇公，見《明詩綜》。大樽既與徐闇公同執牛耳，何以又令其子與闇公同字乎？願質之博聞者」。下文別為一段。
〔註7〕墨丁，讀秀本作空格。

世間勝事誰能識，兵戈老盡丹青客。真宰英靈厭寂寥，江山幻出王郎筆。王郎展卷閒匇淨，良久呼之曾不應。剪水雙瞳鎮日看，側身似向千峰進。前四句點出石谷，下四句見其學畫精專也。○勝事，見《題虎丘圖》。　蔡文姬《胡笳拍》：「兩國交歡兮罷兵戈。」　真宰，見《九友歌》。英靈，見《鐵獅歌》。《老子》：「寂兮寥兮。」　《唐書·張說傳》：「既謫岳州，而詩益淒惋，人謂得江山助云。」　于敖詩：「寧止閒窗夢不成。」　梅村《王石谷贈行詩序》：「石谷曰：『吾行若遺，坐若忘，晝不食，夜不寐，賾探冥索，以與古人相遇於微渺之中，凡歷三五年而所學始大就。』」　剪水雙瞳，見《王郎曲》。朱子詩：「鎮日空掩門。」　側身，見《退谷歌》。《西田詩》：「了了見千峰，可以攜手入。」即此句注腳。一時儒雅高江東，氣韻吾推里兩翁。師授雖真肯沿襲，後生更自開蠶叢。取象經營巧且密，豐神點拂天然中。頡挫淋漓寫胸臆，研精毫髮摹宗工。八句贊石谷之畫，見其不為前輩所限，而又能追摹前輩也。○《漢書·王章傳》：「緣飾儒雅。」《晉書·王坦之傳》：「江東獨步王文度。」　《輟耕錄·論畫三品》：「氣韻生動，出於天成，人莫窺其巧者，謂之神品。」按：兩翁謂太常、廉州也，見《九友歌》。　《魏書·彭城王勰傳》：「睿性過人，學不師授。」《唐書·杜甫傳·贊》：「競相沿襲。」《華陽國志》：「周失綱紀，蜀侯蠶叢始稱王。」李詩：「見說蠶叢路，崎嶇不易行。」《易》：「仰則觀象於天，俯則觀法於地，觀鳥獸之文與地之宜，近取諸身，遠取諸物。」杜詩：「意匠慘澹經營中。」巧密，見《松鼠》。　張淮詩：「南威不敢鬪豐神。」文通《空青賦》：「點拂濃薄，如隱如見。」《南史·王僧虔傳》：「天然勝羊欣，工夫少於欣。」　《唐書·杜甫傳》：「至沉鬱頓挫，隨時敏給。」淋漓，見《送沈繹堂》。胸臆，見《臨江參軍》。　《尚書序》：「研精覃思，博考經籍。」杜詩：「毫髮無遺憾。」按：宗工，如「君之宗之」之宗。廣陵花月扁舟送，貴戚豪華盛供奉。不惜黃金購畫圖，好奇往往輕南宋。妙手裝潢技絕倫，殘縑斷墨俄飛動。閶闔城下收藏家，誅求到骨愁生涯。僅存數軸用娛老，載去西風響鹿車。此段見南中嗜畫者多，以起下文。○廣陵，見《東萊行》。　豪華，見《青門曲》。供奉，見《王郎曲》。　好奇，見《洗象圖》。《宋史·高宗紀·贊》：「宋傳九世而徽、欽陷於金，高宗纘圖於南京。」　妙手，見《二十五日詩》。裝潢，見《汲古閣歌》。絕倫，見《哭志衍》。　《輟耕錄》：「人有殘縑敗素，繪一山水，愛之若寶。」飛動，見《汲古閣歌》。　閶闔城，見《虎丘夜集圖》。收藏，見《讀西臺記》。　誅求到骨，見《遇南廂園叟》。生涯，見《塗松晚發》。　《宋史·王曾傳》：「合中送數軸簡紙。」《漢書·敘傳》：「疏克有終，散金娛老。」　鹿車，見《遣悶》。君也侯門跂珠履，晴日湘

簾憑畫幾。奕罷雙童捧篋來，狎客何知亦諮美。笑持茗碗聽王郎，鑒別
妍蚩臻妙理。作者風流異代逢，賞心拊掌王孫喜。枉買青娥十萬錢，移
人尤物惟山水。此段見石谷到處有逢迎，既工繪事，又精鑒別也。○侯門，見《圓
圓曲》。《說文》：「趿，進足有所擷取也。」杜詩：「欲向何門趿珠履。」珠履，見《送
施愚山》。　湘簾，見《玉京墓・序》。司空文明詩：「憑几雙童靜。」《鄴中記》：「石
虎之幾，悉漆雕書，皆為五色。」　《東京夢華錄》：「少年狎客，行往隨後。」《左傳・
僖二十二年》：「爾何知？」《唐書・李延壽傳》：「常撰《太宗政典》，高宗觀之，諮美
不置。」　韓詩：「茗盌纖纖捧。」　《丹鉛錄》：「晉孟嘉論樂曰：『漸近自然。』此語
殊有鑒別。」《晉書・顧愷之傳》：「四體妍媸。」《北史・高允傳》：「天下妙理〔註8〕
至多。」　作者，見《送沈繹堂》。　謝靈運《擬魏太子詩序》：「天下良辰、美景、賞
心、樂事，四者難並。」拊掌，見《琵琶行・序》。王孫，見《題陸山人畫》。　青娥，
見《臨淮老妓行》。　《左傳・昭二十八年》：「夫有尤物，足以移人。」王郎馳譽滿
通都，軟裘快馬還東吳。道邊相識半窮餓，致身猶是憂妻孥。羨君人材
為世出，盛年絕藝須難得。好求真訣走名山，粉本終南兼少室。攬取荊
關入掌中，歸帆重補煙江色。諸侯書幣迷深處，搦管松根醉箕踞。絹素
流傳天壤間，白雲萬里飛來去。此段反覆諮美之意。○《唐書・閻立本傳》：「右
相馳譽丹青。」通都，見《王郎曲》。　軟裘快馬，見《雪中遇獵》。東吳，見《攀清
湖》注。　杜詩：「路逢相識人。」　致身，見《雁門尚書行》。《史記・司馬相如傳》：
「其人才足倚也。」丘希範《與陳伯之書》：「勇冠三軍，才為世出。」　子建《洛神
賦》：「怨盛年之莫當。」絕藝，見《王郎曲》。　真訣，見《送杜弢武》。名山，見《送
何省齋》。　粉本，見《題志衍畫》。《唐書・盧藏用傳》：「與兄徵明偕隱終南、少室二
山。」　荊關，見《題志衍畫》。柳子厚《馬退山茅亭記》：「攬不盈掌。」　何仲言詩：
「歸帆得望家。」韓致光詩：「遠隨漁艇泊煙江。」　《儀禮》：「宰書幣命，宰夫官
具。」　白詩：「搦管趨入黃金闕。」按：此句用王詩「科頭箕踞長松下」意。　絹素，
見《贈吳錦雯》。流傳天壤，見《虎丘夜集圖》。　李君虞詩：「江亭萬里雲。」杜收之
詩：「來去且無機。」

京江送遠圖歌並序

　　京江送遠圖者，石田沈先生周為吾高祖遁庵公之官敘州作也。圖成
於弘治五年辛亥之三月，京兆祝公希哲允明為之序。後一百七十有八年，

〔註8〕「理」，乙本誤作「埋」。

公之四世孫偉業謹案京兆序而書之曰：公諱愈，字惟謙，一字遁庵。成化乙未進士，授南京刑部主事，進郎中。清慎明敏，號稱職，先後九載。南司寇用弘治三年詔書，得薦其屬，將待以不次，疏未達而命守敘州。京江，見《遣悶》。《詩》：「送於野。」石田，見《後東皋草堂歌》。 《蘇州府志》：「吳愈，字惟謙，凱子。成化乙未進士，授南京刑部主事，歷員外郎中，出知敘州府，遷河南參政，致仕歸。」 《明史·地理志》：「四川敘州府，洪武六年六月置。」 按：弘治，明孝宗年號。 《漢書·百官表》：「內史，周官，秦因之，掌治京師。武帝太初元年名京兆尹。」按：江寧府即明應天府，為南京，故曰京兆。《明史·文苑傳》：「祝允明，字希哲，長洲人。遷應天府通判。」 按：弘治五年後一百七十八年，我大清康熙九年也。 乙未，成化十一年。 南司寇，南京刑部尚書。按：《明史·孝宗紀》不載三年詔書。《選舉志》：弘治十年，復詔部院大臣各舉方面郡守，吏部因請依往年御史馬文升遷按察使、屠滽遷僉都御史之例，超擢一二，以示激勸，而未經大臣薦舉者亦兼採之，並從其議。此俱弘治三年以後事。然曰復詔，曰依往年，則前此必已有超擢一二，即所謂待以不次者也。**為守既嘗調敘**，集作「嘗調」，非。**又險且遠，公獨不以為望。南中諸大僚為文以寵其行。太僕寺丞文公宗儒林，既已自為文，又遍乞名人之什以贈。文公之子待詔徵仲璧，即公婿也。石田為文公執友，待詔親從之受畫法。京兆之交，在文氏父子間，故石田為作長卷，題以短歌，而京兆序之。長卷中平橋廣坡，桃柳雜植，有三峰出其上，離舟揮袂，送者四五人，點染景物皆生動。短歌有「荔支初紅五馬到，江山亦為人增奇」之句，其風致可想見焉。京兆文典雅有法度，小楷仿鍾太傅體，尤其生平不多得。詩自都元敬以下十有五人，朱性甫存理、劉協中嘉緒尤以詞翰著名者也。**《北史·杜弼傳》：「以常調除待御史。」《唐書·選舉志》：「三歲而又試，三式而不中第，從常調。」 《莊子》：「彼其道遠而險。」 《史記·張耳陳餘傳》：「陳餘怒曰：『不意君之望臣深也。』」《索隱》曰：「望，怨責也。」 《書》：「尚爾事有服在大僚。」 《宋史·丁謂傳》：「帝賜宴賦詩，以寵其行。」《蘇州府志》：「文林，字宗儒。成化壬辰進士，授永嘉知縣，補博平，陞南京太僕寺丞，乞歸。即家起為溫州知府。」 《明史·文苑傳》：「文徵明，長洲人。初名璧，以字行，更字徵仲，別號衡山。父林，溫州知府。徵明以歲貢生詣吏部試，奏授翰林院待詔，文筆徧天下。」《崑新合志》：「愈有女三人，歸陸伸、文徵明、王銀。」 《禮》：「執友稱其仁也。」《晉書·禮志》：「父之執友，有如子之禮。」 《明史·文苑傳》：「徵明學畫於沈周。」 短歌，見《短歌》。 按：京江有金、焦、北固

三峰，應指此。　何仲言詩：「離舟懼未極。」阮詩：「揮袂撫長劍。」　點染，見《畫蘭曲》。景物，見《洗象圖》。《唐書・地理志》：「戎州貢荔支煎。」《元和志》：「大道縣出荔支，一樹可收五十斗。」戎州即僰道縣。《大清一統志》：「僰道故城，今敘州府宜賓縣治。」■〔註 9〕《珊瑚鉤詩話》：「五馬之事，不見於書。以《詩》言之：『孑孑干旟，在浚之都。素絲組之，良馬五之。』」《周禮注》云：「州長建旟，大守視之。」漢御五馬。或云古乘駟馬車，至漢，太守出則加一馬。　江山，見《觀石谷圖》。《六帖》：「崔遠風致峻整。」　魏文帝《典論》：「偉長著《中論》二十篇，成一家之言，辭義典雅，足傳於後。」退之《柳子厚墓誌》：「其經承子厚口講指畫，為文詞者悉有法度可觀。」　小楷，見《玉京墓・序》。《三國志・鍾繇傳》：「字元常。魏太傅，封定陵侯。」《明詩綜》：「都穆，字元敬，吳縣人。弘治己未進士，授工部主事。歷禮部郎中，加太僕寺少卿。致仕。有《南濠詩略》」；「朱存理，字性甫，長洲人。有《野航》、《漁歌》、《鶴岑集》。」程迒亭曰：「《吳中先賢傳》：『劉呂博學多聞，歷官廣東左參政。子嘉緒，少稟家學，亦工詩文。』」《南史・王儉傳》：「甚嫻詞翰。」先朝自成、弘以來，一郡方雅之族，莫過文氏，而吾宗用世講相輝映。當敘州還自蜀，參政河南，而文太僕丞出為溫州守待詔，以詩文書畫妙天下，晚出而與石田齊名。其於外家甥舅中表，多有往還手跡。偉業六七歲時，見吾祖封詹事竹臺公所藏數十紙，今大半散失，猶有存者。此卷比之它帙，日月為最久，衰門凋替，不知落於何人。乃劫灰之餘，得諸某氏質庫中，若有神物擁護，以表章其先德，不綦幸乎！吾吳氏自四世祖儀部冰檗公以乙科起家參政，再世滋大，父子皆八十有重德，其行略具吳中先賢傳中。偉業無似，不能闡揚萬一，庶幾邀不朽於昔賢之名蹟，而藉手當世諸君子共圖其傳。是歌之作，見者其有以教之也。成化，明憲宗年號。《晉書・蔡謨傳》：「謨性方雅。」又，《周覬母李氏傳》：「李氏遂得為方雅之族。」《官箴》：「同僚之契，交承之分，有兄弟之義。至其子孫，亦世講之。」張如哉曰：「按：《史記・甘茂傳》注：『講讀曰媾。』又，《史記・虞卿傳》：『發重使為媾。』《戰國策》作講。此云徵仲，即公壻也，則世講講字亦宜讀媾。」謝靈運詩：「雲日相輝映。」《漢書・竇嬰田蚡傳》：「上曰：『俱外家。』」《詩》：「豈伊異人，兄弟甥舅。」中表，見《贈文園公》。　手跡，見《觀通天帖》。　梅村《伯祖玉田公墓表》：「贈嘉議大夫少詹事諱議，余祖也。」《說文》：「表，書衣也。」　凋替，見《送何省齋》。　劫灰，見《避亂》。《舊唐書・德宗紀》：「又取僦櫃質庫法

拷索之。」 《唐書‧劉禹錫傳》:「居易言其詩在處應有神物護持。」 《漢書‧武帝贊》:「表章六經。」 《蘇州府志》:「吳凱,字相虞。中順天鄉試。宣德中,授刑部主事,改禮部主客司。」《梅村墓表》:「五世祖凱,前明永樂間舉孝廉,官禮部主事。年三十,以養親迄歸,遂不出,世稱貞孝先生。高祖愈,成化進士,官河南參政。並見《吳中先賢傳》。」《玉田公墓表》:「自禮部公以下,大參鴻臚三世,皆葬於鹿城。」按:儀部,禮部也。《漢書‧儒林傳》:「平帝時,歲課甲科四十人為郎中,乙科二十人為太子舍人。」 《國語》:「故能保世以滋大。」 阮紫坪曰:「《吳中先賢傳》,王元美著。」 《禮》:「寡人雖無似也,願聞所以行三言之道。」 《晉書‧孫楚傳》:「制禮作樂,闡揚道化。」 不朽,見《送杜弢武》。《後漢書‧衛颯傳》:「政有名蹟。」 《左傳‧昭十六年》:「韓宣子曰:『敢不藉手以拜。』」

　　京江流水清如玉,楊柳千條萬條綠。畫舫勞勞送客亭,句吳人去官巴蜀。《韻會》:「句,居侯切,音溝。」集作「勾」。巴蜀東南僰道開,夷牢山下居民屋。諸葛城懸斷棧邊,李冰路鑿顛崖腹。不知置郡始何年,即敘西戎啟荒服。吾祖先朝事孝宗,清郎遠作蠻方牧。家世流傳餞別圖,知交姓字摩挲讀。起二句是京江,畫舫二句是送遠,巴蜀六句點出敘州,吾祖四句點出為敘州守及作圖也。○杜牧之詩:「京江水清滑。」如玉,見《西田詩》。 劉夢得詩:「千條金縷萬條絲。」 畫舫,見《贈文園公》。《輿地志》:「新亭隴有望遠樓,一名勞勞樓,後為滄海觀,在江寧縣南,古送別之所。」李詩:「天下傷心處,勞勞送客亭。」 《史記‧吳太伯世家》:「太伯之犇荊蠻,自號句吳。」《索隱》:「以吳言句者,夷之發聲,猶言於越耳。」《〈後漢書‧光武紀〉注》:「蜀有巴郡,故總言之。」 《炎徼紀聞》:「僰人在漢為犍為郡,在唐為於矢部,蓋南詔東鄙也。」 《大清一統志》:「夷牢山在敘州府宜賓縣西南。」 又:「漢陽山在敘州府慶符縣北八十里。今崖壁上鐫武侯征蠻故道六字。」陸務觀詩:「馬經斷棧危無路。」 按:蜀守李冰,見《漢書‧溝洫志》。《一統志》:「赤崖山在宜賓縣西北,其崖嶄峻,不可鑿,李冰積薪燒之,故其處懸崖有赤白玄黃五色。」劉夢吉詩:「百丈逢顛崖。」 《一統志》:「敘州府,禹貢梁州之域。秦為西南夷地。漢建元六年,置犍為郡,屬益州。」按:《詩》云「不知始何年」者,見其險且速耳。 《書》:「西戎即敘。」又:「五百里荒服。」《國語》:「荒服者王。」 杜詩:「吾祖先朝傑。」孝宗,見《殿上行》。 清郎,見《清風使節圖》。《詩》:「用遏蠻方。」 知交,見《送周子俶》。摩挲,見《行路難》。先達鄉邦重文沈,太僕絲蘿共華省。徵仲當時尚少年,後來詞翰臻能品。師承父執石田翁,婉致姻親書畫請。相城高臥灑雲煙,話到相知因笑肯。太

守嚴程五馬裝，山人尺素雙江景。草色官橋從騎行，花時祖帳離尊飲。碧樹遙遙別袂情，青山疊疊征帆影。首簡能書枝指生，揮毫定值殘醒醒。狂草平生見盡多，愛看楷法藏鋒緊。徵仲關心畫後題，石田句把前賢引。杜老曾遊擘荔支，涪翁有味嘗苦筍。原注：唐戎州，宋紹聖四年始改為敘。杜子美《客遊》詩有「輕紅擘荔支」之句。黃山谷貶官，作《筍賦》，言「苦而有味，官況似之」，故石田短歌引此相贈。此地居然風土佳，丈人仕宦堪高枕。此段歷敘作文作圖作跋作詩之人，而太守嚴程六句皆圖中之景，序次歷落，參差入妙。○《後漢書·朱暉傳》：「初，暉同縣張堪素有名稱，暉以堪先達。」鮑詩：「游子思鄉邦。」《古詩》：「與君為婚姻，兔絲附女蘿。」華省，見《送沈繹堂》。《輟耕錄·論畫三品》：「得其形而不失規矩者，謂之能品。」《後漢書·藝林傳·序》：「其師資所承。」《禮記》：「見父之執。」《注》：「父之執，同志之友也。」《大清一統志》：「相城在蘇州府元和縣東北五十里。」梅村《沈伊在詩序》：「石田沈先生之隱相城也。」高臥，見《退谷歌》。雲煙，見《西田詩》。太守，見《九峰草堂歌》。韓詩：「嚴程迫風帆。」山人，見《送沈繹堂》。陸士衡《文賦》：「含綿邈於尺素。」按：敘州府有大江與馬湖江，故黃魯直《戎州舍利塔銘》「鉤帶二江，撫有蠻獠」。然圖內應屬南京送別之景，則以江寧之大江、中江為雙江也。王介甫《金陵懷古》詩：「霸祖當年取二江。」王詩：「官橋祭酒客。」《史記·信陵君傳》：「從騎皆竊罵侯生。」花時，見《詠山茶花·序》。《漢書·疏廣傳》：「公卿大夫、故人邑子設祖道，供張東都門外。」按：張與帳通。《史記·高祖紀》：「復留止張飲三日。」《注》：「張，幃帳也。」駱賓王詩：「離尊綠蟻空。」許仲晦詩：「一尊酒盡青山暮，千里書回碧樹秋。」《左傳·昭二十五年》：「遠哉遙遙。」王子安詩：「別袂慘江垂。」鄭守愚詩：「湛湛清江疊疊山。」何仲言詩：「無由下征帆。」《禮·王制》注：「簡記，策書也。」《明史·祝允明傳》：「生而枝指，故自號枝山。」揮毫，見《茸城行》。《詩·小雅》傳：「病酒曰醒。」《墨藪》：「張旭草入神品，常飲酒大醉，呼叫狂走，或以頭髮濡墨而書。」《晉書·衛恒傳》：「上谷王次仲始作楷法。」《書訣》：「用筆如印泥畫沙，貴藏鋒也。」鮑詩：「萬事不關心。」〔註10〕前賢，見《讀西臺記》。按：子美稱為老杜，蓋本於子美詩「君不見西漢杜陵老」。《宋史·黃庭堅傳》：「字魯直，謫黔戎時，假涪州別駕，自號涪翁。初游潛皖山寺石牛洞，樂其林泉之勝，自號山道人云。」《群芳譜》：「魯直賦苦筍云：『苦而有味，如忠諫之可活國；多而不害，如舉士而能得賢。』可謂得擘筍三昧。」《一統志》：「敘州府，梁大同十年置戎州。宋政和四年，

〔註10〕按：「萬事不關心」，出王維《酬張少府》。鮑照《代堂上歌行》：「萬曲不關心。」

改曰敘州。」按：《方輿覽勝》作紹聖四年改，與《宋志》不同。 《一統志》：「敘州
府土產筍荔支。」 《後漢書・張堪傳》：「問其風土。」 丈人，出《史記・匈奴傳》。
按：徵仲為避菴壻，故云。丈人仕宦非泛用也。高枕，見《避亂》。**嗚呼！孝宗之**
世真成康，相逢骨肉遊羲皇。瞿塘劍閣失險阻，出門萬里皆康莊。雖為
邊郡二千石，經過黑水臨青羌。旄牛徼外無傳堠，鐵鎖江頭弗置防。去
國豈愁親故遠，還家詎使鬢毛蒼。此段追寫中葉之盛妙，從敘州點染而去國親，
故仍歸到送遠上。○孝宗，見《殿上行》。《唐書・太宗紀・贊》：「致治之美，庶美成、
康。」 淵明《誡子書》：「便自謂羲皇上人。」 瞿塘、劍閣，見《哭志衍》。 《爾
雅》：「五達謂之康，六達謂之莊。」 《漢書・王莽傳》：「有障徼者曰邊郡。」二千石，
見《送沈繹堂》。 《明史・地理志》：「宜賓縣東南有黑水，一名南廣溪。」青羌，見
《贈家侍御》。 《後漢書・和帝紀》：「永元十二年春二月，旄牛徼外白狼貗薄夷率種
人內屬。」又，《郡國志》：「蜀郡屬國有旄牛。」《周書・韋孝寬傳》：「先是路側一里
置一土堠。」 《一統志》：「敘州府大江兩岸有大石屹立，昔人因置鐵絙橫絕其處，控
拒夷寇，名曰索江。《後漢書・桓譚傳》：「察失而立防。」 盧僎詩：「去國三巴遠。」
《三國志・王粲等傳》：「親故多離其災。」 杜詩：「還家尚黑頭。」又：「颯颯鬢毛
蒼。」**吾吳儒雅傾當代，石田既沒風流在。待詔聲華晚更遒，枝山放達長**
無害。歲月悠悠習俗非，江鄉禮數歸時態。縱有丹青老輩存，故家興會
知難再。京口千帆估客船，金焦依舊青如黛。巫峽巫山慘淡風，此州迢
遞浮雲礙。正使何人送別離，登高腸斷烏蠻塞。衰白嗟余老秘書，先人
名德從頭載。廢楮殘縑發浩歌，一天詩思江山外。此段承上文而言，俯仰今
昔，感愾情深，自覺煙波無限。「京口千帆」仍貼定京江說，「巫峽」、「烏蠻」仍貼定
送遠說，故知好詩定不在題外也。○儒雅，見《觀王石谷畫》。 風流、聲華，見《送
何省齋》。《正韻》：「遒，健也。」 《晉書・阮咸傳》：「群從昆弟，莫不以放達為行。」
楊子幼《報孫會宗書》：「豈習俗之移人哉？」 江鄉，見《圓圓曲》。禮數，見《蘆
洲行》。鄭守愚詩：「時態懶隨人上下。」 老輩，見《題志衍畫》。 興會，見《虎
丘夜集圖》。王子安《滕王閣序》：「盛筵難再。」 岑參詩：「君行到京口。」韋應
物詩：「去遠千帆小。」估客，見《再觀打冰》。 金焦，見《贈蒼雪》。白詩：「山名
天竺堆青黛。」 巫峽巫山，見《題志衍畫》。杜詩：「時危慘澹來悲風。」 迢遞，
見《送何省齋》。 烏蠻，見《贈文學博》。 衰白，見《壽龔芝麓》。《唐國朝雜事》：
「帝曰：『虞世南在此行秘書也。』」 《晉書・袁宏傳》：「為《東征賦》，賦末列稱
過江諸名德。」 陸璣《詩疏》：「幽州人謂之谷桑，或曰楮桑，荊揚交廣謂之谷，

中州人謂之楮。江南人績其皮以為布，又擣以為紙。」殘縑，見《王石谷歌》。浩歌，見《避亂》。　李洞詩：「星河共一天。」錢仲文詩：「詩思竹間得。」王元之《黃岡竹樓記》：「江山之外，但見風帆沙鳥、煙雲竹樹而已。」

沈文長雨過福源寺並序

　　余以己亥春遊石公山，宿文長山館。丁未復至石公，水涸，抉奇呈異，遠過舊遊。將登歷而風雨驟至，竟覿面失之，殊不及我故人之高談蕭寺，追敘夙昔也。福源寺，見《二十五日詩》。　己亥，順治十六年。石公山，見前。　山館，見《蟋蟀盆歌》。　丁未，見前。　歐陽永叔《秋聲賦》：「如風雨驟至。」《韻會小補》：「於君謂之覿，於卿謂之面。」　高談，見《哭志衍》。蕭寺，見《楚兩生·序》。

　　昔年訪沈子，石公山沒歸雲址。今年遇沈公，石公水落盤龍宮。沈公家在石公側，白頭三見山根出。而我分攜將九載，相看總老溪山改。石公在望風雨作，探得靈奇復蕭索。沈公蠟屐曉沖泥，握手精藍話疇昔。石公沈公且別去，明日回頭望山樹。「昔年」二句是己亥舊遊。「今年」二句是丁未復至■■〔註11〕也。「沈公」二句是文長屢見石公之奇。「而我」二句見與文長、石公久別，今乃相遇也。「在望」二句點出題中雨字，是現在之雨。「蠟屐」二句是題中過字。結二句別山別友，意境杳然無盡。○歸雲洞，見五言古。　盤龍，見《廿五日詩》。　山根，見《贈苑先》。　分攜，見《贈願雲師》。　相看，見《雁門尚書行》。　蘇詩：「歸途風雨作。」　高季迪詩：「靈務窮蒐。」蕭索，見《哭志衍》。《晉書·阮孚傳》：「正自蠟屐。」沖泥，見《送何省齋》。　握手，見《六真歌》。精藍，見《讚佛詩》。話疇昔，見《觀通天帖》。　曹詩：「山樹鬱蒼蒼。」

　　　　昌黎「母從子走者為誰」一首，以六句分三段，為詩中創格。此篇十四句，亦兩句作一小段。惟「石公在望」以四句作一小段，是梅村刻意學韓處，非泛作狡獪也。

秋日錫山謁家伯成明府臨別酬贈 《大清一統志》：「錫山在慧山東。古諺曰：

『有錫爭，無錫寧。』遂以名縣。無錫縣在常州府東南九十里。」梅村《雲起樓記》：「侯諱興祚，字伯成，紹興之山陰人。」按：沈歸愚師詩傳以伯成為遼東清河人，而梅村《孟恭人墓表》「吳氏，山陰大司馬之族，世為著姓，後遷遼之清河」。《八旗通志》：「吳興祚，漢軍正紅旗人，任山西大寧縣職，再任江南無錫縣，累至福建巡撫。

以功給世職，拜他喇布勒哈番，兼一等拖沙喇哈番，陞兩廣總督。」《一統志》：「吳興祚，康熙三年知無錫縣。」趙與旹《賓退錄》：「明府，漢人以稱太守，唐人以稱縣令。」按：題用謁字，其傾倒於伯成者至矣。

吾家司馬山陰公，子弟變化風雲中。雕戈帶礪周京改，碣石關河禹穴通。起句言本與伯成同宗譜，時代雖殊，而支派相通也。變化風雲，用意周匝。伯成隸旗籍，故云碣石禹穴耳。○《明史·吳兌傳》：「字君澤，紹興山陰人。嘉靖三十八年進士，拜兵部尚書。」　唐太宗詩：「琱戈夏服箭。」《史記〔註12〕·功臣年表·序》：「使黃河如帶，泰山如礪。」《詩》：「念彼周京。」　碣石，見《東萊行》。關河，見《避亂》。《史記·太史公自敘》：「二十而遊江淮，上會稽，探禹穴。」《一統志》：「會稽山在會稽縣東南十三里。」泰伯城頭逢季子，登高極目霜楓紫。七十煙巒笠澤圖，三千歲月勾吳史。遍觀易象與春秋，魯頌唐風費攷求。攷，同考。縞帶贈來同白璧，干將鑄就勝純鉤。此段言在錫山與伯成相遇，遊覽酹酢之盛也。○《一統志》：「泰伯城在無錫縣東南三十里。」季子，見《悲歌》。　《楚辭》：「目極千里兮傷春心。」謝靈運詩：「曉霜楓丹。」　煙鬟七十二，見《退谷歌》。煙巒，見《廿五日詩》。笠澤，見《送何省齋》。　句吳，見《京江送遠圖》。　《左傳·昭二年》：「晉侯使韓宣子來聘，觀書於太史氏，見《易象》與《魯春秋》，曰：『周禮盡在魯矣。』」　按：「魯頌唐風」暗用《左傳》季子觀周樂事。《一統志》：「吳興祚順治十二年知大寧縣。當流寇蹂躪後，再期，民多復業。」唐風應指此。當蹂躪後，故云費攷求也。按：魯頌字，伯成蓋游歷山東者，俟考。　《左傳·襄二十九年》：「季札聘於鄭，見子產，如舊相識，與之縞帶，子產獻紵衣焉。」白璧，見《行路難》。　干將，見《送何省齋》。《越絕書》：「客有能相劍者，名薛燭。越王召而問之，乃召掌者取純鉤。」此中盡說春申澗，草荒幸舍飛梟雁。珠履何人解報恩，蒯緱枉自勤垂盼。黃初才子好加餐，季重翩翩畫省看。早負盛名遊鄴下，只今詩酒駐江干。此段言吳楚本好客之地，盛事難追，而伯成以鴻才盛名獨重一時也。　張如哉曰：「前四句俱就春申說。珠履本春申客事。蒯緱句言有客如朱英其人者甚難也。垂盼本《鄒陽傳》按劍相盼語。」○陸鴻漸《遊慧山記》：「望湖閣西有黃公澗者，昔楚考烈正封春申黃歇於吳之故墟，即此。」　李頎詩：「故園寒草荒。」幸舍，見《楚兩生·序》。梟雁，見《礬清湖》。　珠履，見《送施愚山》。《後漢書·吳良傳》：「報恩之義，莫大薦士。」《史記·孟嘗君傳》：「馮先生甚貧，猶有一劍耳，又蒯緱。」《注》：「蒯，草名。緱，把劍之物。言其劍無物可裝，但以蒯繩纏之。」　黃初，見

《送施愚山》。《古詩》：「努力加餐飯。」　季重翩翩，見《贈吳錦雯》。畫省，見《送沈繹堂》。　盛名，見《王郎曲》。文通《雜體詩序》：「關西鄴下，既已罕同。」《一統志》：「鄴縣故城在彰德府臨漳縣西，本齊桓公所築。」　杜詩：「漫勞車馬駐江干。」**江干足比梁園勝，追陪衰叟招枚乘。八斗君堪跨建安，一編我尚慚長慶。**此段完泰伯城頭一段意。○梁園，見《後東皋草堂歌》。　追陪，見《讚佛詩》。《漢書·枚乘傳》：「字叔，淮陰人也。梁客皆善屬詞賦，乘又高。」　釋常談：「謝靈運嘗曰：『天下才有一石，曹子建獨佔八斗，我得一斗，天下共分一斗。』」按：建安，漢獻帝年號。　一編，見《讀西臺記》。《唐書·白居易傳·贊》：「居易在元和、長慶時，與稹俱有名，最長於詩。」**剡山東望故人遙，玉局金吾未寂寥。汗簡舊開都護府，蘭臺新插侍中貂。**此段言山陰宗人文武皆能自見，因伯成而及之也。○《一統志》：「剡山在紹興府嵊縣治後。」　《宋史·蘇軾傳》：「提舉玉局觀，復朝奉郎。」金吾，見《行路難》。寂寥，見《觀王石谷畫》。　汗簡，見《茸城行》。都護，見《行路難》其十五。　蘭臺，見《送龔孝升》。《〈漢書·百官表〉注》：「入侍天子，故曰侍中。」杜詩：「總戎皆插侍中貂。」**感君意氣從君飲，燈火松匆安伏枕。數枝寒菊映琴心，百斛清泉定茶品。**此段完梁園追陪一段意。○意氣，見《蕩子行》。　薩天錫詩：「松窗燈下火。」《詩》：「輾轉伏枕。」駱賓王詩■〔註13〕：「惟有寒潭菊。」《黃庭經》：「琴心三疊舞胎仙。」　李長吉詩：「鱸魚千頭酒百斛。」《唐書·陸龜蒙傳》：「嗜茶。張又新為水說七種，其二慧山泉。」陸魯望詩：「關臨靜案修茶品。」**歸家回首木蘭舟，鍾鼓高城暮靄收。最是九龍山下水，伴人離抱向東流。**此段是臨別酹贈也。○木蘭，見《虎丘夜集圖》。　梁元帝詩：「卻月隱高城。」杜牧之詩：「暮靄生深樹。」　九龍山，見《玉京墓》。　李義山詩：「萬里縣離抱。」李詩：「請君試問東流水，別意與之誰短長。」

　　　　袁子才曰：「公晚年暮節與諸少年稱弟兄，冀其解阨。湖州則交園次，錫山則訪伯成，筆墨請求，金錢邀致，亦潦倒矣。」

題劉伴阮凌煙閣圖並序

　　唐閻立本十八學士圖，相傳在兵科直房中。余官史局，慈谿馮大司馬鄴仙時掌兵都垣，嘗同直禁中，出而觀之。吏啟篋未及展，而馮以上命宣召，遽局鐍而去，遂不果。今相去三十年，六科廊燬於兵，此圖不可問矣。高澹人詩：「更鏡大梁劉主事，淋漓墨瀋揮琅玕。」自注：劉主事伴阮於內

〔註13〕　■，天圖本、讀秀本作「詩」。

殿畫竹。阮紫坪曰：「伴阮名源，工部郎。」 閻立本，見《洗象圖》注。《唐書·褚亮傳》：「初，武德四年，太宗為天策上將軍，城西作文學館，收聘賢才，於是下教，以大行臺司勳郎中杜如晦、記室考功郎中房玄齡及于志寧、軍諮祭酒蘇世長、天策府記室薛收、文學褚亮、姚思廉、太學博士陸德明、孔穎達、主簿李元道、天策倉曹參軍事李守素、王府記室參軍事虞世南、參軍事蔡允恭、顏相時、著作郎攝記室許敬宗、薛元敬、太學助教蓋文達、軍諮典簽蘇勗，並以本官為學士。七年，收卒，復召東虞州錄事參軍劉孝孫補之。命閻立本圖像，使亮為之贊，題名字爵里，號十八學士，藏之書府，以章禮賢之重。方是時，在選中者，天下所慕向，謂之登瀛洲。」 《明史·職官志》：「六科置於午門外，直方蒞事。」《張太岳集》：「閻立本畫十八學士一卷，于志寧贊，沈存中跋，卷藏山西蒲州監生魏希古家。嘉靖癸卯、甲辰間，希古攜以遊京師。是時，邊患孔棘，希古因條陳邊事，並以此卷封進，意圖進用。疏入，不省，以其疏並卷俱發兵科，此卷遂留藏科房。」 《唐書·劉知幾傳》：「史局深籍禁門，所以杜顏面，防請謁也。」 《明史·馮元颺傳》：「字爾弢，慈谿人。帝曰：『大司馬缺久，無踰卿者。』十六年五月，以元颺為尚書。」又，《職官志》：「掌科郎都給事中以掌本科印，故名。」按：《元颺傳》：授戶科給事中，遷禮刑科，由戶科都給事中，擢太常寺少卿。不言其掌兵垣也。此序可補史缺。 局鑰，見《廿五日詩》。**按王氏《畫苑》，立本畫十八學士，又畫凌煙二十四功臣，故兩圖並行。凌煙圖不著，著其所繇失。**程迓亭曰：「王弇州輯《書苑》、《畫苑》，又匯各家類書為《匯苑》，本朝增改為《書畫譜》。」 《唐書·秦瓊傳》：「字叔寶。進封翼國公。貞觀十三年，改封胡國公。後四年，詔司徒趙國公無忌、司空河間王孝恭、司空萊國公如晦、司空太子太師鄭國公徵、司空梁國公玄齡、開府儀同三司鄂國公敬德、特進衛國公靖、特進宋國公瑀、輔國大將軍褒國公志玄、輔國大將軍夔國公宏基、尚書左僕射蔣國公通、陝東道行臺右僕射鄖國公開山、荊州都督譙國公紹、荊州都督邳國公順德、洛州都督郯國公亮、吏部尚書陳國公君集、左驍衛大將軍郯國公公謹、左領軍大將軍盧國公知節、禮部尚書永興郡公世南、戶部尚書渝國公政會、戶部尚書莒國公儉、兵部尚書英國公勣並叔寶，並圖形凌煙閣。」又，《藝文志》：「閻立本畫秦府十八學士圖、凌煙閣功臣二十四人圖。」**汴梁劉君伴阮，天才超詣，書畫尤其所長。自鍾、王以下，八分行草，摹之無不酷似，山水雅擅諸家。又出新意以繪人物，如所作凌煙功臣圖，氣象髣髴，衣裝瑰異，雖立本復出，無以過焉。**《明史·地理志》：「開封府，元汴梁路。」 《北史·李德林傳》：「識度天才。」《唐書·王遠知傳》：「辯論超詣。」 鍾王，見《永和宮詞》。 八分，見《送沈繹堂》。行草，見《觀

通天帖》。　酷似，見《遇劉雪舫》。　諸家，見《哭志衍》。　《畫繼》：「坡公跋宋子
房書，謂不古不今，稍出新意。」　《後漢書·樊仲華傳》：「聚衣裝道旁。」瓌異，見
《送何省齋》。伴阮遊於方伯三韓佟公之門，暫留吾吳，恨尚未識面。間取
是圖以想像其為人，意必嶔崎磊落，有凌雲御風之氣。余因是以窺劉君
之才，服方伯之知人，而深有感於余之老，不足追陪名輩也。為之歌曰：
《禮》：「千里之外設方伯。」啟僎《職官志》：「布政司，古方伯，為一州之表率。」
《《後漢書·光武帝紀》注》：「辰韓、弁韓、馬韓，謂之三韓國。」《元史·洪福源傳》：
「子孫世貴於三韓。」　《大清一統志》：「今朝鮮之黃海道、忠清道，本古馬韓舊地；
全羅道，本弁韓地；慶尚道，本辰韓地。」梅村《佟母劉淑人墓誌》：「子江南右方伯
諱彭年，方從政於吳。」　杜詩：「李邕求識面。」　王子淵《洞簫賦》：「徒觀其旁山
側兮，則嶇嶔巋嵬。」磊落，見《哭志衍》。　凌雲，見《東萊行》。《莊子》：「夫列子
御風而行，泠然善也。」　追陪，見《讚佛詩》。■〔註14〕《南史·謝靈運傳》：「既
自以名輩應參時政。」　此下二首，原目皆不載。

　　大梁才子今劉生，客遊書畫傾公卿。江南花發遇高會，油幢置酒羅
群英。開君書堂拂素壁，貞觀將相施丹青。長孫燕頷肺腑戚，集作「肺咐」。
河間隆準天潢親。鄂公衛公與英國，誰其匹者推秦瓊。房杜劻勷魏彊諫，
元僚濟濟高勳名。二十四人半豐沛，君王帶礪山河盟。千載懸毫寫生面，
雙眸顧盼關神明。長弓大矢佩刀劍，玄袞赤舄垂蔥珩。正視橫看叫奇絕，
一時車馬喧南城。起四句點出作畫之人與看畫之地。貞觀以下是凌煙閣圖也。○
《史記·魏世家》：「惠王三十一年，徙治大梁。」《左傳·文十八年》：「高陽氏有才子
八人。」梁元帝《樂府》：「遊俠有劉生。」　《史記·司馬相如傳》：「因病免，客遊梁。」
《隋書·禮儀志》：「二千石四品以上列侯，皆給軺車，駕牛。伏兔箱，青油幢，朱絲
絡，轂輞皆黑漆。」置酒，見《永和宮詞》。《後漢書·宦者傳·論》：「恊群英之勢力。」
白詩：「書堂對藥室。」素壁，見《西田詩》。　貞觀，見《觀通天帖》。將相，見《雁
門尚書行》。丹青，見《西田詩》。　《舊唐書·長孫無忌傳》：「字輔機，河南洛陽人。
通悟有籌略。文德皇后即其妹也。」《後漢書·班超傳》：「虎頭燕頷。」肺腑，見《青
門曲》。　《唐書·宗室傳》：「河間元王孝恭，少沉毅有識。」隆準，見《下相懷古》。
《史記·天官書》：「王良旁有八星絕漢，曰天潢。」　《唐書·尉遲敬德傳》：「名恭，
以字行。朔州人，封吳國公，後改封鄂國公。」又，《李靖傳》：「字藥師。京兆三原人。
封永康縣公、改衛國公。」又，《李勣傳》：「字懋功。曹州離狐人。本姓徐氏，封萊國

〔註14〕 ■，天圖本、讀秀本作空格。

公，徙封英，治并州。」　又，《秦瓊傳》：「齊州歷城人。」　又，《房杜傳》：「房玄齡，字喬，齊州臨淄人。居宰相十五年。杜如晦，字克明。京兆杜陵人。與玄齡共筦朝政。」白詩：「樂天無怨歎，倚命不劬勤。」《唐書‧魏徵傳》：「字玄成。魏州曲城人。每犯顏進諫。」彊諫，見《東萊行》。　《南史‧庾杲之傳》：「盛府元僚，寔難其選。」《詩》：「濟濟多士。」勳名，見《東萊行》。　《漢書‧淮南王傳》：「高皇始於豐沛。」《一統志》：「豐縣故城即今徐州府豐縣，治沛縣。故城在徐州府沛縣東。」　帶礪，見《謁家明府》。　生面，見《洗象圖》。　雙眸，見《玉京墓‧序》。顧盼，見《雁門尚書行》。《世說》：「王尚書惠詣王右軍，郗夫人問眼耳未覺惡不。夫人時年九十，答曰：『髮白齒落，屬乎形骸。至於眼耳，關於神明，那可便與人隔？』」　《魏書‧奚康生傳》：「蕭衍聞康生能引彊弓，力至十餘石，故特作大弓兩張，送與康生。其弓長八尺，把中圍尺二十〔註15〕，箭麤殆如今之長笛。」■■■■■■■■■■■■■■■■■■■■■〔註16〕刀劍，見《琵琶行》。　《詩》：「元袞赤舃。」又：「有瑲蔥珩。」　《唐書‧五行志》：「正視為一色，旁視為一色。」蘇詩：「橫看成嶺側成峰。」奇絕，見《琵琶行》。　陶詩：「而無車馬喧。」**余衰臥病滄江口，忽地流傳入吾手。細數從前翰墨家，海內知名交八九。慘淡相看識苦心，殘縑零落知何有。技窮仙佛並侯王，四十年來誰不朽。**此段是梅村見圖而追憶畫苑諸友，情見乎詞也。○孟詩：「北窗猶臥病。」■■〔註17〕滄江，見《讀西臺記》。　杜詩：「扁舟落吾手。」翰墨，見《觀法帖》。　《三國志‧曹爽傳》：「少以才秀知名。」八九，見《避亂》。　慘澹，見《洗象圖》。杜詩：「更覺良工心獨苦。」　殘縑，見《送遠圖歌》。零落，見《避亂》。　技窮，見《松鼠》。　不朽，見《送杜弢武》。**北有崔青蚓，南有陳章侯。崔也餓死值喪亂，維摩一卷兵間留。含牙白象貝多樹，圖成還記通都求。陳生落魄走酒肆，好摹傖父屠沽流。笑償王媼錢十萬，稗官戲墨行觥籌。**此段承「誰不朽」說下，而單抽出崔、陳兩人，又歷舉崔、陳所遇之窮，反襯伴阮也。○《明詩綜》：「陳洪綬，字章侯，諸暨人。國子監生。」《竹垞詩話》：「章侯，崇禎間與北平崔青蚓齊名，號南陳北崔。」　崔也餓死、維摩，並見《洗象圖》。兵間，見《青門曲》。　《淮南子》：「合牙戴角，前爪後距。」張平子《西京賦》：「白象行孕。」具多樹，見《洗象圖》。　通都，見《王郎曲》。　朱錫鬯《陳洪綬傳》：「既遭亂，混跡浮屠，自稱老遲，亦稱悔遲，亦稱老蓮，縱酒狎奴如故。」落魄，見《遇劉雪舫》。杜詩：「酒

〔註15〕「十」，《魏書》卷七十三《奚康生傳》作「寸」。
〔註16〕墨丁，天圖本、讀秀本作「李孔集曰：『杜詩：『挽弓當挽強，用箭當用長。』梅村蓋變化用之。』」
〔註17〕「孟詩：北窗猶臥病。■■」，天圖本作「劉公幹詩：『臥疾清漳濱』」。

肆人間世。」　傖父，見《二十五日詩》。屠沽，見《茸城行》。《史記·高祖紀》：「常從王媼、武負貰酒。」《雲溪友議》：「于頔與戴符買山錢十萬。」《漢書·藝文志》：「小說謂之稗說。」又：「稗官。」師古《注》：「小官也。」朱子詩：「餘事亦騷雅，戲墨仍風霜。」歐陽永叔《醉翁亭記》：「觥籌交錯。」**劉生三十稱詞伯，盛名緩帶通侯席。埋沒休嗤此兩生，古今多少窮途客。繁臺家在汴流平，**繁音婆。**老我相逢話鋒鏑。剩有關河出後生，枉將兵火催衰白。**此段言伴阮得佟公為知己，較崔、陳為幸矣。然畫乃不朽之業，伴阮必不以窮途故嗤崔、陳，而梅村亦以兵火之後再得伴阮為幸也。○宋延清詩：「文乃詞伯雄。」　盛名，見《王郎曲》。緩帶，見《送何省齋》。通侯，見《楚兩生·序》。　埋沒，見《行路難》其六。《後漢書·樊宏傳》：「時人嗤之。」兩生，見《讀史雜詩》。　窮途，見《行路難》。阮生注。　繁臺，見《行路難》梁王臺注。《一統志》：「汴河源出滎陽，為滾蕩渠東流，曰官渡水，曰陰溝，曰汳水，曰濬儀渠。其自大梁城南分流者為鴻溝。鴻溝南流，兼沙水之目。沙水支津又為睢水、渦水。名雖不一，寔則委別而源同也。」　老我，見《虞山圖歌》。《史記·秦始皇紀》：「銷鋒鏑，鑄金人十二。」　關河，見《避亂》。　兵火，見《遇南廂園叟》。衰白，見《送何省齋》。**君不見秘書高館群儒修，歐虞褚薛題銀鉤。朔州老將解兵柄，折節愛與諸生遊。丈夫遭際好文日，布衣可以輕兜鍪。似君才藻妙行草，況工絹素追營丘。它年供奉北門詔，大官賜食千金裘。**大音泰。**嗚呼！石渠麟閣總天上，凌煙圖罷圖瀛洲。**此段是策勵伴阮意，而即以凌煙兜鍪相比照，點歸作畫，如花片隨風，縈拂溪澗，自然入妙也。○《西京賦》：「匪惟翫好，乃有秘書。」高館，見《玉京墓》。《史記·武帝紀》：「上為封禪器，示群儒。」　歐虞，見《汲古閣歌》。《唐書·褚遂良傳》：「字登善。博涉文史，工隸楷。」又，《薛稷傳》：「虞世南、褚遂良以書顯家。稷外祖魏徵家多藏虞、褚書，故銳精臨倣，遂以書名天下。」銀鉤，見《九友歌》。　按：史稱敬德晚節謝賓客，不與通，則非與諸生遊者也。張如哉曰：「蘇詩：『朔方老將風流在，不取西番石堡城。』梅村用此，不必泥鄂公事。」《一統志》：「朔州在朔平府南二百四十里。」老將，見《遇南廂園叟》。《漢書·袁盎傳》：「絳侯為太尉，本兵柄。」《戰國策》：「主折節以下其臣。」《史記·秦始皇紀》：「今諸生不師今而學古。」　遭際，見《松山哀》。《論衡》：「世主好文，己為文則遇。」《宋史·揚掞傳》：「信兜鍪不如毛錐子也。」《三國志·王粲傳》：「阮籍才藻豔逸。」　絹素，見《送沈繹堂》。營丘，見《九友歌》。　供奉，見《王郎曲》。《舊唐書·職官志》：「翰林院。」注：「乾封中，劉裕之、劉褘之兄弟，周思茂，元萬頃，范履冰皆以文詞召入待詔，常於北門候進止，時號北門學士。」《漢書·百官公卿表》

注》:「大官主膳食,湯官主餅餌。」千金裘,見《九友歌》。 《〈後漢書‧章帝紀〉注》:
「石渠閣在未央殿北。」《漢書‧蘇武傳》:「上思股肱之美,迺畫其人於麒麟閣。」《避
暑錄話》:「顧瞻玉堂,如在天上。」

《艮齋雜說》:「昔人畫十八學士圖,缺其一人,識者曰:『必許敬宗也。』劉
伴阮畫凌煙功臣圖,予亦欲去徐世勣、侯君集二人。丹青之筆,豈無《春秋》乎?」

白燕吟

雲間白燕庵,袁海叟丙舍在焉。吾友單狷庵隱居其傍,鴻飛冥冥,
為弋者所篡,故作此吟以贈之。余年二十餘,遇狷庵於陳徵君西佘山
館,有歌者在席,迴環昔夢,因及其事。狷庵解組歸田,遭逢多故,視
海叟之西臺謝病,倒騎烏犍牛,以智僅免者,均有牢落之感。俾讀者前
後相觀,非獨因物比興也。《松江府志》:「白燕菴在賢遊涇袁御史凱墓側,里人
以凱有《白燕》詩,築庵祀之,遂以為名。」 《明詩綜》:「袁凱,字景文。松江華
亭人。洪武中,徵拜御史,以病免歸。」《明史‧藝文志》:「袁凱《海叟詩集》四卷。」
《曝書亭集‧袁凱傳》:「常熟岑大本賦白燕詩,為楊維楨所稱,凱見,笑曰:『未見
體物之工也。』更賦一首,維楨極賞之,一時流播,人呼袁白燕。」《竹垞詩話》:
「世傳海叟賦白楊花,有讒之者,海叟聞之,遂佯狂。徵典郡校,不起,對使者歌
《月兒高》一曲,是又河西傭、補鍋匠之亞矣。海叟居松江府治東門外。崇禎末,
單麻城恂即其址搆白燕菴,李舍人待問書聯於柱云:『春風燕子依然入,大海鰻魚不
可尋。』相傳孝陵有言:『東海走卻大鰻魚,何處尋得?』為海叟而發也。恂字狷菴,
庚辰進士,以詩文名。」 鍾元常有《丙舍帖》。 《明詩綜》:「單恂,字質生。松
江華亭人。崇禎庚辰進士,麻城知縣。有《白燕菴詩集》。」〔註18〕 《方言》:「鴻

〔註18〕 (民國)陳田輯《明詩紀事》辛籤卷二十一(清光緒二十五年貴陽陳氏聽詩齋
刻本):
單恂,字質生,松江華亭人。崇禎庚辰進士,除麻城知縣。有《竹香庵》、《瓶
庵》、《枯樹齋》三集。
陳繼儒《眉公集》:「質生函慧根,食靈氣,從作者機杼外,別構出清脆新聲,
松風遺韻。」
陳臥子云:「質生為人,風調閒茂,舉止疏拔,溫度雅論,宜於人倫。詩篇明
贍,動以朗潔。至其寓意,雅尚西崑,故綺閣之愁習,香奩之頻遇,一音傳怨,
絲竹成灰,數言觸懷,脂粉遽斷,思婦聞之掩心,羈人過而疾首矣。」
《靜志居詩話》:「質生詩力掃陳言,濃而不膩。」田按:雲間幾社詩派,競尚
穠麗,質生才華跌宕,可與三子分席。臥子作質生《竹香庵詩序》,本集不載,
當為王蘭泉搜輯所遺耳。

飛冥冥，弋人何篡焉？」〔註19〕　陳徵君西佘山館，見《九峰草堂歌》。　宋武帝詩：「思君如日月，回還晝夜生。」張平子《思玄賦》：「發音夢於木禾兮。」　韋應物詩：「解組傲園林。」歸田，見《贈家侍御》。　《易》：「豐多故。」　《演繁露》：「唐都長安，於洛陽為西，而洛陽亦有留臺，故御史長安名西臺而洛陽為東臺。」《明史・文苑傳》：「凱工詩，有盛名。背戴烏巾，倒騎黑牛，遊行九峰間，好事者至繪為圖。」《左傳・桓十八年》：「人曰祭仲以知免。」　牢落，見《遇南廂園叟》。　《周禮》：「太師教六詩，曰比曰興。」

　　白燕庵頭晚照紅，摧頹毛羽訴西風。雖經社日重來到，終怯雕梁故壘空。起四句題面題意已都寫訖，晚照則時已暮矣。晚照猶紅，蓋稱願之詞也。摧頹毛羽，比捐菴為弋者所篡。社日重到，比捐菴之解組歸田。終怯雕梁，比捐菴之遭逢多故。然祇詠白燕，已是絕妙好辭，梅村筆底有化工也。○杜詩：「連山晚照紅。」《古樂府・飛鵠行》：「我欲負汝去，毛羽何摧頹。」　《禮》：「擇元日，命民社。」《文昌襍錄》：「燕以春社來，秋社去，謂之社燕。」王涯詩：「燕語雕梁晚。」唐無名氏詞：「燕子還來尋舊壘。」**當年掠地爭飛俊，垂楊拂處簾櫳映。徵君席上點微波，雙棲有個凝妝靚。**此段是徵君山館，歌者在席，紀與狷菴相逢之始也，點染入妙。○方雄飛詩：「掠地斜飛上太虛。」史邦卿詞：「愛貼地爭飛，競誇輕俊。」　簾櫳，見《松鼠》。　徵君，見《九峰草堂歌》。子建《洛神賦》：「託微波而通詞。」秦少游詞：「燕尾點波綠皺。」　沈雲卿詩：「海燕雙棲玳瑁梁。」蘇叔黨詞：「畫欄十二，有箇人同倚。」王少伯詩：「春日凝粧上翠樓。」韓詩：「桃李晨粧靚。」**趙家姊妹鬥嬋娟，軟語輕身鬢影偏。錯信董君它日寵，昭陽舞袖出尊前。**此段為妬狷菴者作寫照，然卻承凝粧句說下，似以燕比妬者，又似以歌者比妬者，令人不可思議。○《漢書・外戚傳》：「孝成趙皇后，號飛燕。有女弟，召入，皇后寵少衰，而弟絕幸，為昭儀，居昭陽舍。姊弟顓寵十餘年。」袁景文詩：「趙家姊妹多相妬，莫向昭陽殿裏飛。」按：《麓堂詩話》作「多相忌」。鬥嬋娟，見《宮扇》。　史邦卿詞：「又軟語商量不定。」《太真外傳》：「飛燕身輕，欲不勝風。」李長吉詩：「春風吹鬢影。」《漢書・東方朔傳》：「於是董君貴寵，天下莫不聞。」按：此詩借用董偃，而寔用董賢事也。明人《宮詞》云：「昭陽昨夜誰承寵，聞道金錢賜董賢。」　昭明太子詩：「舞袖寫春枝。」尊前，見《圓圓曲》。**長安穠杏翩躚好，穿花捎蝶春風巧。楚雨孤城儔侶稀，歸心一片江南草。**長安穠杏，舉進士矣。楚雨孤城，麻城罷矣。歸心江南，已歸田矣。○《詩》：「何彼禯矣。」張平子《南都賦》：「蹴蹋蹁躚。」李義山

〔註19〕按：此語出揚雄《揚子法言・問明篇》。

《越燕》詩:「盧家文杏好,試近莫愁飛。」　杜詩:「穿花蛺蝶深深見。」又:「花妥
鴛捎蝶。」李致堯《歸燕》詩:「沖人穿柳徑,捎蝶遶花枝。」王介甫詩:「不是春風
巧,何緣有歲華。」　杜詩:「楚雨石苔滋。」杜《詠歸燕》詩:「不獨避霜雪,其如
儔侶稀。」　王正長詩:「邊馬有歸心。」王之渙詩:「一片孤城萬仞山。」江南草,
見《退谷歌》注。**縞素還家念主人,瓊樓珠箔已成塵。雪衣力盡藍田土,玉
骨神傷漢苑春。**四句言歸田之時,家國多故也,妙從白字寫出。一筆作十百筆用,
斷非梅村不能。○縞素,見《圓圓曲》。張道濟詩:「常懷客鳥意,會答主人恩。」　瓊
樓,見《青門曲》。李義山詩:「珠箔輕明拂玉墀。」《拾遺記》:「見五嶽再成塵,扶桑
萬歲一枯,其人視之,如旦暮也。」　《明皇雜錄》:「開元中,嶺南獻白鸚鵡,上及貴
妃皆呼雪衣娘。」此借用。張如哉曰:「《史記·五宗世家》:『臨江閔王榮坐侵廟壖垣
為宮,上徵榮,榮詣中尉府簿。中尉郅都責訊王,王恐,自殺。葬藍田。燕數萬銜土
置冢上。百姓憐之。』」　《竹坨詩話》:「『冰肌玉骨清無汗』,此詩為花蕊夫人作。」
張如哉曰:「《漢書·外戚傳》:『定陶丁姬,哀帝母也,為帝太后。崩,合葬恭皇陵。
哀帝崩,王莽奏貶太后,號曰丁姬。覆奏言丁姬棺名梓宮,珠玉之衣,非藩妾服,請
以木棺代,去珠玉,衣葬丁姬媵妾之次。奏可,掘平丁姬故冢。莽又周棘其處,以為
世戒。時有群燕數千,銜土投丁姬穿中。』」《晉陽秋》:「荀粲婦病亡,未殯,粲不哭
而神傷。」杜詩:「淒涼漢苑春。」按:雪衣、玉骨映合題中白字。**銜泥從此依林
木,窺簷詎肯樊籠辱。高舉知無鴻鵠心,微生幸少烏鳶肉。**四句即序中鴻
飛冥冥之意。○《古詩》:「思為雙飛燕,銜泥巢君屋。」魏文帝詩:「林木有枝。」　梁
簡文帝詩:「覓燕好窺簷。」樊籠,見《圓圓曲》。　《楚辭》:「寧超然高舉以保貞乎?」
鴻鵠高飛,見《雒陽行》。　《南史·沈慶之傳》:「微生遇多幸。」烏鳶,見《雁門尚
書行》。**探卵兒郎物命殘,朱絲繫足柘弓彈。傷心早已巢君屋,猶作徘徊
怪鳥看。**集作「烏」,非。　四句即序中為戈者所篡意。○按:探卵兒郎,反用魯恭
事。《後漢書·魯恭傳》:「袁安使仁恕掾肥親往廉之,恭隨行阡陌,俱坐桑下,有雉過
止其傍,傍有童兒,親曰:『兒何不捕之?』兒言雉方將雛雛。親瞿然起,曰:『豎子
有仁心。』」兒郎,見《詠山茶花》。　《戰國策》:「繫己以朱絲而見之也。」《燕女墳
記》:「姚玉京室有雙燕,一為鷙鳥所獲,其一啾啾,翔集玉京之臂,玉京以紅縷繫燕
足。明年,縷如故。」《古史考》:「柘樹枝長而勁,烏集之,將飛,柘起彈烏,烏乃呼
號,因名烏號弓。」《南部煙花記》:「陳宮人喜於春林放柘彈。」　朱慶餘詩:「更無
新燕來巢屋。」　張如哉曰:「《晉書·孫盛傳》:『盛與桓溫牋,稱州遣從事,觀采風
聲,進無威風來儀之美,退無鷹揚搏擊之用,徘徊湘川,將為怪鳥。』」《爾雅注》:「鷗,

江東呼為怪鳥。」**漫留指爪空回顧，差池下上秦淮路。紫頷關山夢怎歸，烏衣門巷雛誰哺。**四句是狷菴意中語。紫頷句，悲家園。烏〔註20〕衣句，思骨肉也。○蘇詩：「泥上偶然留指爪。」《詩》：「燕燕于飛，差池其羽。」又：「下上其音。」秦淮，見《闖州行》。　陶隱居《本草》：「紫胸輕小者是越燕。」《字典》：「怎字，《廣韻》、《集韻》皆未收，惟韓孝彥《五音集韻》收之。」　劉夢得詩：「朱雀橋邊野草花，烏衣巷口夕陽斜。舊時王謝堂前燕，飛入尋常百姓家。」《方輿覽勝〔註21〕》：「烏衣巷在秦淮南，去朱雀橋不遠，王謝子弟所居。」《一統志》：「在上元縣東南。」杜詩：「群鳥至今為哺雛。」**頭白天涯脫網羅，向人張口為愁多。啁啾莫向斜陽語，為唱袁生一曲歌。**四句是梅村意中語，蓋古今才人往往以語言得謗，張口〔註22〕不如莫語，為狷菴獻三緘，是作詩本意也。頭白斜陽，與起處晚照相應。結句點明作詩，而引出袁生，仍才脫白燕庵意。○王詩：「始覺殷王解網羅。」《晉書·郭文傳》：「有猛獸忽張口向文。」白詩：「愁多常少眠。」《禮》：「至於燕雀，猶有啁噍之頃焉。」《注》：「噍與啾同。」周美成詞：「燕子不知何世，入尋常巷陌人家。相對如說興亡，斜陽裏。」　應休璉《與曹長思書》：「幸有袁生，時步玉趾。」溫飛卿詩：「月照高樓一曲歌。」按：「一曲指《月兒高》。」

　　袁景文《楊白花》詩：「楊花白，飛入深宮裏。宛轉房櫳間，誰復能禁爾。胡為高飛渡江水，江水在天涯。楊花去不歸，安得楊花作楊樹，種向深宮飛不去。」陳臥子云：「感慨深長。」　按：《梁書》：「楊華少有勇力，容貌雄偉，魏太后逼通之，華懼及禍，乃率其部曲降梁。太后思之，為作《楊白花歌》，使宮人連臂踏足歌之，聲甚悽惋。」所謂「春去秋來雙燕子，願銜楊花入窠裏」者也。後人多有擬作之者。

〔註20〕「烏」，乙本誤作「鳥」。
〔註21〕「方輿覽勝」，當作「方輿勝覽」。
〔註22〕「口」，讀秀本作墨丁。

吳詩補注

卷七

曇陽觀訪文學博介石兼讀蒼雪師舊跡有感

道者劉文房詩：「惟應道者知。」歸不歸王詩：「王孫歸不歸。」經臺《廬山記》：「謝靈運即寺中觀翻《涅槃經》，為臺曰繙經臺。」書屋見《題志衍畫》。按：此指文翁石室也。戎馬知何旦杜詩：「戎馬相逢更何日。」

贈陸生起二句為子元剖雪者至矣。首句見其夙負重名，次句言其非擁高貲也。好客字用意深長。詳《癸巳春社》。

囊無錢蘇詩：「人人知我囊無錢。」吾流《世說》：「桓大司馬問劉真長曰：『第一流復是誰？』劉曰：『正是我輩耳。』」文人《典論》：「文人相輕，自古而然。」劇《玉篇》：「劇，甚也。」鄉園孟詩：「書此示鄉園。」蓴鱸蓴鱸本《晉書·張翰傳》。又，《宋史·蘇舜卿傳》：「蓴鱸稻蟹，足以適口。」羅隱《後村詩話》：「羅隱有詩聲，屢擯於名場，逢世亂離，依錢氏以庇身，未嘗失節。」

吾谷行

萬章本《宋史·高防傳》：「歲獲木萬章。」插石蘇子由〔註1〕詩：「插石置橋堅。」並幹李仲洽《連理槐頌》：「二幹一心，以蕃木根。」屈辱《漢書·蕭望之傳》：

〔註1〕「由」，乙本誤作「山」。

「弘恭、石顯等知望之素不詘辱。」《韻會》:「詘通作屈。」**泣羅裙**岑參詩:「夫人堂上泣羅裙。」**昨宵有客大都來,傳道君王幸漸臺六句**《獨斷》:「天子車駕所至,民臣以為倖,故曰幸。」《春明夢餘錄》:「瀛臺即明之漸臺,在太液池之南。」程迓亭曰:「是科覆試第一為吳槁淵珂鳴,賜同進士出身,由庶常歷官至大拜。」「便殿」以下蓋指珂鳴元以京城為大都傳道者,由京城而傳至尚陽堡也。《集覽》作赤崖獻頌之事,誤矣。**春風到**岑參詩:「春風不曾到。」劉夢得詩:「迎得春光先來到。」

圓圓曲

　　相見張如哉曰:「《陸務觀詩話》:樂天用相字,多作思必切,如『為問長安月,如何不相離』是也。按:此句相字亦當讀入聲。」**擁入**《字典》:「擁,衛也,群從也。」**採蓮人**隋煬帝詩:「相將盡是採蓮人。」**一片**張道濟詩:「樹裏南湖一片明。」**教就**司空文明詩:「黃金用盡教歌舞。」前注非是。**最少年**張文昌詩:「十九人中最少年。」前注非是。**內第**《後漢書·梁冀傳》:「遊觀內第。」**匹馬還**嚴季鷹詩:「莫遣沙場匹馬還。」**滿面**杜詩:「啼痕滿面垂。」**延致**《廣韻》:「延,進也,納也。」**翻使周郎受重名**曹孟德遺孫權書:「橫使周瑜虛獲此名。」**塵生**漢武帝《落葉哀蟬曲》:「玉墀兮塵生。」**人去**李義山詩:「人去紫臺秋入塞。」**吳宮曲**程《箋》:「其時三桂有女嫁王永寧,方居蘇州拙政園,縱侈窮奢,故云『別唱吳宮曲』也。『萬里愁』,謂三桂女思家。『古梁州』,雲南也。」○按:館娃、香逕等字與夫差苑相應。王永寧之居未可以宮目之。梁州則指四川,即斜谷、散關也。程說存參。**漢水東南**張如哉曰:「三桂駐兵南鄭,分閫閫中。南鄭有東漢水,閫中有西漢水,故結句就漢水言之。」

送杜大于皇從婁東往武林兼簡曹司農秋岳范僉事正

　　客行盧允言詩:「下界林疏見客行。」**何年**陳伯玉詩:「此會在何年。」　秦韜玉,字中明。**副相**阮紫蘋曰:「玩詩意,副相與侍郎當是二人。秋岳以侍郎外謫,未掌臺憲,不應蒙副相之稱。合肥為一代龍門,與茶村交誼甚篤。燈船一唱,韻事千古,則數其生平故人,自當首及之。詩謂副相雖不得見,而侍郎固自嶺表歸矣,況又有少伯其登臨乎!賓主錯見,古人句法往往有此。」**勝絕**詳《巫峽》。

悲歌贈吳季子

　　千山《大清一統志》:「千山在遼陽州南六十里。」高澹人《扈從東巡日錄》:「遼左諸山,土多石少,此獨積石磊砢,峰巒叢疊,以千數計,山之所由名也。」**八月龍沙雪花起**程《箋》:「吳漢槎《天東小紀》:『沙林東八十里為寧古塔,臨江而居,以

木為城。地極寒，八月即雪，清明乃鮮。」**垂腰**李義山詩：「黃綬垂腰不奈何。」此借用。**戰壘**李文山詩：「城臨戰壘黃雲晚。」**偷生若螻蟻**《梁書‧吉翂傳》：「夫鯤鮞螻蟻，尚惜其生。」**倒行入海底**《史記‧伍子胥傳》：「故倒行而逆施之。」郭景純詩：「吞舟涵海底。」**半人鬼**《南史‧傅昭傳》：「每昏旦間，人鬼相觸。」

贈穆大苑先

訪友《宣和畫譜》：「李公麟《玉津訪友圖》一。」**直下**《晉書‧陶回傳》：「不敢直下。」**奇石橫空眾水流**阮紫蘋曰：「從淮西至泗州，無轉繞京口之理。泊口奇石，自在臨淮鳳泗一路。淮安無軍山，自是泗州之君山無疑。」今按：《一統志》：硤石山在鳳陽府壽州西北二十五里。《水經注》：「淮水北經山硤中，謂之硤石。」《明統志》：「山兩岸相對，淮水經其中，禹鑿，舊蹟猶存。」按此則雙崖即兩岸相對者，而奇石即硤石，不必指盱眙之浮山也。《一統志》：「浮山在盱眙縣西一百二十里。」《寰宇記》：「臨淮山下有水穴，去水一丈。淮水泛濫，其穴即高；水減，其穴還低。有似山浮，亦號浮山。」此石雖奇，然以直下橫空徵之，不如硤石為切。《水經》：「淮水至九江壽春縣西，沘水洪水注之。又東，潁水從西北來注之。又北，左合椒水。又東過壽春縣北，泚水注之。又北經山硤中，謂之硤石。」故云「眾水流」也。虞伯施詩：「橫空一鳥度。」**封侯**詳《舊劍》。　陳陶，字嵩伯。**丈夫落落**《晉書‧石勒載記》：「大丈夫行事當礌礌落落。」**征蹄**羅鄴詩：「征蹄何處駐紅埃。」**汝南風俗**《後漢書‧應劭傳》：「汝南人。撰《風俗通》，以辨物類名號，釋時俗嫁疑。」**客中**李頎詩：「雲山況是客中過。」

遣悶杜有《遣悶呈嚴公》詩。

到處杜詩：「到處潛悲辛。」**差肩**阮嗣宗《達莊論》：「差肩而坐。」**戍邊**《史記》：「中國擾亂諸秦，所徙戍邊者皆復去。」**當窗**詳《閨園詩‧序》。

詠拙政園山茶花

艷如天孫織文錦四句杜詩：「燿如羿射九日落，矯如群帝驂龍翔。來如雷霆收震怒，罷如江海凝清光。」吳句法本此。**舞榭**詳《西江月‧靈巖聽法》。**將軍壘**《周禮‧夏官》：「營軍之壘舍。」**君恩歸未得**白詩：「未報皇恩歸未得。」**塞上**詳《贈馮訥生》。**不相保**杜詩：「妻奴未相保。」**珍異惜如珠**《考工記》：「通四方之珍異以資之。」白詩：「江陵橋如珠。」**玉門關外無芳草**韋端己詩：「望斷玉關芳草路。」**著意**杜詩：「天公自著意。」

短歌

衣囊已遭盜賊笑《唐書・孔巢父附傳》：「為盜剽脅，衣囊略盡。」愛子摧殘程《箋》：「子彥少子為吳昌時壻，昌時家被籍，有文女嫁某官子，被物議，歸其獄於子彥之子，坐褫杖，且遷怒於子彥。子彥緣此失意，故云『愛子摧殘』及『別有盤渦石』也。我聞諸穆南谷云。」不見收張正言詩：「去年上策不見收。」

題虎丘夜集圖

半篙綠陸務觀詩：「水落纔餘半篙綠。」木蘭橈江總持詩：「桃花春水木蘭橈。」盤陀蘇詩：「中泠南畔石盤陀。」廣場按：廣場應指千人石，而蘇州志不載。《唐書・馬燧傳》：「居一年，闢廣場，羅兵三萬。」此廣場字之所出。杯浮月潘安仁《閑居賦》：「浮杯樂飲。」駱賓王詩：「浮月帶江寒。」臨分蘇詩：「臨分出苦語。」蕉團詳《觀華嚴會》。估客眠盧允言詩：「估客晝眠知浪靜。」風細詳《蚤起》。送君還岑參詩：「紅亭綠酒送君還。」

高涼司馬行

鄉園見《贈陸生》補注。浮蹤楊誠齋詩：「浮蹤浪跡無拘束。」吟卷宋子虛詩：「吟卷看花掩。」愁來減梅聖俞詩：「楚酷因我破愁來。」按：此翻用之。鄉樹詳《子夜歌》。

魯謙菴虞山圖歌

士女嬉遊《五代史・王鎔傳》：「部人士女褒衣博帶，務誇侈為嬉遊。」購求《漢書・季布傳》：「高祖購求布千金。」招真治《楊升庵外集》：「今按道室稱治，猶今之觀也。治音雉。」

九峰草堂歌

陸蘭陔程迓亭曰：「蘭陔，名振芬，一字蘭■〔註 2〕，號陔菴。」俟考。廢屋謝皋羽詩：「經年廢屋無居人。」倪思曼《唐詩正》：「姓氏：倪暹，字思曼，青浦人。」上清謫李義山詩：「上清淪謫得歸遲。」道者見《訪文學博》補注。到來岑參詩：「到來逢歲酒。」能賦《漢書・藝文志》：「登高能賦。」山翁李詩：「笑殺山翁醉似泥。」拋浩劫李義山詩：「醉中拋浩劫。」歌鍾張如哉曰：「鍾應作鐘。」劍影駱賓

〔註 2〕「■」，程穆衡《梅村詩箋》作「俟」。

王《餞尹大官序》：「劍影沉波。」**江湖白**王詩：「月落江湖白。」**後來**《史記‧汲黯傳》：「後來者居上。」**傾靡**見《玉京墓序》。

觀王石谷山水圖歌

　　展卷杜詩：「風床展書卷。」**良久**《列子》：「公子牟默然良久，告退。」**蠶叢**《四川通志》：「蠶叢城在成都府雙流縣南十八里。」**花月**陰子堅詩：「花月分窗進。」**輕南宋**《畫苑》：「南渡以後，李唐、劉松年、馬遠、夏珪所謂南宋大家也。」**僅存數軸**《唐書‧王綝傳》：「今所存惟一軸。」**晴日**蘇廷碩詩：「更逢晴日柳貪煙。」**妍蚩臻妙理**按：此翻用顧愷之語。四體妍蚩，本無關於妙處也。前注未詳。**異代**孟堅《通幽賦》：「賓漢祚於異代。」**移人尤物惟山水**子瞻《寶繪堂記》：「寓意於物，雖微物足以為樂，雖尤物不足以為病。」又：「凡物之可喜足以悅人而不足以移人者，莫若書與畫。」

京江送遠圖歌

　　平橋杜詩：「野水平橋路。」**生動**《東觀餘論》：「張彥遠論畫，以氣韻生動為先。」**妙天下**《漢書‧賈捐之傳》：「君房下筆，言語妙天下。」**晚出**王介甫詩：「畫史紛紛何足數，惠崇晚出吾最許。」**齊名**《後漢書‧范滂傳》：「汝今得與李杜齊名。」**袤**集作「袞」，非。**質庫**呂藍衍《言鯖》：「今人作庫質錢，唐以前惟僧寺為之，謂之長生庫。梁甄彬嘗以束苧就長沙寺庫質錢，後贖苧，於苧中得金五兩，還之。則此事已久。」**爇**音茜。**餞別**韋應物詩：「餞別塞城闉。」**當代**《後漢書‧耿弇傳》：「當代以為榮。」**無害**《漢書‧蕭何傳》注：「無害，無能勝害之者。」**從頭**見《南廂園叟》補注。

沈文長雨過福源寺

　　皇異《晉書‧成公綏傳》：「災變呈異。」

秋日錫山謁家伯成明府臨別酬贈

　　變化風雲見《蟋蟀盆歌》補注。**珧戈**《漢書》：「古鼎銘：賜爾鸞旂，黼黻珧戈。」**東望**見《送何省齋》側身注。

題凌煙閣圖

　　懸毫《後山叢談》：「蘇、黃兩公皆喜書，不能懸手。『逸少非好鵝，效其腕頸爾』，正謂懸手轉腕。」**長弓大矢**《唐書‧劉黑闥傳》：「秦王建天策府，其弧矢制倍於常。

後餘大弓一，長矢五，藏之武庫。」**臥病**詳《西田賞菊追敘舊約》。**忽地**徐鼎臣詩：「忽地風回見綵舟。」**仙佛**蘇詩：「遽與仙佛寂。」**繁臺**張如哉曰：「二句指闖賊灌開封事。」

白燕吟

遇狷菴於陳徵君西佘山館程迓亭曰：「單狷菴《竹香菴集‧吳太史奉詔歸娶眉公屬諸子同賦二律》，狷菴警句云：『鏡邊玉筍人初立，屏底金蓮燭乍移』；又：『梅粧並倩仙郎畫，元是春風第一花。』殆即其時。」**廻環**白詩：「廻環節候催。」**多故**見《贈穆大苑先》。　王涯，字廣津。○**物命殘**《論衡》：「物至秋而死，物命之正期也。」

吳詩集覽　卷八上

黎城靳榮藩介人輯

五言律詩一之上秦留仙曰：「梅村遊梁溪，自謂五言近體得杜于皇、金焦詩而一變。」　梅村七律膾炙人口，然藻飾宏麗，佳者如出一手。五律則無體不備，實兼諸大家名家之長。緣學詩者多致力於七律，遂忘其五律之妙耳。觀杜于皇《祭梅村文》，知梅村律體其所自信與同時宗仰者尤在五言也。　少陵五律有苒眠清麗者，如《過何將軍山林夜宴左氏莊》諸首是也，梅村集中，此體為多；有見道入悟者，如「水流心不競，雲在意俱遲」是也，梅村集中，「道心黃葉淡，勝事白雲忘」，可云具體；有雄渾奇偉者，如《登兗州城樓》、《登岳陽城樓》諸首是也，梅村之「殘村秋水外，新鬼月明中」、「樹出千帆霧，江橫一笛風」、「白骨新開壘，青山幾合圍」、「河聲天上改，地脈水中來」、「龍魚居廢縣，人鬼語荒村」、「異國帆檣落，新沙島嶼存」、「河流非漢境，雪積自堯年」固為似之，而魄力稍遜；其大有造語精能者，如「歸雁喜青天，落月動沙虛」，備極體物之妙，梅村之「兒頑墨誤描，客比亂山多」、「側身探老樹，長臂引秋風」、「船移隔縣雪，屋邊半江晴」可以擬之，而未若杜集之多。至梅村《別孚佑》十首、《讀史雜感》十首、《送穆苑先南還》四首，從肺腑中流出，有不規規於學杜者，而足與子美共有千古，故知詩以道性情，不可徒於筆墨間求之也。　梅村有渾成自然之句，如「漫栽彭澤柳，好種廣陵瓜」、「秋風臨廣武，夜雨宿成皋」、「北邙空有骨，南渡更無家」、「久遊鄉語失，獨客醉歌難」，可謂「秋水出芙蓉，天然去雕飾」。　時賢律體，多工對偶。吳詩起句之工者，如「驟見疑還喜，堪當我半歸」，寫老親望子之之意入神；「已過纔追問，相看是故人」，寫故人相見之情入神；「原自無多筆，年深名色彫」，寫盡殘畫神理；「此豈封侯日，摩挲憶往年」，已寫盡舊劍神理。結句之工者，《送友人還楚》云「一帆灘響急，落日滿黃州」，《送何蓉庵》云「白頭雙淚在，相送日將斜」，《題分水龍王廟》云「始知青海上，不必盡朝東」，可云神來也。「始知青海上，不必盡朝東」，「一擲南唐恨，拋殘剩石頭」，此等句只可偶然遇之，不能有意求之也。

穿山《太倉州志》：「穿山在州東北五十里，巨石屹立，崇十七丈，周三百五十步，中有石洞，通南北往來，相傳海中島也。」

勢削懸崖斷，根移怒雨來。洞深山轉伏，石盡海方開。廢寺三盤磴，孤雲五尺臺。蒼然飛動意，未肯臥蒿萊。此紀遊之作。三四工鍊。○縣崖，見《哭志衍》。 子山《枯樹賦》：「昔之三河徙植，九畹移根。」此借用。 《大清一統志》引《臨海記》：「穿山下洞穴高十餘丈，昔有海行者，舉帆過其中。」 王仲初詩：「廢寺亂來為縣驛。」又：「盤磴迴廊古塔深。」 陶詩：「孤雲獨無依。」 謝玄暉詩：「平楚正蒼然。」飛動，見《汲古閣歌》。 《韓詩外傳》：「原憲居環堵之室，茨以蒿萊。」

王揆，字端士。《秋日遊穿山》詩：「一拳兀立古荒郊，濕帶龍腥黯未消。洞口蒼藤迷舊路，寺門老樹識前朝。雲來觸石天連島，海欲吞山夜怒潮。此處可容高士臥，淮南叢桂漫相招。」

元墓謁剖公《一統志》：「鄧尉山，一名袁墓山。漢有鄧尉者隱此，故名。」《蘇州府志》：「元墓山在吳縣東南七十里。」梅村《巨冶禪師塔銘》：「我吳鄧尉聖恩寺剖公璧和尚。」《蘇州府志》：「宏璧，字剖石，無錫鄭氏子。」

一衲消群相，孤峰占妙香。經聲清石骨，佛面冷湖光。花落承趺坐，雲歸識講堂。空潭今夜月，鍾鼓祝前王。句句是元墓剖公合寫，而謁字於言外見之，另是一格。○薛瑩詩：「一瓶兼一衲。」《金剛經》：「無我相，人相，眾生相，壽者相。」 李詩：「振錫還孤峰。」杜詩：「心清聞妙香。」 劉挺卿詩：「經聲時有人。」《博物志》：「地以名山為輔佐，石為之骨。」 《南史·齊東昏紀》：「外國寺佛面有光相。」湖光，見《宿福源精舍》。謝玄暉詩：「鳥散餘花落。」趺坐，見《六真歌·序》。 庾詩：「雲歸帶雨餘。」沈初明詩：「菴園一講堂。」 空潭，見《玉京墓》。杜詩：「今夜鄜州月。」

過聞果師園居

帆影窗中沒，鐘聲樹杪移。簷依懸果近，閣避偃松敧。菜甲春來蚤，茶槍雨後遲。散齋閒獨往，應與道人期。此詩以芊綿妥帖為工，似杜集中《遊何將軍山林重過何氏》諸首。 首二句形容入妙。依簷、避閣，用倒裝法。菜甲、茶槍，可云的對。末句點出過字意。通首俱有過字在內矣。○揭曼碩詩：「鐘聲衡嶽曙，帆影洞庭秋。」謝玄暉詩：「窗中列遠岫。」 杜詩：「清聞樹杪磬。」 白詩：「秋雨簷果落。」 《抱朴子》：「大陵偃蓋之松。」 杜詩：「自鋤稀菜甲。」 《群芳譜》：

「茶始生而嫩者為一鎗，寖大而開為一旗。」　白詩：「散齋香火今朝散。」王詩：「興來每獨往。」《史記‧留侯世家》：「與老人期，何後也！」僧貫休詩：「曾與道人期。」

遊西灣蘇子美詩：「晚至瓜洲渡，繫舟泊西灣。」

　　斷壁猿投栗，荒祠鼠竄藤。鐘寒難出樹，雲靜恰依僧。選勝從吾意，捫危羨客能。生來幾兩屐，到此亦何曾。前四句是西灣，後四句是遊字。○杜詩：「翠深開斷壁。」皮襲美詩：「野猿偷栗重窺戶。」　溫飛聊詩：「一逕入荒祠。」鼠竄，見《松鼠》奉頭注。　樂天《洛川晴望賦》：「天沈寥而雲靜。」　又，詩：「選勝回賓御。」　《戰國策》：「客何能？曰：『客無能也。』」《晉書‧阮孚傳》：「或有詣阮，正見自蠟屐，因自歎曰：『未知一生當著幾量屐。』」

送繼起和尚入天台《蘇州府志》：「宏儲，字繼起，晚號退翁，通州李氏子。年二十五，投三峰藏和尚，力參頓明大法，住常州之夫椒、祥符，又歷台州之東山、能仁，天台之國清、興化、慧明、瑞巖、天寧諸刹。」〔註1〕《一統志》：「天台山在天台縣北。」

〔註1〕（清）錢林《文獻徵存錄》卷一（清咸豐八年有嘉樹軒刻本）：
南嶽上人退翁，名洪儲，字繼起，揚之興化人，姓李氏。父嘉兆，當甲申之變，貽書其子曰：「吾始祖象緜為理官，子孫因氏理，其後以音同亦氏李。今先皇帝殉社稷，而賊乃李氏，吾忍與賊同姓乎？吾子孫當複姓理氏。」先是時，中州李邕和寒石恥與賊同，李上書請改氏理，嘉兆未之知也，適與之合，天下傳為二理。退翁早歲出家，事三峰於吳之靈巖，為高弟。雖出家，痛思其父之大節，東南放浪之士皆與交接，翁或為之排難解紛。辛卯，為人所訐，幾不免，諸義士救之得脫，好事如故。或以前事戒之曰：吾苟自反無媿，即有意外風波，久當自定。又曰：道人家得力，正於不如意中求之。又曰：使憂患得其宜，湯火亦樂國也。吳中高士徐枋歎曰：「是真以忠孝作佛事者也。」枋所居澗上學堂，耐寒餓，不納人絲粟，獨於退翁有深契，稱白衣弟子。退翁周之，無不受。常曰：「退翁是竺國中所謂大人也。」故儀部郎吳人周之璵臨終，脫然談笑而逝，退翁沉吟曰：「是恐非故國遺臣所宜。」聞者瞿然。明發之慕，老而不衰。築報慈堂於堯峯，以祀其父。晚以南嶽之請，主講福巖寺。吳人恐失之，往迎以歸。壬子，卒於靈巖，年六十六。其出家也，年四十。退翁在沙門，宏暢宗風，篤好人物，絕類三峯。徐枋曰：「此其跡也。但觀其每年三月十九日，素服焚香，北面揮涕，二十八年如一日，是何為者也？」濡嗣甚眾。故大學士嘉魚熊開元從亡不遂，自蠻中歸，依退翁為執役，一見即曰：「是非常人也。」既而有識之者，曰：「是熊公也。」其後居華山，名正志。故監司沈壽岳子麟生抱王褒之痛，依退翁說濡。其後居姚江，名大瓠。故諸生董說經學極博，隱居濟谿。辛卯之難，寺徒星散，獨負書杖策入山，為時所重。其後居堯峯，名南潛。退翁所著有《孝經義說》及《靈巖樹泉集》。全祖望曰：易姓之交，諸遺民多隱於浮屠，其人不肯以浮屠自待宜也。退庵本國難以前之浮屠，而耿耿別有至性，遂為浮屠中之遺民，以收拾殘山剩水之局，不亦奇乎？

振錫西泠渡，潮聲定後聞。屐侵盤磴雪，衣濕渡江雲。樹向雙崖合，泉經一杖分。石林精舍好，猿鳥慰離群。前半篇送繼起，後半篇入天台也。慰離群反襯出送字意。○《釋氏要覽》：「遊行僧為飛錫，安住僧為掛錫。」西泠，見《河渚圖》。　李文山詩：「斷岸落潮聲。」賈閬仙詩：「寒泉出定聞。」　盤磴，見《穿山》。　庾詩：「山深雲濕衣。」詞名有《渡江雲》。　《一統志》：「石橋山在天台縣北五十里，兩山並峙，上有石樑，懸架兩崖間。」　又：「錫杖泉在天台縣國清寺。昔寺取水甚遠，明禪師以錫杖叩之，泉水湧出。」　郎君冑詩：「石林精舍武溪東。」　猿鳥，見《河渚圖》。《禮》：「子夏曰：『吾離群而索居，亦已久矣。』」

蚤起

蚤涼成偶遊，惜爽憩南樓。棋響鳥聲動，茶煙花氣浮。衫輕人影健，風細客心柔。餘興閒支枕，清光淺夢收。首二句點出題面，三四寫蚤起之景，五六寫蚤起之情，末二句反寫起字，卻是正寫蚤字也。○沈雲卿詩：「高樹早涼歸。」　南樓，見《送志衍》。　蘇詩：「谷鳥驚碁響。」　杜牧之詩：「茶煙輕颺落花風。」元詩：「醉聞花氣睡聞鶯。」　梁簡文帝詩：「衫輕見條脫。」人影，見《送志衍》。　梁元帝詩：「風細雨聲遲。」張道濟詩：「客心爭日月。」　《避暑錄話》：「睡餘支枕。」　歐陽永叔詩：「可愛清光澄夜色。」吳文英詞：「秋夢淺醉雲輕。」

五月尋山夜寒話雨尋山，見《贈文園公》。　蘇叔黨詞：「夜寒江靜山銜斗。」李義山詩：「卻話巴山夜雨時。」

客衣輕百里，長夏惜登臨。正爾出門夜，忽逢山雨深。聊將斗酒樂，無作薄寒吟。年少追涼好，難為父母心。此首以自然為工，用意周到，妙在有意無意之間。○子山《對燭賦》：「山月沒，客衣單。」　沈雲卿詩：「坐看長夏晚。」登臨，見《送志衍》。　杜詩：「山雨樽仍在。」　斗酒，見《送周子俶》。《楚辭》：「憯悽增欷兮，薄寒之中人。」　追涼，見《攀清湖》。　劉文房詩：「難為江上心。」
　　三四流水句，王貽上每喜為之，當收入《唐賢三昧集》矣。

瑜芬有侍兒明慧從江上歸則言去矣張如哉曰：「萬壽祺，字年少，有《贈卜瑜芳》詩，未審即喻芬否，抑姊妹行與？」侍兒，見《老妓行》。明慧，見《永和宮詞》。

──────────
　　此外，（清）徐鼒《小腆紀傳》卷五十九《方外傳》亦有傳。

　　江上送君別，余情感侍兒。對人先母意，生小就儂嬉。恃稚偏頻進，含嬌託未知。今來羅帳底，誰解笑微窺。首二句是有侍兒，中四句是明慧，末二句是言去矣，首尾以瑜芬為主。蓋此詩本為瑜芬作也。○《別賦》：「送君南浦。」　何仲言詩：「琴上聽餘情。」宋延清詩：「侍兒堪感路旁人。」　顧渠清曰：「母，主母也。言能先母意而知之也。極言其明慧之意。」《禮》：「先意承志。」　崔顥詩：「生小不相識。」　《增韻》：「凡人物幼小皆曰稺。」稺，同稚。　陳後主詩：「含嬌新臉紅。」鮑詩：「羅帳空卷舒。」　《說文》：「窺，小視也。」

溪橋夜話

　　予偕子俶兄弟，臨流比屋，異戶同橋。久雨得月，新浴乍涼，輒書數語，以識幽事。仲長公理《樂志論》：「背山臨流。」比屋，見《九峰歌》。　《揚子》：「吾於荀卿歟，見同門而異戶也。」　韓詩：「幽事隨去多。」

　　竹深斜見屋，溪冷不分橋。老樹連書幌，孤村共酒瓢。茶香消積雨，人影話良宵。同入幽棲傳，他年未寂寥。此首識幽事也，清穩學杜。○杜詩：「竹深留客處。」　儲光羲詩：「溪冷懼秋晏。」　老樹，見《雕橋莊歌》。杜詩：「突兀倚書幌。」　孤村，見《東皇歌》。王元之詩：「睡起殘花落酒瓢。」　茶香，見《西田詩》其二〔註2〕。杜必簡詩：「積雨生昏霧。」　人影，見《送志衍》。李巨山〔註3〕詩：「長宵秉燭遊。」　幽棲，見《避亂》。　寂寥，見《山水圖歌》。

感事 袁子才曰：「丁酉戊戌間，紳衿皆以欠糧削籍，聞先生家居見錄，初欲急徵，此詠其事乎？」

　　不事扶風掾，難畊好時田。老知三尺法，官為五銖錢。築土驚傳箭，呼門避櫂船。此身非少壯，休息待何年。此詩苦徭役而作，言不結吏胥之歡，即難享田園之樂，己則畏法，而官欲得錢，是以築土〔註4〕呼門，役車未休也。即《遊石公山》山地薄責常賦之意。○《後漢書·班固傳》：「扶風掾李育經明行著，教授數百人。」　《史記·封禪書》：「雍東有好時。」《漢書·陸賈傳》：「迺病免，以好時田地善往家焉。」　《史記·酷吏傳》：「不循三尺法。」按：《明史·嚴德珉傳》：「擢左僉都御史，放還。宣德中，嘗以事為御史所逮，自言曾在臺勾當公事，曉三尺法。御史問何官，答言洪武中臺長，所嚴德珉是也。」　《後漢書·公孫述傳》：

〔註2〕「二」，乙本作空格。
〔註3〕「巨山」，乙本作「目由」。
〔註4〕「土」，乙本作「上」。

「五銖錢，漢貨也。」《宋史・曹彬傳》：「好官亦不過多得錢耳。」《淮南子》：「聖人為之築土〔註5〕構木，以為宮室。」傳箭〔註6〕，見《邁南廂園叟》。 呼門，見《塗松晚發》。《說文》：「櫂，所以進船也。」 杜詩：「身無卻少壯。」 《禮》：「勞農以休息之。」

兔缺《中華古今注》：「兔口有缺。」

舌在音何讓，唇亡口半呿。病同師伯齻，方問仲堪醫。露湪從人誚，銜碑欲語遲。納言親切地，補闕是良規。此種詩看其工巧之中有大雅體度，是才餘於詩也。○《史記・張儀傳》：「視吾舌尚在不？」《字典》：「讓，吃也。」 《左傳・僖五年》：「唇亡齒寒。」《莊子》：「公孫龍口呿而不合。」《玉篇》：「張口貌。」 《南史・王元謨傳》：「孝武狎侮群臣，各有稱目。顏師伯缺齒，號之曰齻。」《字典》：「齻音獻，露齒也。」 檀道鸞《續晉陽秋》：「魏詠之生而兔缺，相者云後當〔註7〕貴。聞荊州殷仲堪帳下有術人能治之，因西上。仲堪與語，令師相焉。師曰：『可割補之。』」 《蜀志・周群傳》：「張裕曰：『昔有作上黨潞長遷為涿令者，去官還家，時人與書，欲署潞則失涿，欲署涿則失潞，乃署曰潞涿君。』」 《晉讀曲歌》：「石闕生口中，銜碑不得語。」 《書》：「命女作納言。」 《詩》：「袞職有缺，仲山甫補之。」《〈蜀志・馬謖傳〉注》：「今可更惠良規。」

織女《詩》：「跂彼織女。」

軋軋鳴梭急，盈盈涕淚微。懸知新樣錦，不理舊殘機。天漢期還待，河梁事已非。玉箱今夜滿，我獨賦無衣。首二句是題面，三四五六俱用流水法，末句寄慨。○杜牧之詩：「歸棹何時軋軋鴉。」按：軋軋當作札札。白詩：「機梭聲札札。」溫飛卿詩：「鳴機札札停金梭。」皆本於《古詩》「札札弄機杼」也。李頎詩：「鳴梭秋葉時。」《古詩》：「盈盈一水間。」杜詩：「天涯涕淚一身遙。」 新樣錦，見《永和宮詞》。 張子壽詩：「不復理殘機。」 《詩》：「維天有漢。」 魏文帝《燕歌行》：「牽牛織女遙相望，爾獨何辜限河梁。」 子建《七啟》：「金罍玉箱。」《詩》：「無衣無褐。」《左傳・定四年》：「申包胥如泰乞師，依於庭牆而哭七日，秦哀公為為之賦《無衣》。」

〔註5〕「土」，乙本作「上」。
〔註6〕「箭」，乙本誤作「前」。
〔註7〕「當」，乙本作「常」。

贈蒼雪若鏡兩師見訪

孤雲所宿處，清磬出層陰。高座惟斯道，扁舟亦此心。尋秋逢講樹，到海發禪音。月色霜天正，吾師詩思深。前四句從住山說到來訪，後四句實寫見訪。○孤雲，見《穿山》。　清磬，見《宿福源精舍》。杜詩：「迢遞起層陰。」　高座，見《贈蒼雪》。　講樹，見《讚佛詩》。　元詩：「到海知何日。」　霜天，見《海戶曲》。　吾師，見《贈願雲師》。

謝蒼雪贈葉染道衣

娑羅多寶葉，煎水衲衣黃。不染非真色，拈來有妙香。足跗僧相滿，手綻戒心長。一笠支郎許，安禪向石傍。起二句是衣染道衣，中四句贊道衣，末二句謝贈道衣，言欲從蒼雪遊也。○張道濟詩：「山中二月娑羅會。」岑參詩：「多寶滅已久，蓮華付吾師。」　陸務觀詩：「茶鐺雪水煎。」衲衣，見《六真歌·序》。　《淨住子》：「心常無礙，空有不染。」李詩：「花將色不染。」《洛浦和尚頌》：「入荒田不揀，信手拈來草。」妙香，見《謁剖公》。　《婆娑論》：「結跏跌坐，是相圓滿。」　王詩：「綻衣秋日裏。」按：綻，補也。《晉書·會稽王道子傳》：「佛者以五戒為教。」《左傳·昭三年》：「彼其髮短而心甚長。」　一笠，見《西田詩》。《書影》：「魏有三高僧：支謙、支諒、支讖。惟謙為人細長黑瘦，眼多白而睛黃，復多智。時賢諺曰：『支郎眼中黃，身軀雖小是智囊。』見《五色線》。僧亦可稱為郎。」　王詩：「安禪制毒龍。」

送李友梅還楚寄題其所居愛吾廬友梅慕陶故詩以記之陶詩：「吾亦愛吾廬。」

寒雪滿潯陽，江程入楚鄉。灘逢黃鵠怒，嶺界白雲長。十里魚蝦市，千頭橘柚莊。歸人貰村酒，彷彿是柴桑。寒雪紀時，潯陽紀地，言由潯陽而入楚也。三四是歸途之所經，五六是既歸之所見，末二句言既歸而如在潯陽，首尾映合，又皆用陶令地名也。用陶地名是暗寫「愛吾廬」三字。○柳子厚詩：「獨釣寒江雪。」《一統志》：「九江府，戰國屬楚。漢為柴桑、彭澤二縣。晉永興元年置尋陽郡。天寶元年，改為潯陽郡。」　孟東野詩：「孤帆楚江程。」溫飛卿詩：「楚鄉千里路。」　黃鵠，見《楚兩生行》。　《一統志》：「白雲山在武昌府嘉魚縣南十里。」　魚蝦，見《攀清湖·序》。　《襄陽記》：「李衡為丹陽守，遣人於龍陽洲上作宅，種橘千樹，曰：『吾洲上有千頭木奴。』」《書》：「厥包橘柚錫貢。」　江詩：「歸人望煙火。」貰酒，見《海戶曲》。張喬詩：「寂寞貰村酒。」　《晉書·陶潛傳》：「尋陽柴桑人。」

或謂白雲字以虛對寔。朦朧嶺在武昌通山縣東南三十里，路極險峻，為江西至武昌必經之地。嶺字應指此。俟考。

黃州杜〔註8〕退之改號蛻斯其音近而義別索詩為贈黃州，見《壽龔芝麓》。

黃岡杜乘時清輔曰：「退之諱祝進，茶村父也。」《湖廣通志》：「萬曆壬子舉人杜祝進。」《鎮江府志》：「明溧陽縣教諭杜祝進，字退思，黃岡舉人。工詩文，陞助教。」

述志賦秋蟲，孤吟御遠風。掇皮忘我相，換骨失衰翁。畫以通靈妙，詩因入悟空。少陵更字說，不肯效韓公。前四句從蛻字生情，後四句是杜退之改號也。五六亦有蛻字意。○陸士衡《遂志賦序》：「昔崔篆作詩以明道述志。」杜詩：「秋蟲聲不去。」　御風，見《凌煙閣圖·序》。陶詩：「平疇交遠風。」《世說》：「謝公稱藍田掇皮皆真。」《金剛經》：「無我相。」《捫虱新話》：「文章雖不要蹈襲古人，然自有奪胎換骨等法。」黃魯直詩：「莫愛風蟬脫骨仙。」許棠詩：「旅貌近衰翁。」《晉書·顧愷之傳》：「妙畫通靈，變化而去，亦如人之登仙。」　梁簡文帝《六根識文》：「於一念中，怳然入悟。」《〈漢書·藝文志〉注》：「兩字之說，至十餘萬言。」按：黃山谷集有《字說》一卷。　按：少陵姓杜氏，而韓公字退之，末二句蓋隱杜退之三字。

王瓜《月令》：「孟夏之月，王瓜生。」按：《群芳譜》：「黃瓜、王瓜為二。黃瓜在蔬譜，王瓜在藥譜，云結子如彈丸。」此詩蓋詠黃瓜耳。

同摘誰能待，離離早滿車。弱藤牽碧蔕，曲項戀黃花。客醉嘗應爽，兒涼枕易斜。齊民編月令，瓜瓞重王家。三四為瓜作圖，五六為瓜作贊，俱能入妙，起結則點綴也。○同摘，用章懷太子《黃臺瓜》詞，一摘、再摘、三摘、四摘也。　又：「瓜熟子離離。」《史記·滑稽傳》：「污邪滿車。」　韋應物詩：「弱籐已扶橇。」陳元伯詩：「碧蔕團香上芳樹。」《樂府雜錄》：「琵琶有直項者、曲項者。」按：此詩蓋用鄭餘慶莫拗折項之項。《群芳譜》：「黃瓜亦有細白刺，開黃花。」　韓詩：「奈此眾客醉。」《隋書·經籍志》：「《齊民要術》十卷，賈思勰撰。」《唐書·藝文志》：「崔寔《四民月令》一卷。」《詩》：「綿綿瓜瓞。」■〔註9〕《書》：「保乂王家。」

豇豆《本草綱目》：「豇，江、絳二音。」《字彙》：「音岡。」

綠畦過驟雨，細束小虹蜺。錦帶千條結，銀刀一寸齊。貧家隨飯熟，

〔註8〕「杜」，乙本誤作「桂」。
〔註9〕墨丁，讀秀本作空格。

餉客借糕題。五色南山豆，幾成桃李谿。前四完題面，後四就豆之用而詠歎之也。○黨懷英詩：「綠畦春溜引連筒。」驟雨，見《塗松晚發》。《春秋元命苞》：「虹蜺者，陰陽之精。」《本草注》：「蕁或謂之錦帶。」《本草綱目》：「豇豆蔓生。」杜《白小》詩：「出網銀刀亂。」《本草綱目》：「豇豆開花結莢，必兩兩並垂。」貧家，見《遇南廂園叟》。《南史・齊衡陽公傳》：「乃云炊飯已熟。」《玉篇》：「餉，饋也。」《蘇州府志》：「豇豆，赤黑色，四月種，六月熟，可為餤，又名沿江十八粒。」《邵氏聞見後錄》：「劉夢得作《九日》詩，欲用餻字，以五經中無之，輒不復為。宋子京有句云：『劉郎不敢題餻字，虛負詩中一世豪。』」《本草綱目》：「豇豆莢有白紅紫赤班駁數色。」《漢書・楊惲傳》：「田彼南山，蕪穢不治。種一頃豆，落而為萁。」《史記・李將軍傳》：「桃李不言，下自成蹊。」

　　　　潘皆山曰：「按：此詩錦帶句是寫其蔓生，猶云兩兩並垂，多如錦帶也。銀刀句謂截以佐食，如漢陸續之母斷蔥，以才為度云爾。故下聯即以飯熟餉客繼之，非以蕁魚為比。汪上湖《詠豇豆》云：『望裏條垂直，生來莢引雙。帶飄棚作幕，縷縮棘為橦。』又云：『寸斷鸞刀截，排連象箸扛。』枯題險韻，歎其工妙。此以二語括之，意正相同」結二語似有寄託，言能作得一部好詩，故雖種豆南山，而戶外屨滿也。

送照如禪師還吳門梅村《贈照如詩序》：「魯川之壻為余外王父。魯川三子，其季曰毅叔，毅叔之子曰元孟，父子為儒者。今年夏，元孟瓢笠叩門曰：『吾出家於郡城之文殊菴，僧臘已十年矣。』此即所謂照如師也。」又，《炤如禪師生塔頌》：「吾郡西郊華雨菴炤如禪師，俗曹姓，諱洵，字元孟。祖為魯川先生，偉業外王母之父。」吳門，見《遇劉雪舫》。

　　　秋氣蕭群慮，衲衣還故棲。雲生孤杖迥，月出萬山低。乞火青楓寺，疏泉紫芋畦。石床楱拂子，盡說是曹溪。原注：師姓曹。　首二句點出還吳門，三四是方還時之景，五六是既還後之事，末句醒出照如。○《楚辭》：「悲哉，秋之為氣也！」王正長詩：「研彼群慮。」　衲衣，見《六真歌・序》。孟東野詩：「羈禽思故棲。」　李詩：「向余東指海雲生。」　岑參詩：「天圍萬嶺低。」　乞火，見《臨頓兒》。杜詩：「魂來楓林青。」　梁簡文帝詩：「疏泉泛爵。」白詩：「喘牛犁紫芋。」　石床，見《疊陽觀》。楱拂，見《六真歌・序》。《傳燈錄》：「梁天監元年，有僧智藥泛舶〔註10〕至韶州曹溪水口，聞其香，嘗其味，曰：『此水上流有勝地。』遂開山立名寶林，乃云：『此去百七十年，當有無上法寶在此演法。』今六祖南華是也。」

〔註10〕「舶」，乙本誤作「舶」。

初冬月夜過子儆

月色破林巒，貧家共一灘。門開孤樹直，影逼兩人寒。瀹茗誇陽羨，論詩到建安。亦知譚笑久，良夜睡應難。首句月夜。次句引出過字。三四是初過之景，孤樹承林巒，影逼承月色。五六寔寫過字。末二句收足過字，意又回映起處也。三四、七八俱有月夜字在內，而第四句帶冬字，則通首俱有冬字矣。○張如哉曰：「破字本張子野詞『雲破月來花弄影』。」李詩：「拂雲歸林巒。」 貧家，見《遇南廂園叟》。 杜詩：「兩行秦樹直。」 李詩：「舉杯邀明月，對影成三人。」 陸務觀詩：「僧誇瀹茗香。」陽羨茶，見《永和宮詞》。 建安，見《謁伯成》。《宋書·謝靈運傳》：「至於建安，曹氏基命，三祖陳王，咸蓄盛藻。」嚴子羽詩：「論詩得建安。」《史記·滑稽傳》：「常以譚笑諷諫。」 蘇子卿詩：「芬馨良夜發。」

園居東許九日許九日，見《九峰歌·序》。

迸筍穿茶竈，欹花罨釀房。曝書移畫几，敲筆響琴床。晚食知眠懶，輕衫便酒狂。翛然吾願足，不肯負滄浪。前四句寫景，後四句寫情。○岑參詩：「迸筍穿階踏還來。」《唐書·陸龜蒙傳》：「齎束書、茶竈、筆床、釣具往來。」 徐照字道暉詩：「欹花半在池。」 《四民月令》：「七月七日曝經書。」畫几，見《觀石谷畫》。 白詩：「瀑布濺琴床。」《戰國策》：「晚食以當肉。」 輕衫，見《老妓行》。《漢書·蓋寬饒傳》：「我乃酒狂。」《莊子》：「翛然而往。」 滄浪，見《縹緲峰》。

晚泊孔稚圭詩：「晚泊樓煩城。」

寒耡依岸直，集作「鋤」。輕槳蕩潮斜。樹脫餘殘葉，風吹亂晚鴉。沙深留豕跡，溪靜響魚叉。乞火村醅至，炊煙起荻花。中四句形容晚字入妙，而泊字自在其中，餘字、亂字、留字、響字烹鍊最佳。○程迓亭曰：「鋤乃耡之訛，街亭也，猶言寒舍。」《字典》引趙明誠《金石錄》：「昆陽城中漢街彈碑云：周名耡，漢名街彈，今申明亭也。」 王元美詩：「舟子斜蕩槳。」 謝希逸《月賦》：「木葉微脫。」 晚鴉，見《青門曲》。 《老學庵筆記》：「魚叉以竹竿為柄，長二三丈。」 乞火，見《臨頓兒》。《廣韻》：「醅，酒未漉也。」 陸務觀詩：「茅簷細雨濕炊煙。」李義山詩：「荻花村裏魚標在。」

題心函上人方庵《能改齋漫錄》：「《摩訶般若經》云：『何名上人？佛言若菩薩一心，行阿耨菩提，心不散亂，是名上人。』」

頂相安單穩，圓塵覆缽銷。誰知眠丈室，不肯效團焦。石鼎支茶灶，

匡床掛癭瓢。一枝方竹杖，夜雨話參寥。三四醒出方庵，結句點染方字。○《楞嚴經》：「四尊以閻浮檀金手，摩阿難頂。即是十方普佛世界，六種震動，微塵如來住世界者，各放寶光，同時來祇陀林，灌阿難頂焉。」劉克莊詩：「僧借虛堂竟掛單。」　程迓亭曰：「佛有『塵塵混入，剎剎圓融』語，藉以言凡圓皆非耳。」《維摩詰經》：「唐王元策使西域，有維摩居士石室，以手板縱橫量之，得十笏，故名方丈室。」　團焦，見《西田詩》。　韓有《石鼎聯句》。茶竈，見《東許九日》。　匡床，見《贈願雲師》。高季迪詩：「酒滿長生癭木瓢。」《鎮江府志》：「甘露寺一僧，李贊皇廉問日嘗與之遊。及罷任，以方竹杖一枝留贈焉。方竹杖出大宛國，實堅而正方，節眼須牙，四百對出，實衛公之寶也。」夜雨話，見《五月尋山》。《東坡集》：「僕在黃州，夢見參寥所作詩，覺而記其兩句云『寒食清明都過了，石泉槐火一時新。』後七年，出守錢塘，而參寥子卜居西湖智果院，院有泉，出石縫間，廿冷宜茶。寒食之明日，僕與客泛湖，自孤山來謁。參寥汲泉，鑽火烹黃蘗茶，忽悟所夢詩兆於七年之前。」《墨莊漫錄》：「參寥本名曇潛，子瞻改曰道潛。」《廣輿記》：「於潛人。」

　　　　《七修類稿》：「宋有杭州僧參寥，唐亦有道士參寥，見《孟襄陽集》。唐有蘭亭僧辨才，宋亦有高僧辨才，隱天竺，見《秦淮海集》。」

題敬上人代笠《篇海》：「篛笠以竹為之，無柄曰笠，有柄曰簦。」

　　空山無住著，就石架孤筇。愛雪編茅整，愁風剪篛工。樹陰休灌叟，蓑雨滴漁翁。要自謀安隱，吾師息此中。前首點染方字，此首點染笠字，是取別徑法。○《楞嚴經》：「本氏無住，建立世界及諸眾生。」杜詩：「龐眉皓首無住著。」《廣韻》：「筇，竹名，可為杖。」　白詩：「葺茅為我屋，編篷為我門。」　李詩：「愁水復愁風。」《本草》：「篛，草名，相莖皆似小竹，葉與籜似蘆荻，南人取葉作笠。」　《北史‧魏收傳》：「夏日坐板床，隨樹陰諷誦。」　《儀禮注》：「簑同蓑。」傅休奕詩：「渭濱漁釣翁。」　《左傳‧成二年》：「共自為謀也，則過矣。」《阿含經》：「於是世尊所患，即除而得安穩。」

過南屏訪無生上人《一統志》：「南屏山在錢塘縣西南三里。」

　　謂此一公住，偶來聞午鐘。山容參雪嶠，原注：無生壁間有雪嶠師畫。佛火隱雷峰。路細因留竹，雲深好護松。精廬人不到，相對話南宗。三四以山對人，變化工整，未可點染南屏。○王介甫詩：「一公持一鉢。」　李詩：「溪午不聞鐘。」《西湖志》：「南屏山在淨慈寺右，興教寺之後，正對蘇堤寺。鐘初動，山

谷皆應，逾時乃息。蓋茲山隆起，內多空穴，故傳聲獨遠。」　皮襲美詩：「山容洗得如煙瘦。」《明詩綜》：「圓信，字雪庭，更字雪嶠，寧波人。初住武康雙髻峰，後居徑山。有《語風彙》。」　崔液詩：「神燈佛火百輪張。」按：雷峰，用焚塔事，見《送杜于皇》。　馬虞臣詩：「路細葑田移。」　雲深，見《圓圓曲》。胡仔詩：「紫雲常護玉壇松。」《〈後漢書·儒林傳〉注》：「精廬，講讀之舍。」《舊唐書·僧神秀傳》：「神秀同學僧慧能住韶州廣果寺，天下謂神秀為北宗，慧能為南宗。」

簡武康姜明府《一統志》：「武康縣在湖州府少西一百十里。」《湖州府志》：「武康知縣姜會昌，山東掖縣舉人。順治二年任。」明府，見《謁吳伯成》。

　　地僻誰聞政，知君自不同。放衙山色裏，聽事水聲中。竹稅官橋市，茶商客渚篷。前溪歌舞在，父老習遺風。中四切定武康，而不用武康故寔，此詩品也。又前半切定明府，後半切定武康，分別觀之，各自入妙。○地僻，見《攀清湖》。　李義山詩：「高聲喝吏放兩衙。」杜牧之詩：「鳥去鳥來山色裏，人歌人哭水聲中。」《漢書·宣帝紀》：「五日一聽事。」　王詩：「官橋祭酒客。」《湖州府志》：「千秋橋在武康縣治南一百步，跨餘英溪，三國吳時建。」《武康縣志》：「三橋埠在縣北七里。」　《宋史·趙開傳》：「輕立價，以惠茶商。」《茶經》：「茶，浙西以湖州為上。」《宋書·樂志》：「《前溪哥》者，車騎將軍沈珫所製。」《一統志》：「前溪在武康縣治前。晉沈充家於此溪。《樂府》有《前溪曲》，即充所製。」《漁隱叢話》：「于競《大唐傳》：『德清縣前溪村，南朝習樂之處也。今尚有數百家習音樂，江南聲伎多自此出，所謂舞出前溪者也。』《復齋漫錄》言陳劉剛詩：『山邊歌落日，池上舞前溪。』唐崔顥詩：『舞愛前溪妙，歌憐子夜長。』按：智匠《古今樂錄》：晉車騎將軍沈充作《前溪曲》，非舞也。蓋復齋不見于競《大唐傳》，故不知舞出前溪耳。」　張諤詩：「並將歌舞向前溪。」　遺風，見《讀鄭世子傳》。

其二

　　花發訟庭香，松風夾道涼。溪喧因紙貴，邑靜為蠶忙。魚鳥高人政，煙霞仙吏裝。知君趨召日，取石壓歸航。前半切定武康，後半頌祝明府。○李詩：「訟庭垂桃李。」　岑參詩：「松風夾馳道。」　杜詩：「溪喧獺趁魚。」《晉書·左思傳》：「賦三都，洛陽為之紙貴。」《北史·邢邵傳》：「每一文初出，京師為之紙貴。」《湖州府志》：「黃紙出歸安縣十九區東沈錢家邊，傍溪分流，激石轉水為碓，以殺竹青而搗之，壘石方空，高廣尋丈，以置鑊，以和堊灰而煮之。搗之以糜其質也，煮之以化其性也。乃浮於水，乃暴於日。浮之以成其形也，暴之以烈其氣也。是曰黃

紙。暴之日，彌岡被皐，或飆風驟雨，婦女傾家爭拾，上下山阪，捷於猿猱，少頃則委而土耳。」《一統志》：「武康縣北至歸安縣界三十五里。」　李頎詩：「桑野蠶忙時，憐君久踟躕。」《湖州府志》：「民方蠶月，官府至為罷徵收，禁勾攝。」　《晉書‧嵇康傳》：「遊山澤，看魚鳥，心甚樂之。」子瞻《謝表》：「雜薄書於魚鳥。」　儲光羲詩：「道德同仙吏。」　《南史‧江革傳》：「或請濟江，徙重物以迮輕艒。革既無物，乃於西陵岸取石十餘片以寔之。」《唐書‧陸龜蒙傳》：「陸氏在姑蘇，其門有巨石，遠祖績嘗事吳，為鬱林太守。罷歸，無裝，舟輕不可越海，取石為重，人稱其廉，號為廉石。」按：此事《三國志‧績傳》不載。

夜泊漢口杜牧之詩：「夜泊秦淮近酒家。」漢口，見《閩州行》。

秋氣入鳴灘，鉤簾對影看。久遊鄉語失，獨客醉歌難。星淡漁吹火，風高笛倚闌。江南歸自近，盡室寄長安。末二句謂由漢口而歸江南，本自甚近，乃盡室偏寄長安也。梅村之泊漢口，豈在典試湖廣時與？寇亂已作，故詩多歸興。○秋氣，見《贈炤如師》。鳴灘，見《塗松晚發》。　杜詩：「鉤簾宿鷺起。」李詩：「對影成三人。」　賀季真詩：「鄉音無改鬢毛衰。」　醉歌，見《虞山圖歌》。　鄭守愚詩：「一尺鱸魚新釣得，兒童吹火荻花中。」　趙承祐詩：「倚闌香徑晚。」　盡室，見《送何省齋》。

曉粧杜詩：「曉粧隨手抹。」

學母粧應早，留花稱小圍。為憐新繡領，故著舊時衣。性急梳難理，衫深力易微。素奩猶未斂，祇道侍兒非。梅村《課女》詩云：「亦知談往事，生日在長安。」然梅村九女，此首非官京師時作。「學母粧應早」，正與《課女》之「貧疑失母寒」相反。○杜詩：「學母無不為。」　徐孝穆詩：「拭粉留花稱，除釵作小鬟。」　吳叔庠詩：「繡領合歡斜。」　《世說》：「桓沖不好新衣。」《木蘭詩》：「著我舊時裳。」　《晉書‧王述傳》：「述性急。」　按：衫深，從《禮記‧深衣》字化出。祖詠詩：「令人氣力微。」　元詩：「香開白玉奩。」　侍兒，見前。

送友人還楚

燈火照殘秋，聞君事遠遊。客心分暮雨，寒夢入江樓。酒盡孤峰出，詩成眾籟收。一帆灘響急，落日滿黃州。送字用暗寫，末二語點出還楚。○沈雲卿詩：「亭傳理殘秋。」　客心，見《蚤起》。宋玉《神女賦》：「暮為行雨。」　杜牧之詩：「點滴侵寒夢。」江樓，見《送志衍入蜀》。　酒盡，見《鴛湖曲》。孤峰，見

《謁剖公》。　黃星甫詩：「玉宇澄清暮靄收。」　一帆，見《塗松晚發》。吳子華詩：「灘響忽高何處雨。」　王詩：「落日滿秋山。」黃州，見《壽龔芝麓》。

送黃子羽之任四首原注：子羽能詩，以徵辟為新都令。　《明詩綜》：「黃翼聖，字子羽，太倉人。崇禎中，辟授新都知縣，升安吉知州。有《蓮蕊居士詩選》。」仇滄柱《詠杜附編》錄第三首。

襄陽《明史·地理志》：「襄陽府領縣六。襄陽倚。」

　　始見征途亂，十年憂此方。君還思聖主，何意策賢良。楚蜀烽煙接，江山指顧長。祇今龐德祖，不復臥襄陽。起二句言昔曾遊楚，即憂襄陽之亂也。三四以君恩竦動之。五六見時方須才。結句言高隱之士昔宜出而濟時也。○杜詩：「冉冉征途間。」　王子淵有《聖主得臣頌》。　《漢書·董仲舒傳》：「武帝即位，舉賢良文學之士，前後百數，而仲舒以賢良對策焉。」《陳士業墓誌》〔註11〕：「崇禎中，兵寇交作，文吏多棄城失職，上寖厭科目為無用，特徵處士賢良奇碩者。」按：《明史·選舉志》，事在崇禎九年。　方萬里詩：「江西走荊蜀。」烽煙，見《閬州行》。　《東都賦》：「指顧倏忽。」　《後漢書·逸民傳》：「龐公者，南郡襄陽人也。居峴山之南，未嘗入城府。後遂攜其妻子登鹿門山，因採藥不反。」龐德祖，未詳。按：《襄陽耆舊傳》作「龐德公」。《襄陽記》：「世人遂謂龐公是德公名，非也。德公，字山民，亦有令名，娶諸葛孔明小姊，為魏黃門吏部郎。早卒。」　杜詩：「不復臥南陽。」

巫峽《明史·地理志》：「夔州府巫山縣東有巫山，亦曰巫峽，大江經其中，東入湖廣巴東縣界。」

　　高深積氣浮，水石怒相求。勝絕頻宜顧，奇情不易留。蒼涼難久立，浩蕩復誰收。詩思江天好，春雲滿益州。此首就能詩上生情。○《列子》：「天積氣耳。」　子瞻《石鐘山記》：「水石相搏。」　范致能詩：「勝絕尊前萬事休。」《列子》：「日初出，蒼蒼涼涼。」　杜詩：「白鷗沒浩蕩。」　詩思，見《京江送遠圖》。謝希逸詩：「霧罷江天分。」　韓詩：「君詩多態度，靄靄春雲空。」《漢書·武帝紀》：「元封二年，平西南夷，未服者以為益州。」

成都《明史·地理志》：「成都府領縣二十五。成都倚。」仇滄柱曰：「黃以徵辟為新都令，道經成都。」

　　魚鳧開國險，花月錦城香。巨石當門觀，奇書刻渺茫。江流人事勝，

〔註11〕即施閏章《故徵君晉州知州陳公墓誌銘》。

臺榭霸圖荒。萬里滄浪客，題詩問草堂。此就既到成都而言，末句仍點能詩意。○李詩：「蠶叢及魚鳧，開國何茫然。」《一統志》：「魚鳧城在成都府溫江縣北十里。」　錦城，見《玉京墓》。　巨石，見《再觀打冰詞》。《一統志》：「石犀在成都府城南三十里。」別詳《驪山》。《唐書・馬周傳》：「臣顧營雉堞門觀，務從高顯。」　奇書，見《讀西臺記》。孟詩：「君去春江正渺茫。」　謝玄暉詩：「大江流日夜。」鹿虔扆詞：「煙月不知人事改。」《書》：「惟宮室臺榭。」陳伯玉詩：「霸圖悵已矣。」　杜詩：「萬里橋西一草堂，百花潭水即滄浪。」高達夫詩：「人日題詩寄草堂。」

　　　王貽上《隴蜀餘聞》：「顧華玉云：『武侯兵書峽在定軍山上，壁立萬仞，非人跡可到。余兩經其地，初視峽，其色淡紅，後則鮮明，若更新者，殆不可曉。三峽中亦有兵書峽，傳為武侯藏書之地。大抵秦楚巴蜀間人思侯德，輒舉名蹟傅會之，不須辨其真偽也。』」

新都《明史・地理志》：「成都府縣新都。」

　　丞相新都後，如今復幾人。先皇重元老，大禮自尊親。舊俗科條古，前賢風尚醇。似君真茂宰，白石水潾潾。此就既到新都而言。前半篇引新都之舊事，後半篇勉子羽以新猷也。○《明史・楊廷和傳》：「字介夫。新都人。大學士。」　杜詩：「賢良復幾人。」《詩》：「方叔元老。」《廷和傳》：「禮官議興獻王主祀稱號，廷和檢漢定陶王、宋濮王事，授尚書毛澄曰：『是足為據，宜尊孝宗曰皇考，稱獻王為皇叔考。』帝不悅。然每召廷和，從容賜茶慰諭，欲有所更定，廷和卒不肯順帝指，先後封還御批者四，執奏幾三十疏。帝聽之去。《明倫大典》成，部定議禮諸臣罪，削職為民。隆慶初，復官，贈太保，諡文忠。」《詩大序》：「達於事變而懷其舊俗者也。」《戰國策》：「科條既備，民多偽態。」《北史・王憲傳》：「憲孫云頗有風尚。」　杜詩：「茂宰得才新。」《詩・揚之水》：「白石粼粼。」《玉篇》：「潾通作粼。」

　　　《明史・贊》謂「大禮之議，楊廷和為之倡，舉朝翕然同聲。大抵本宋司馬光、程頤濮園議，然英宗長育宮中，名稱素定，而世宗奉詔嗣位，承武宗後，事勢各殊」。爭之愈力，失之愈深。此詩三四已包羅此意。蓋謂世宗本敬大臣，但以尊親，故去之耳。廷和之身份得失俱見，梅村詩史不徒在抒寫時事也。　黃子羽《寇警雜詩》：「聖主勤焦勞，蕩寇屬元老。專閫既歷年，捷書苦弗早。餘氛難遽消，川峽復擾擾。掠食日漸深，鄰境多不保。顧瞻斗大城，捍禦悉草草。伶仃茨簷下，何處出牙爪。殘毒既已酷，憤厲忽矯矯，白面山澤臞，擁之建旗旄。殫力答眾心，身名總非寶。」一。「荒縣數十家，十年再摧厄。嗟此鋒鏑餘，寇耗復

孔亟。孤城寡所援，群計在竄匿。顧惟封疆義，招撫竭心盡。割糈募壯士，八口不遑惜。大義一再伸，呼一應者百。人心自有良，如鐵附磁石。刑牛告穹蒼，下令明勸激。毋或貳乃心，毋或靳乃力。天則有雷霆，吏則有斬馘。妻孥甘共危，僮客盡持戟。以身為眾先，相期見勞績。」二。「兵氣動荒野，黃雲黯城隅。名義所共激，屠民皆壯夫。長鎗雜大棒，角技繁有徒。披襢當堅甲，揭裙為旌旗。結聚各以類，約束仍弗疏。危樓圮雉間，氣燄光四衢。苦口相戒命，各各念前車。官民同賞僇，殺賊勿踟躕。」三。

讀史雜感《感舊集》收其一其二其三其四其五其七其八。

吳越黃星見，園陵紫氣浮。六師屯鵲尾，雙闕表牛頭。鎮靜資安石，艱危仗武侯。新開都護府，宰相領揚州。舊說此指史閣部出鎮事。○《三國志·魏武紀》：「初，桓帝時有黃星見於楚宋之分。」《漢書·叔孫通傳》：「先帝園陵寢廟。」《〈吳志〉注》：「陳紀曰：『黃旗紫氣，運在東南。』」《明史·諸王傳》：「馬士英等由崧入南京。庚寅，稱監國。壬寅，自立於南京，偽號弘光。」按：首二句當是南渡時侈陳祥瑞語耳。《左傳·昭五年》：「楚子以諸侯及東夷伐吳，吳人敗諸鵲岸。」《綱目質實》：「鵲尾，渚名，在廬州府舒城縣治西北。」 雙闕，見《洗象圖》。《南史·何胤傳》：「世傳王丞相指牛頭山云：『此天闕也。』」 《晉書·謝安傳》：「字安石。時強敵寇境，邊書續至，梁益不守。樊、鄧陷沒，安每鎮以和靖。」 杜詩：「艱危氣益增。」武侯，見《讀西臺記》。 都護，見《行路難》其十五。 《世說》：「王丞相拜揚州，賓客數百人，並加霑接。」《宋書·武帝紀》：「宰相帶揚州，可置甲士千人。」《明史·史可法傳》：「馬士英旦夕冀入相，以可法七不可書奏之王，而擁兵入覲，拜表即行，可法遂請督師出鎮淮陽，乃開府揚州。」

> 沈歸愚師《金陵詠古》：「江山半壁尚堪支，何事君臣逐晏嫟。玉殿選聲朝中酒，吳綾蘸筆夜填詞。北來共說神兵下，南渡俄看舊鼎移。開府廣陵空有恨，寒潮嗚咽至今悲。」

其二

莫定三分計，先求五等封。國中惟指馬，閫外盡從龍。朝事歸諸將，軍輸仰大農。淮南數州地，幕府但歌鐘。舊說此指馬、阮當國，四鎮跋扈事。○《史記·淮陰侯列傳》：「莫若兩利而俱存之，三分天下，鼎足而居。」 又，《李斯傳》：「二世拜趙高為中丞相，高自知權重，乃獻鹿，謂之馬。」《明史·徐汧傳》：「柳昌祚疏攻汧：『陛下定鼎金陵，彼為討金陵檄，所云中原逐鹿，南國指馬是何

語？』」　《史記‧馮唐傳》：「閫以外者，將軍制之。」《易》：「雲從龍。」　諸將，見《哭志衍》。《明史‧高傑傳》：「朝廷許諸鎮與聞國是，故傑屢條奏。」又，《劉澤清傳》：「時武臣各占分地，賦入不以上供，恣其所用，置封疆兵事一切不問，與廷臣互分黨援，干預朝政，奏牒紛如，紀綱盡裂，而擇清所言尤狂悖。」　杜詩：「天下軍儲不自供。」《史記‧景帝紀》：「改治粟內史為大農。」　《唐書‧地理志》：「淮南道，蓋古揚州之域，分為州十二、縣五十三。揚州、楚州、滁州、和州、壽州、廬州、舒州、光州、蘄州、安州、黃州、申州。」《明史‧史可法傳》：「議分江北為四鎮：東平伯劉澤清轄淮海，駐淮北；總兵官高傑轄徐、泗，駐泗水；總兵官劉良佐轄鳳、壽，駐臨淮；靖南伯黃得功轄滁、和，駐廬州。」　幕府，見《讀西臺記》。歌鐘，見《九峰歌》。

其三

　　北寺讒成獄，西園賄拜官。上書休討賊，進爵在迎鑾。相國爭開第，將軍罷築壇。空餘蘇武節，流涕向長安。舊說此言鍛鍊正人，上卿鬻爵，置國事於罔聞也。末二語謂遣左蘿石議和事。○北寺獄，見《後東皋歌》。　《後漢書‧靈帝紀》：「光和元年，初開西邸賣官，自關內侯、虎賁、羽林入錢各有差，私令左右賣公卿，公千萬，卿五百萬。」又，《宦者傳》：「當之官者，先至西園諧價，然後得去。」拜官，見《汲古閣歌》。　《史可法傳》：「時自成既走陝西，猶未滅，可法請頒討賊詔書。」　《五代史‧梁臣傳》：「劉桿，開封人也。唐昭宗召見，賜號迎鑾毅勇武臣。」　《明史‧姦臣傳》：「朝政濁亂，賄賂公行，四方警報狎至。士英身掌中樞，一無籌畫，日以鋤人、引凶黨為務。時有狂僧大悲，出語不類，為總督京營戎政趙之龍所捕。大鋮欲假以誅東林及素所不合者，因造十八羅漢、五十三參之目，書史可法、高宏圖、姜曰廣等姓名，內大悲袖中，海內人望，無不備列。獄詞詭秘，朝士皆自危，而士英不欲興大獄，乃止。大僚降賊者，賄入，輒復其官。諸白丁、隸役輸重賂，立躋大帥。都人為語曰：『職方賤如狗，都督滿街走。』其刑賞倒置如此。」又：「廷推閣臣，劉孔昭攘臂欲得之，可法折以勳臣無入閣例。孔昭乃言：『我不可，士英何不可？』於是進士英東閣大學士兼兵部尚書、都察院右副都御史，與可法及戶部尚書高弘圖並命，士英仍督師鳳陽。士英大慍，令高傑、劉澤清等疏趣可法督師淮揚，而士英留輔政。」　杜詩：「蒼茫舊築壇。」　《漢書‧蘇武傳》：「字子卿。杖漢節牧羊，臥起操持，節旄盡落。上崩，武聞之，南鄉號哭，歐血，旦夕臨數月。」《明史‧左懋第傳》：「本朝館之鴻臚寺，改館大醫院。順治二年六月，聞南京失守，慟哭至閏月十二日，以不降誅。」

其四

御刀周奉叔，應策阮佃夫。列戟當關怒，高軒哄道呼。監奴右衛率，小吏執金吾。匐匍車塵下，腰間玉鹿盧。此首刺名器之濫也。○《南史·茹法珍傳》：「齊東昏時，左右應敕，捉刀之徒並專國命，人間謂之刀敕。權奪人主，都下為之語曰：『欲求貴職依刀敕，須得富豪事御刀。』」《南齊書·周盤龍傳》：「子奉叔勇力絕人。鬱林在西州，奉叔密得自進，及即位，加輔國將軍，帝從其學騎射，尤見親密，得入後宮。」《南史·恩倖傳》：「阮佃夫，會稽諸暨人也。佃夫及王道隆、楊運夫並執權，亞於人主，僕從附隸皆受不次之位。」李詩：「列戟何森森。」當關，見《鐵獅歌》。《唐書·李賀傳》：「自目曰高軒。」過哄，見《洗象圖》。監奴，見《鐵獅歌》。《晉書·職官志》：「惠帝建東宮，初置中衛率。太始五年，分為左右，各領一軍。」《史記·張湯傳》：「而湯乃為小吏。」《明史·職官志》：「金吾、羽林等十九衛掌守衛巡警。」《晉書·潘岳傳》：「與石崇等諂事賈謐，每候其出，輒望塵而拜。」《古詩》：「腰中鹿盧劍，可值千萬餘。」

其五

聞築新宮就，君王擁麗華。尚言虛內主，廣欲選良家。使者螭頭舫，才人豹尾車。可憐青冢月，已照白門花。此首刺漁色也。○新宮，見《送沈繹堂》。次句，見《彈琴歌》注。《左傳·昭三年》：「齊侯使晏嬰請繼室於晉，韓宣子使叔向對曰：『若惠顧敝邑，撫有晉國，賜之內主。』」皇甫茂政詩：「聞道選良家。」《明史·陳子龍傳》：「中使四出搜巷，幾〔註12〕有女之家，黃紙貼額，持之而去。」《國史補》：「兩省謔起居郎為螭頭，以其立近石螭也。」蘇詩：「映山黃帽螭頭舫。」才人，見《琵琶行·序》。豹尾，見《讚佛詩》其一注。青冢，見《玉京彈琴歌》。《大清一統志》：「建康故城在上元縣南，正西曰西明門，一名白門。」

其六

貴戚張公子，奄人王寶孫。入陪宣室宴，出典羽林屯。狗馬來西苑，俳優待北門。不時中旨召，著籍並承恩。此首佞幸也。○《漢書·外戚傳》：「成帝每微行，常與張放俱，而稱富平侯家，故曰張公子。」《通鑑綱目》：「齊寶卷永元二年，奄人王寶孫年十三四，號倀子，最有寵。」《漢書·東方朔傳》：「上為寶太主置酒宣室，使謁者引內董君。朔曰：『不可。夫宣室者，先帝之正處也，非法度之

〔註12〕「幾」，《明史》卷二百七十七《陳子龍傳》作「凡」。

政不得入焉。』」　羽林，見《雒陽行》。　《後漢書·靈帝紀》：「又於西園弄狗，著進賢冠，帶綬。又駕四驢，帝躬自操轡。」　《漢書·嚴助等傳》：「朔、皋不根持論，上頗俳優畜之。」《明史·劉宗周傳》：「俳優雜劇陳矣，內豎充廷，金吾滿座，戚畹駢闐矣。」《後漢書·蔡邕傳》：「多引無行趣執之徒，並待制鴻都門下。」北門，見《凌煙圖歌》。　羅昭諫詩：「使者銜中旨。」　《史記·外戚世家》：「直入長樂宮。行詔門著引籍。」承恩，見《東萊行》。

舊說時選長家女，遍索名優，故詩中及之。

其七

漫說黃龍府，須愁朱雀桁。三軍朝坐甲，十客夜傳觴。王氣矜天塹，邊書棄御床。江州陳戰艦，不肯下潯陽。此譏小朝廷之不能進取，並不能自守也。〇《宋史·岳飛傳》：「語其下曰：『直抵黃龍府，與諸君痛飲耳。』」　《通鑑綱目》：「晉明帝太寧二年七月，王含水陸五萬，奄至江寧南岸，人情恟懼，溫嶠燒朱雀桁以挫其鋒。」《綱目集覽》：「桁與杭通方舟也，駕方舟以為橋。」　《左傳·文十二年》：「裹糧坐甲，固敵是求。」《南史·齊東昏侯紀》：「眾皆怠怨，不為致力。募兵出戰，至城門數十步，皆坐甲而歸。」　又，《陳後主紀》：「常使張貴妃、孔貴人等八人夾坐，江總、孔範等十人預宴，號曰狎客。先令八婦人擘採箋，製五言詩，十客一時繼和，遲則罰酒。」張平子《南都賦》：「受爵傳觴。」　《通鑑綱目》：「陳主從容謂侍臣曰：『王氣在此。』」又：「孔範曰：『長江天塹，限隔南北。』」■■〔註13〕《紀事》：「順治二年五月八日，大兵抵江滸。九日昧爽，順流下，潛從龍潭竹哨渡。十日，馬士英猶有長江天塹之對。十一日，都城破。」《通鑑·陳紀》：「陳叔寶從帝登印山，及出，帝目之曰：『當賀若弼度京口，彼人密啟告急，叔寶飲酒，遂不之省。高潁至日，猶見啟在床下，未開封。』」　《明史·馬士英傳》：「大清兵抵宿遷、邳州，未幾，引還，史可法以聞，士英大笑不止。坐客楊士聰問故，士英曰：『君以為誠有是事耶？乃史公妙用也。歲將暮，防河將吏應敘功耗費，軍資應稽算，此特為敘功稽算地耳。』」《地理通釋》：「江南得有潯陽之名，後又因潯陽而改為江州。見《哭志衍》江黃注。按：此則江州、潯陽皆以代江南字，非指江西之九江府也。戰艦，見《茸城行》。　《大清一統志》：「天寶元年，改為潯。前此皆作尋。」張如戰曰：「梁元帝為湘東王，聞侯景之難，遷延不進。後遣王僧辨等將兵討景，所向克捷，猶令頓軍尋陽，持兩端以觀變。此詩末二句用湘東王事。」

〔註13〕　■■，天圖本作「三藩」，讀秀本作「下人」。

《明史·史可法傳》：「昔晉之東也，其君臣日圖中原，而僅保江左；宋之南也，其君臣盡力楚、蜀，而僅保臨安。蓋偏安者，恢復之退步，未有志在偏安而遽能自立者也。」《左懋第傳》：「必能渡河而戰，始能阨河而守；必能阨河而守，始能畫江而安。」《出師表》曰：「惟坐而待亡，孰與伐之？」讀梅村此詩，可以見武侯用兵之故矣。　《老學庵筆記》：「秦檜有十客，曹冠以教其孫為門客，王會以婦弟為親客，郭知運以離婚為逐客，吳益以愛婿為嬌客，施全以刺刃為刺客，李季以設醮奏章為羽客，弓侈以治產為莊客，卞異以出入其家為狎客，曹詠以獻計取媚為說客，此九客耳。秦既葬其亡父於建康，有蜀人史叔夜者，懷雞絮號慟墓前，其家大喜，因厚遺之，遂為弔客，足十客之數。」〔註14〕是十客之後又有十客也。

其八

　偏師過采石，突騎滿新林。已設牽羊禮，難為刑馬心。孤軍摧韋粲，百戰死王琳。極目蕪城遠，滄江暮雨深。　此首刺降王、弔毅魄也。說附後。○《左傳·成三年》：「帥偏師以修封疆。」　《大清一統志》：「牛渚山在當塗縣西北二十里，一名采石。」　《漢書·晁錯傳》：「輕車突騎。」《隋書·韓擒虎傳》：「擒虎率五百人宵濟，襲采石，守者皆醉，擒虎遂取之，進攻姑熟，半日而拔次於新林。」《左傳·宣十二年》：「鄭伯肉袒，牽羊以迎。」《晉書·王濬傳》：「濬入於石頭，皓乃備亡國之禮，素車白馬，肉袒面縛，銜璧牽羊。」　《戰國策》：「孟嘗君舍人謂衛君曰：『臣聞齊、衛先君刑馬壓羊而盟。』」《晉書·郗鑒傳》：「設壇場，刑白馬，大誓三軍。」　《南

〔註14〕（宋）趙彥衛《雲麓漫抄》卷十

秦太師十客：施全，刺客；郭知運，逐客；吳益，嬌客；朱希真，上客；曹詠，食客；曹冠，門客；康伯可，狎客；〔闕〕，莊客；〔闕〕，詞客；湯鵬舉，惡客。施，殿前司軍校，不憤議和，以斬馬刀鬻於街傍，俟秦輿過，害之。賴直傘兵執住，伏誅。郭，臨安人。登科，以少俊選為孫婿。秦每夕必留三杯。郭多出，久至中夜，或他宿，留門以俟。秦嘗以佩刀分遺子婿，一日，宴集皆佩之，而郭已遺人矣。秦大怒，適會其夜出，令門者無納，遂罷親。吳常之，宜興人，門蔭，為人純謹，遂令繼郭，改秩為臨安倅，驟得次對。秦薨，以無實歷，不得親民，廳補不行，後得一子官，晚還其致仕遺表恩。朱希真，洛人，以遺逸召。既致仕，復出，多記中原事，秦喜之。秦薨，復歸嘉禾。曹詠，戚里，與其子熹為姻家，頗有才，用事為戶部侍郎，後安置新州。曹婺之，東陽人。登甲科，為秦門客。不一歲，躐進奉常簿、中書檢正。秦既敗，追其科甲，復還上舍。後再登第，難於入差遣，有為之地者，得僉幕荊門軍。康伯可，捷於歌詩及應用文，為教坊應制。秦每燕集，必使為樂語詞曲。湯，金壇人，本亦出秦門，既薨，攻之不遺餘力。餘二人則忘之矣。

史・韋粲傳》：「字長倩。比及青塘，夜已過半，壘柵至曉未合。左右高馮牽粲避賊，粲不動，兵略盡，遂見害。」　又，《王琳傳》：「字子衍〔註15〕。會稽山陰人。齊令便赴壽陽，並許召募。陳將吳明徹進兵圍之，堰泄水灌城。而齊將皮景和等屯於淮西，竟不赴救。明徹晝夜攻擊，城內水氣轉侵，人皆患腫，死病相枕。從七月至十月，城陷被執，百姓泣而從之。明徹恐其為變，殺之城東北二十里。」　極目，見《贈李雲田》。鮑有《蕪城賦》，注：「登廣陵城作。」　滄江，見《讀西臺記》。張如哉曰：「末句即《蕪城賦》『風嗥雨嘯』意。」

　　此詩悲黃得功之覆也。《得功本傳》：「大清兵已渡江，知福王奔，分兵襲太平。」所謂「偏師過采石，突騎滿新林」也。《福王傳》：「辛卯夜，由崧走太平，蓋趨得功軍。癸巳，由〔註16〕崧至蕪湖。丙申，大兵至南京城北，文武百官降。」《得功傳》：「方收兵屯蕪湖，福王潛入其營。得功驚泣曰：『陛下死守京城，臣等猶可盡力，奈何聽奸人言，倉卒至此！』」所謂「已設牽羊禮，難為刑馬心」也。《得功傳》：「劉良佐已先歸命，大呼岸上招降。得功怒叱曰：『汝乃降乎！』忽飛矢至，中其喉偏左。得功知不可為，擲刀拾所拔箭刺吭死。」所謂「孤軍摧韋粲，百戰死王琳」也。《蕪城賦》云：「邊風起兮城上寒，井逕滅兮丘隴殘。千齡兮萬代，共盡兮何言。」蓋悲廣陵之蕪也。廣陵，今揚州。可法督師揚州，而得功由儀真、盧州移駐太平，可法知得功最深。末二語恭謂得功死時極目揚州，而可法已前死，城為蕪城耳。梅村詩史之目，真無愧矣，而詩境亦煙波無盡。

其九

　　欑棘千夫聚，欑應作櫕。艨衝百里通。白衣搖急槳，青草伏彊弓。塢壁推嚴虎，江湖屬管崇。丹陽故鄣郡，山越土人風。張如哉曰：「通首指明末草竊餘寇及結寨自守者耳。」○賈誼《過秦論》：「鉏欑棘矜。」《書》：「千夫長。」《吳志・周瑜傳》：「取蒙衝鬥艦數十艘。」　又，《呂蒙傳》：「盡伏其精兵艫舳中，使白衣搖櫓，作商賈人服，晝夜兼行，遂到南郡。」　青草，見《避亂》。杜詩：「挽弓當挽彊。」張如哉曰：「《江表傳》：『孫策殺吳郡太守許貢，貢奴客潛民間，欲為貢報讎。策好獵，將步騎數出。所乘馬精駿，從騎絕，不能及。獵之日，卒有三人，即貢客也。策射一人倒，餘二人便舉弓射策，中頰。後騎尋至，皆殺之。』青草句似用

〔註15〕「衍」，《南史》卷六十四《王琳傳》作「珩」。
〔註16〕「由」，乙本誤作「雨」。

此事。」《後漢書‧李章傳》:「於縣界起塢壁,繕甲兵。」《吳志‧孫策傳》:「吳人嚴白虎等眾各萬餘人,處處屯聚。」《隋書‧魚俱羅傳》:「及還江南,劉元進作亂,詔俱羅將兵向會稽郡逐捕之,擊賊帥朱燮、管崇等,戰無不捷。」《大清一統志》:「丹陽故城在太平府當塗縣東。」又:「太平府,秦為丹陽縣,屬鄣郡。」《吳志‧孫皓傳》:「分丹陽為吳興郡,詔曰:今吳郡、陽羨、永安、餘杭、臨水及丹陽、故鄣、安吉、原鄉、於潛諸縣,地勢水流之便悉。」《注》:「烏程既宜立郡,以鎮山越,其亟分此九縣為吳興郡,治烏程。」 又,《孫權傳》:「以諸葛恪為丹陽太守,討山越。」又,《諸葛恪傳》:「眾議咸以丹陽地勢險阻,山谷萬重,皆仗兵野逸,白首於林莽。逋亡宿惡,咸共逃竄。時觀間隙,出為寇盜,每致兵征伐,尋其窟藏。其戰則蜂至,敗則鳥鼠〔註17〕,自前世以來,不能羈也。拜恪撫越將軍,領丹陽太守。」陳唐卿詩:「闊領裁衣盡土人。」

其十

越絕山河在,征人尚錦袍。乘風竹箭利,狎浪水犀豪。怪石千灘險,疑城百里高。臨江諸將帥,委甲甬東逃。此詩言明亡之餘,地利如故,守者無人也。○《隋書‧經籍志》:「又有越絕相承,以為子貢所作。」杜詩:「國破山河在。」 征人,見《鐵獅歌》。《北史‧何稠傳》:「波斯嘗獻金線錦袍。」《晉書‧宗愨傳》:「願乘長風破萬里浪。」《周禮‧夏宮》:「東南曰揚州,其利金錫、竹箭。」《左傳‧昭二十一年》:「水懦弱,民狎而翫之。」《吳越春秋》:「今夫差衣水犀甲者三萬人。」《書》:「鉛松怪石。」杜牧之詩:「千灘與萬灘。」《晉紀》:「魏文帝之在廣陵,吳人大駭,乃臨江為疑城,自石頭城至江乘,以木為楨,衣以葦席,加彩飾焉,一夕而成。」《史記‧淮南王傳》:「彊弩臨江而守。」《禮》:「則思將帥之臣。」《唐書‧王智興傳》:「令士委甲而入。」《左傳‧哀二十二年》:「越滅哭,請使吳王居甬東。」《大清一統志》:「鄞江在寧波府鄞縣東北二里,一名甬江。翁山故城在定海縣東三十里翁山下,春秋時越之甬東也。」《明史‧諸王傳》:「潞王常淓流寓於杭,順治二年六月降於我大清。」

　　　　唐孫華(字憲君)《談金陵舊事》:「金陵昔喪亂,炎運值摽季。忽從大梁城,倉皇走一騎。偶竅藩邸璋,自言某王嗣。貴陽一奸人,乘時思射利。奇貨此可居,何暇論真偽。卜者本王郎,矯誣據神器。遂修代來功,超躋登相位。權門輦金帛,掖庭陳秘戲。江表張黃旗,王氣銷赤幟。喣息僅一年,傳聞有二

〔註17〕「鼠」,《諸葛恪傳》作「竄」。

異。北來黃犢車，天表自英粹。雜問聚朝官，瞪目各相視。遙識講臣面，備言宮壺事。諸臣媚新君，誰肯辨儲貳。爭傚雋不疑，競指成方遂。泉鳩無主〔註18〕人，束縛乃就吏。復有故宮妃，飛蓬亂雙髮。自言喪亂時，仳離中道棄。生子已勝衣，壯發猶可識。不望昭陽恩，不望金屋置。願一見大家，瞑目甘入地。上書欲自通，沉沉九閽閟。詔付掖庭獄，見者為垂淚。不如厲王母，銜憤早自剌。祇緣當璧假，翻招故劍忌。誠恐相見非，泄此蹤跡秘。滅口計未忍，對面諒余愧。鳥獸有仇儷，豺虎知乳孳。豈獨非人情，捐棄恩與義。嬴呂及馬牛，秦晉潛改置。皆從胎孕中，長養崇非類。未聞妄男子，僭盜出不意。龍種乞為奴，狐假得暫恣。茲寔眾口傳，曾見遺老記。疑事終闕如，庶聽來者議。」按：福世子之偽正史不載。附錄之，以廣異聞。

贈徐子能《蘇州府志》：「徐增，字子能。吳江人。有《而庵詩話》、《而菴集》。」

徐子聲名早，相聞盡故人。懶余交太晚，知我話偏真。道在應非病，詩成自不貧。休教嗟拊髀，才得保沉淪。原注：子能病蹇。　此就初交時言之。末句所感者深。○曹詩：「追舉逐聲名。」　《史記‧魏其武安侯傳》：「相得驩甚無厭，恨相知晚也。」　《詩》：「知我者謂我心憂。」　《史記‧仲尼弟子傳》：「原憲曰〔註19〕：『學道而不能行者謂之病，若憲貧也，非病也。』」　《漢書‧郭解傳》：「此其家不貧。」　拊髀，見《楚兩生行》。《徐子能集序》：「子能年甫壯而得末疾，須人以行。」　沉淪，見《遇劉雪舫》。

其二

未卜林塘隱，還將野興消。鶴聲常入市，樹勢欲侵橋。老病人扶拜，狂吟客見招。知從甫里近，白首共逍遙。前半承前首沉淪而申言之，後半承前首知交而申言之。○劉孝綽詩：「林塘多秀色。」　野興，見《西田詩》。　《詩》：「鶴鳴于九皋，聲聞于天。」■〔註20〕《晉書‧衛玠傳》：「總角乘羊車入市。」　許仲晦詩：「林繁樹勢直。」　杜詩：「老病人扶再拜難。」　白詩：「狂吟一千字。」杜詩：「京兆田郎早見招。」　《大清一統志》：「甫里鎮在蘇州府元和縣東南。」　白首，出《史記‧萬石君傳》。

〔註18〕「主」，乙本誤作「王」。
〔註19〕「曰」，乙本誤作「目」。
〔註20〕墨丁，讀秀本作「一」。

初春同王惟夏郁計登夜坐奇懷室梅村《太倉十子詩序》：「以王昊維夏為第六。」 《國朝詩別裁集》：「維夏，江南太倉人。康熙己未召試博學鴻辭，以年老授官正字回籍。著有《碩園集》。」《洋鎮縣志》：「郁植，字東堂。幼雋異，書過目輒成誦。入歲試《五倫論》，吳祭酒偉業見而奇之。植從弟禾，字計登。邃於經學，多著述。」 陶詩：「良辰入奇懷。」

長日誰教睡，夜深還擁書。一燈殘酒在，斜月暗窗虛。官退才須減，名高懶不除。梅花侵曉發，蚤得伴閒居。玩此詩語意奇，懷室乃梅村之室也。前半完題面，後半寫情。○杜詩：「長日容杯酒。」 又：「夜深殿突兀。」擁書，見《汲古閣歌》。 王詩：「自有一燈然。」皮襲美詩：「安得瑤池飲殘酒。」 白詩：「斜月入低廊。」孟詩：「松月夜窗虛。」 官退句，見《行路難》。 《韓子》：「而說之以名高。」 杜詩：「遠夢歸侵曉。」 潘安仁有《閑居賦》。

新霽喜孫令修至同步後園探梅白詩：「新霽月蒼蒼。」 梅村《穆苑先墓誌》：「余之初就君齋讀書也，鄰舍生孫令修亦與焉。」《太倉州志》：「孫以敬令修，丁丑進士，任甌寧知縣。」 《子虛賦》：「遊於後園。」陸務觀詩：「僧約溪橋共探梅。」

偶來因客興，信步得吾園。雨足山低樹，花開日滿軒。掃林休石磴，劚藥遇泉源。絕壑人聲至，驚棲聽鳥喧。首句是孫令修至。次句是同步後園。三句從雨霽說到探梅。四句從探梅說到雨霽。五六後園之景，卻有步字在內。七八句同步，暗收到令修身上。○太上隱者詩：「偶來松樹下。」 蘇詩：「信步行看竹。」 呂溫《虢州三堂記》：「金飆掃林，蓊鬱洞開。」梁昭明太子詩：「牽蘿下石磴。」 許仲晦詩：「春溪劚藥還。」《詩》：「泉源在左。」 李詩：「攀崖度絕壑。」 子瞻《石鐘山記》：「山上棲鶻，聞人聲亦驚起，磔磔雲霄間。」